陕西省重点学科建设项目：经济思想史系列

西北大学『211』重点学科资助项目

陕西省重点学科建设项目：经济思想史系列
西北大学"211"重点学科资助项目

何炼成经济思想再研究

The New Study on
He Lian-cheng Economy Thought

顾问◎何炼成　主编◎韦苇　副主编◎赵麦茹　岳宏志

社会科学文献出版社
SOCIAL SCIENCES ACADEMIC PRESS (CHINA)

跟随何老师研究中国经济思想史，
筚路蓝缕三十年之回顾

敬爱的何炼成老师于 2022 年 6 月 18 日去世，学界震动，全校哀伤！在西北大学 120 周年校庆、西北大学经济管理学院 110 周年院庆之际，学校和学院隆重开展一系列活动追思纪念何炼成教授学术成就和教书育人的丰硕成果，我们决定再次印刷这部《何炼成经济思想再研究》，以缅怀悼念何先生，弘扬他的精神！

《何炼成经济思想再研究》初版于 2012 年，彼时正值西北大学 110 周年校庆。为什么是"再研究"？因为早在 1997 年，我们，何炼成先生的弟子们，为庆祝西北大学建校 85 周年（那时，西北大学的建校史只上溯到 1912 年，之后，找到清末慈禧太后 1902 年颁布的建立"陕西大学堂"的圣谕，才以 1902 年建立的"陕西公学"为西北大学的肇始点。故 2002 年西北大学举行了 100 周年校庆，而非 90 周年校庆）和何先生从研从教 50 周年（从 1947 年何先生发表第一篇学术文章算起），曾编撰《何炼成经济思想研究》。岁月荏苒，中国的改革事业不断发展，并取得了更加辉煌的让世界为之震撼的成就。何先生的学术研究从未中断，他一直在关注改革开放的前沿动态，他的经济思想与时俱进，各个时期的重大经济理论热点及学术争论，都在他的论著中留下了时代的印迹。从某种意义上讲，何炼成经济思想其实就是中国经济改革思想史的缩影。西北大学经济思想史学科是陕西省确立的省级重点建设学科，学科组有责任把梳理编撰《何炼成经济思想研究》作为学科建设的重大课题，为敬爱的导师存史，更为中国当代经济思想的发展演化存史。故继《何炼成经济思想研究》问世 15 年之后，我们于 2012 年推出了《何炼成经济思想再研究》。本书在前部书的基础上，通过七个专题全面研究评介了何炼成教授在经济学各个二级、三级学科，在改革开放事业的各个领域的理论建树和政策性咨询建议，评价了何炼成教授在中国西部大开发乃至全国经济发展中被实践验证了的闪烁着真理光辉的某些思想和观点。

《何炼成经济思想再研究》是西北大学承担的陕西省重点学科建设项目

"经济思想史"学科的标志性研究成果之一。作为本书主编、西北大学"经济思想史"学科第二代传人、本项目负责人，我此时此刻的心情，喜悦、激动，然而还有几分苍凉，几分悲壮，可谓五味杂陈，难以名状。

西北大学是一个重视文化传统、重视学术传统的百年老校。著名经济学家何炼成教授在此学术耕耘60年，他在经济学界的重大建树涵盖政治经济学、马克思主义经济学说、西方经济学说、当代经济改革等各个领域，有多项教育部重大奖项和两次获得孙冶方经济科学奖为证，誉满全国，被学术界尊为"西北王"。何炼成教授桃李满天下，几大优秀弟子在京华刮起"西北风"，被称为"何炼成现象"；西北大学经济管理学院，也因此被称为"经济学家的摇篮"。而之于经济思想史，何炼成教授更是情有独钟，早在20世纪50年代他的学术生涯之初，在研究马克思主义经济学说的同时，就开始了对中国经济思想史的研究。他在此领域的第一篇学术论文是《试论孙中山的社会经济思想》，发表在《西北大学学报》（人文科学）1957年第二期。在文革动乱的特殊年代，他仍坚持对孔子、孟子和《管子》等先秦诸子经济思想进行整理与研究，为后来此领域的学术进展奠定了不可或缺的前期基础。1977年恢复高考，西北大学同时恢复了经济系经济学专业，1985年在学科发展的基础上组建了经济管理学院。何炼成教授作为经济系和经济管理学院创建人，在学科建设伊始就把经济思想史作为基础学科，作为经济与管理类专业的平台课列入教学计划，资本论、西方经济学说史、中国经济思想史以及中国经济史一直是经济学专业从本科生到硕士生、博士生的必修（或必选）课。这种坚持，在全国实属罕见，是一种价值取向，是一种学术信仰。

经济思想史是理论经济学的二级学科，中国经济思想史是其三级学科。在受市场经济大潮冲击和西方经济学成为主流经济学的时代背景下，20世纪80年代学术复兴时期曾回暖过一时的中国经济思想史和中国管理思想史，在90年代悄然退潮，许多著名高校青年教师改行，学术梯队断代，课程被从教学计划中删除，连资本论和政治经济学都难保住在经济类院校相关专业的主导地位，比它们低一个档次的中国经济思想史又怎能谈得上坚持和发展呢？然而，沧海横流，方显英雄本色。20世纪80~90年代，西北大学经济管理学院在何炼成教授的领导下，矢志不渝地坚持对中国经济思想史的教学与研究，且不断取得学术成果。1987年何炼成主编，王一成副主编主编，韦苇、杜干参编的《中国经济管理思想史》由西北大学出版社出版，在学术界和企业界引起重大反响，被中国经济思想史学科创始人赵靖先生誉为"中国第一部名副其实的经济管理思想史"，为西北大学在该学科领域占据了一席之地。之后，何炼成的《中国古近代价格理论和经济管理思想介评》，王一成、韦苇的《陕西古近代对外经济贸易研究》相继于1989年、1990年出版。1995年，韦苇的成名之作《司马迁经济思想研究》出版，再次引起学术界对西北大学在经济思想领域取得成就的关注。1997年韦苇的《走向富强的千年追求——中国经济发展思想的理论体系与历史演进》、1999年刘秉扬的《中国近代经济发展研究》，2001年何炼成、王一成、韦苇合著的《中国历代经济管理与发展思想新论》，2004年何炼成主编的《中国经济史》相继出版问世，同时期西北大学三代学者还有数十篇学术论文在学术刊物和学术文集上发表，而这一时期却是中国经济思想史学科步履艰难的时期，何老师领导着我们以把冷板凳坐穿的精神坚守这块思想和学术阵地，这需要怎样的学术品格和勇气啊！

毋庸讳言，我们在这一领域的研究也出现过波折和低谷，既有上述全国主流学风客观背景的原因，也有一些具体的微观环境的影响。尤其惭愧的是我继何先生离开西北大学经济管理学院领导岗位后，也被调任西北大学中国西部经济发展研究中心（教育部重点研究基地）主任长达6年，把主要精力和时间献给了西部和陕西经济发展研究。虽然，这是我作为一个西部学者为西部、为家乡应尽的责任，但就我立志献身的中国经济思想史学科而言，除了坚持上课，我个人的研究却不得不缓置下来。所幸，前期的学术成果为我们争取博、硕士点创造了条件，西北大学于1999年获得经济思想史硕士点，2003年获得理论经济学一级学科博士点，由此也就取得了经济思想史二级学科博士点，2007年在博士毕业生中遴选了第三代学科接班人，2008年成功申报陕西省重点学科。学科建设的体制、机制与经费条件的不断完善，为我们继续开拓何炼成教授开创的学术事业，提供了前所未有的机遇。我自己也从西北大学中国西部经济发展研究中心主任的岗位上退了下来，回归我的经济思想史学科，我深感幸甚！

作为省级重点建设学科，经济思想史二级学科包含三个三级学科：中国经济思想史、马克思主义经济思想史、西方经济学说史。标志性学术研究成果是学科建设的重要体现，目前，我们已出版覆盖三个三级学科的专著8部：《先秦诸子经济思想的生态学阐释》（赵麦茹）；《影响历史进程的50部经济名著》（何炼成、杨小卿）；《64位诺贝尔经济学奖获得者学术贡献评价》（杨小卿）；《晚清财政思想史》（彭立峰）；《中国经济思想与当代经济发展》（韦苇）；《西方经济学前沿进展中的后现代思想倾向》（杨建飞）；《何炼成经济思想再研究》（韦苇）；《走向近代化的思想轨迹——名人·名著·经济思想》（何炼成、彭立峰、张卫莉）。《何炼成经济思想再研究》是此系列的著作之一。我们的出版计划，得到社会科学文献出版社的大力支持，社会科学文献出版社原总编辑邹东涛先生及首席编辑周丽女士等为系列专著的出版工作付出了艰辛的画龙点睛的劳动，在此，我代表何炼成先生，代表学科组全体作者，向出版社同仁深表谢忱！

回眸人生，时光匆匆如过隙白驹。四十年前，恩师何炼成先生在我还上大二之时，就为我选择了此后的学术研究方向——中国经济思想史，让我毕业后留校做他在此领域的助手。四十年弹指一挥间，我已年过古稀，总结治学成果，几乎两手空空。有感岁月流逝，愧对恩师栽培！所幸后浪催涌，后学有人。在此书再次付印之时，似觉心中了然，且悲且喜，可感可叹！

韦 苇

于西北大学桃园校区柯梦书屋

2022 年 8 月 2 日

目　录

Contents

第一章　何炼成的为学之道

杨建飞　武玲娣

何炼成教授是我国著名的经济学家，是我国《资本论》研究、劳动价值论、中国发展经济学、中国经济思想史等领域的权威专家之一。他是我国生产劳动理论大讨论的引发者和"新中派"的代表，是中国发展经济学科和中国"西北经济学派"的创始人。何老研究领域广泛、著述甚丰，其主要论著有《价值学说史》《中国经济管理思想史》《生产劳动理论与实践》《中国发展经济学》《何炼成文集》等专著和400多篇学术论文，两次荣获中国经济学界的最高奖——孙冶方经济科学奖，取得了令经济学界广泛重视的一批研究成果。

从何老60多年的理论探索中可以见出中国传统知识分子的优良的品质。在为人和治学追求上，何老在少年时代就追求孔子所倡导的"立言"这一志向。他在接受《西安日报》记者任莉娟采访时曾深有感触地说："我受古代文化的影响很深。孔子讲人生有三大目标：立德、立功、立言。我想立德不易做到，不同时代有不同时代的标准，价值观念也不同；立功对我又不合适。所以我最欣赏的就是立言，希望像古代的思想家一样，形成自己的观点，能够著书立说，做个文化人。"在为学和治学上，何老一直遵循《礼记·中庸》中的"博学之，审问之，慎思之，明辨之，笃行之"之道，从1956年开始发表文章，到现在80多岁仍然笔耕不辍。60多年来，他一直积极地、深入地思考我国社会主义建设中层出不穷的经济问题，并努力从理论上探寻问题的解决之道。除了坚持在经济学理论前沿不懈奋斗，何老还甘为人梯，支持和提携青年人，鼓励他们在经济学理论研究上进行积极、勇敢的探索，从而为我国的经济理论发展和经济学教育发展作出巨大的贡献。下面，笔者就沿着儒家传统的为学之道来探讨何老的学术思想。

一 博学之——扎实深厚的学术功底

"博学之"是儒家所倡导的为学之道的第一个阶段。"博学之"意味着为学首先要有广泛的猎取,要培养充沛而旺盛的好奇心。好奇心丧失了,为学的欲望随之就会消亡,博学也就变为不可能之事。"博"还意味着博大和宽容。唯有博大和宽容,才能兼容并包,使为学具有世界的眼光和开放的胸襟,真正做到"海纳百川,有容乃大",进而"泛爱众,而亲仁"。因此博学乃能成为为学的第一阶段。没有这一阶段,为学就是无根之木、无源之水。

何老 1928 年出生于湖南浏阳的一个"三代书香"之家,其高祖父是乾隆年间的举人,曾祖父是同治年间的进士,祖父是光绪年间的秀才。何老自幼跟随祖父熟读四书五经、诸子百家,打下了良好的国学基础。在湘东地区名气最大、名师最多、条件最好的醴陵湘东中学,何老度过了自己的中学时光。当时著名教育家张伯兰先生任湘东中学校长,他延聘名师,礼贤下士,兼容并包,坚持民主进步,办学成绩显著,学校因而被誉为湖南中教界的"后起之秀"。在这样开放的学习环境中,何老接受了多位名师的教育:跟随在苏联留学数年的肖项平老师学习英语口语和写作,在老师的严格要求下,何老打下了较好的英语基础;跟随著名语言学家杨伯峻老师学习古汉语,何老为日后研习古代经济史资料打下了良好的基础。

1947 年,何老从湘东中学毕业,在南京、上海两地先后报考了北大、复旦、武汉、英士、朝阳法学院 5 所大学,除北大以外其余均被录取。考虑到武汉大学离家较近,而且,武汉大学作为当时的五大名校之一,在经济学研究上很有名气,何老毅然选择武汉大学,开始进行自己的大学深造。武大法学院经济系是当时国内西方经济学教学和研究的重镇,除了有一批"老老海归",例如,从英国伦敦大学政治经济学院留学归来的杨瑞六先生,从英国伦敦大学经济学院留学归来的刘秉麟先生,还集中了一大批新中国成立前留学归国的"老海归":从哈佛大学回来的张培刚先生、吴纪先先生、刘涤源先生、谭崇台先生,从耶鲁大学回来的李崇淮先生,从威斯康星大学回来的朱景尧先生,从伦敦大学经济学院、爱丁堡大学商科归来的戴铭巽先生,等等。在这样整齐和超豪华的教学阵容下,何老开始了系统而扎实的经济学理论知识的学习,逐步构建起具有深厚经济学理论根基和国际学术视野的知识结构。当时,货币银行学专家杨瑞六先生教授货币银行学，何老在课外曾多次向杨先生请教有关货币与金融的问题。刘秉麟先生坚持理论和实践案例相结合的教学方法，将财政学讲得有声有色。张培刚先生和谭崇台先生主要讲发展经济学。至今令何老印象深刻的是张培刚先生将当时比较有名的班亨所著的英文版《经济学原理》教材引入课堂，并向学生推荐西方经济学界比较流行的数十本参考书，鼓励学生直接接触西方经济学研究的前沿，极大地开拓了学生的学术视野。显然这一举措在当时大部分中国高校都是难以想象的。刘涤源先生主要讲凯恩斯主义研究和货币理论，吴纪先先生主要讲世界经济，朱景尧先生主要讲国民收入核算和国际经济比较，戴铭巽先生主要讲会计学，李崇淮先生主要讲国际金融。此外，当时给何老上过课的著名归国学者还有：讲数理经济学和计量经济学的王治柱先生，著名美国史专家刘绪贻先生，哲学家、翻译家和哲学教育家江天骥先生等。在专业基础课和专业课的学习之外，从哈佛大学归来的著名史学家吴于廑先生，从英国爱丁堡大学和法国巴黎大学归来的著名作家、翻译家袁昌英先生，从哈佛大学归来的中国现代著名西洋文学家、国学大师、诗人吴宓先生以及从法国里昂海外中法学院归来的著名文学家苏雪林先生，他们教的课都曾给年轻的何老以心灵的启迪和震撼。大学四年的美好时光，何老一方面如饥似渴地、系统地学习中外经济理论，另一方面还积极同经济系里的董辅礽同学（中国著名经济学家，有"一代经济学大师"之称）和毛剑光同学、李靖华同学参加新青社组织的各种进步学生活动，为中国的革命贡献自己的力量。

1951 年从武汉大学毕业后，何老服从组织分配，奔赴西北大学任教。与何老当时共事的有毕业于东京帝国大学的袁若愚先生、刑润雨先生，当时有名的会计系专家刘泽膏先生，从美国芝加哥大学政经研究院硕士毕业的王含英先生，早年留学美国、攻读企业管理与国际贸易专业硕士的段文燕先生，曾留学丹麦国际民众教育学院及皇家大学学习农业经济与合作经济的甄瑞麟先生，留学美国的冯大麟先生、钱祝钧先生等等。与这些知名学者一起教书、做科研工作，自然可以练就一身好"武功"。

1953 年 8 月，何老开始在中央高级党校经济学班进行为期两年半的深造。对何老来说，在高级党校最大的收获在于系统地学习了马克思的《资本论》，从而为他后来 60 多年的教学与研究打下了扎实的理论基础。在两年半的时间里，何老系统地研读了马克思主义经典著作《资本论》《政治经济学批判》《反杜林论》《哥达纲领批判》等，并聆听了中外专家的精彩授课：《资本论》和《剩余价值学说史》的翻译专家郭大力先生介绍的《资本论》三卷的基本内容；时任苏共中央党校政治经济学教研室主任、苏联最著名的《资本论》专家佐托夫先生系统讲授的《资本论》。佐托夫老师的讲课重点突出、简明扼要、生动活泼、引人入胜，尤其是其善用图表的方式来说明劳动价值论、剩余价值论、资本积累论、实现论、价值转型论、金融资本论和地租理论等等。这种以简单图示说明抽象理论的教学方法深深吸引着何老，并且日后被何老借鉴用在《资本论》的教学中，深受学生们的欢迎。此外，当代中国马克思主义哲学家、理论家、教育家，原中共中央高级党校党委书记兼校长杨献珍先生讲授的唯物论，党内著名哲学家、延安时期哲学著作《大众哲学》的作者艾思奇先生讲授的《矛盾论》，新中国成立后著名的哲学专家孙定国先生讲授的哲学课以及后来成为中国科学院哲学社会科学部委员的张如心先生讲授的中共党史课都给何老留下了深刻的印象。显然，从小到大扎扎实实的人文与专业素养的训练，为日后何老的理论建树和出色的教学奠定了坚实的基础。

除了具有深厚的理论素养之外，作为当代著名的经济学家，何老从儿时起就时刻保持着充沛和旺盛的学术好奇心。在读大学期间，何老针对新中国成立前日益严重的通货膨胀形势，尝试研究了国民党的通货膨胀和货币政策问题，公开发表了两篇论文：一篇是《论金圆两月》，刊登在1948年初《浏阳报》第一版；另一篇是《论金圆券改革的作用和后果》，刊登在1948年底武汉《大刚报》理论版。这两篇论文揭露和批判了当时国民党发行"金圆券"和"关金"的反动目的和严重后果。在西北大学工作后，何老深受当时的校长、著名历史学家侯外庐先生的影响，着手研究中国经济思想史，并在《西北大学学报》1957年第2期上发表了自己的学术处女作——《试论孙中山的社会经济思想》。针对当时中国经济思想史研究中出现的将古人现代化的倾向，何老在《新建设》1959年第5、6期合刊上发表了《试论〈孟子〉〈墨经〉中的价格观》，主张客观地、科学地看待古代思想家的价格理论，指出不能把古人的关于价格问题的论述说成是"价值观念"，更不能说成是劳动价值论。随后，何老又对自己从小非常敬仰的老乡、戊戌变法六君子之一的谭嗣同的经济思想进行研究，论文《谭嗣同经济思想略论》被作为优秀论文入选西北大学50周年校庆论文集。由于何老在中国经济思想史等方面的研究卓有成效，1960年被选为陕西理论界的代表参加了全国文教群英会，受到了毛主席、刘少奇、周总理等党和国家领导人的亲切会见，内心受到了极大的鼓舞。

凭借在武汉大学上学期间打下的良好的经济学理论功底以及在中央高

级党校经济学班对马克思经典原著的细致研读，何老于20世纪60年代初期连发3篇论文，开启了国内经济学界长达20年的关于社会主义生产劳动与非生产劳动的理论大讨论。在关于社会主义制度下价值规律的讨论中，何老在接受我国老一辈著名经济学家孙冶方先生的观点的基础上，提出了自己独树一帜的价值规律理论。也正是因为在理论上何老主要接受了孙冶方先生的有关价值规律的观点，虽然当时他与孙先生素不相识，但也在"文化大革命"期间，被贴上"孙冶方在西北的代理人"的标签并受到了批判。"文化大革命"结束后的1978年，在兰州召开的西北地区社会科学发展规划会上，何老与孙老第一次见面，顺便谈及此事时，孙老万分感慨地说："想不到因为我的问题还株连了这么多的人，真是对不起你们。"孙老的这种广阔的胸怀、高尚的品德以及对后辈关怀备至的精神深深地打动了何老，也成为激励何老在日后教学和科研上追求博大和宽容境界的精神动力。

　　虽然在"文化大革命"中受到批斗，被开除出政治理论课教师队伍，下放农村进行劳动改造，但何老并未放弃在学术上的追求。"文化大革命"一结束，虽然已经到了"知天命"的年纪，但是何老仍以一种博大和宽容的胸怀积极投入到改革开放新时代的中国经济理论的探索中，先后在《经济研究》1978年第6期、1985年第5期、1988年第12期发表《论社会主义的商品制度》《再论社会主义商品经济》和《略论社会主义商品经济新秩序》3篇有关社会主义商品经济的文章。之后又陆续开展了有关社会主义所有制及其国有企业改革、中国经济发展战略和西部发展经济学、中国社会主义发展经济学以及中国经济管理思想史等方面的研究，完成学术专著近60部，学术论文400多篇。

二　审问之——"实事求是"的科学怀疑精神

　　"审问之"是为学的第二阶段。"审问"的意思是指，有所不明就要追问到底，要对所学的知识加以怀疑。古语说：为学贵有疑，大疑则大进，小疑则小进，不疑则不进。求知从怀疑开始。怀疑，不是妄加猜疑，而是要建立在"实事求是"的态度之上，要建立在事实之上，而不是胡乱怀疑。"实事求是"是马克思主义、毛泽东思想的精髓。在延安革命时期，老一辈革命家陈云同志提出"不唯上、不唯书、只唯实，交换、比较、反复"的党的工作十五字诀，将这一思想具体化、通俗化。1990年陈云在与浙江省党政军负责同志谈话时对这十五字诀做了较全面的论述。他指出毛泽东思想贯穿的基本原则是实事求是，但怎样才能做到实事求是？其体会就是这十五个字。"前九个字是唯物论，后六个字是辩证法，总结起来就是唯物辩证法。"何老作为马克思主义经济理论工作者，始终坚持唯物和辩证的思想方法进行不断的理论探索，他在陈云同志提出的十五字诀的基础上，提出了自己的治学和教育理念，即"不唯上、不唯书、不唯师、只唯实"。因此，在这样的思想方法的指导下，何老所做出的有关理论的"审问"是有理有据的，是具有科学精神的。

治学上"不唯上"，就是不崇拜迷信权威，敢于向权威挑战，彰显学术自信。在湘东中学上学期间，何老写了《国共两党团结起来为建设新中国而奋斗致国共两党的信》一文，表达了一个中学生对国共合作和建立新中国的期许。著名语言学家杨伯峻先生给他的阅批是"堂堂之鼓、阵阵之旗，理明且顺、辞厉而危"。读大学期间，何老尝试研究国民党的通货膨胀和货币政策问题。在《学习》杂志对"格列则尔曼同志寄来的一封信"的座谈中，许多单位和同志发表了"对联系实际中的简单化问题"的意见，何老在1956年9月4日的《光明日报》上发表了《关于理论联系实际中的简单化问题》一文，谈了自己对这一问题的看法。20世纪60年代初，何老作为西北大学经济系的讲师，虽然人微言轻，仍在《经济研究》《江海学刊》连发3篇文章，阐述社会主义制度下的生产劳动与非生产劳动问题。何老的学生张维迎也继承了何老的"不唯上"的学术独立创新精神，百度百科对张维迎先生有这样的描述："他以一个独立学者的立场，积极参与到中国改革实践的洪流中，成为国内最早提出并系统论证双轨制价格改革思路的学者，他的企业理论及有关企业改革的理论成果在国内外学术界、政府有关部门和企业界有广泛影响。"

治学上"不唯书""不为师"，就是在学术研究中不能犯教条主义的错误。但是，"不唯书""不唯师"，并不意味着抛弃理论经典，不要老师传授，而是更强调对理论经典的仔细研读，对老师传授的认真思考。清代学者刘开在《孟涂文集·问说》中谈到了问与学的关系："问与学，相辅而行者也，非学无以致疑，非问无以广识。"只有对书里的内容，对老师传授的知识熟烂于心，才能以一种高屋建瓴的气势对所学提出科学、合理的怀疑，使"审问"具有一定的深度和层次。何老师鼓励治学中对经典著作的阅读。何谓"经典"？《文心雕龙》中说，经典是恒久之至道。作为坚定的马克思主义者，马列主义经典是何老60年不断学习的经典。何老在谈到学习马列主义经典时，反对将经典神秘化，强调学习经典要动脑筋下工夫。他于

1958 年 6 月 20 日在《陕西日报》上发表了《不要把理论神秘化》一文，指出："我们强调要破除学习马列主义的神秘观点，认为马列主义并不难学，但这并不意味着可以不动脑筋、不费力气就可以学到马列主义。不是的，我们说立场不对方法不对固然学不到马列主义，就是立场正确方法对头，如果不动脑筋不下工夫钻研，也学不好马列主义。"显然，何老在中央高级党校经济学班学习期间，对马克思经典著作《资本论》《反杜林论》《政治经济学批判》《哥达纲领批判》《剩余价值学说》等的研读，是何老在马克思的科学劳动价值论的研究上颇有建树的原因所在。

何老是如何坚持在经济研究中"实事求是"的呢？何老师的得意门生，中国著名经济学家魏杰有过这样的描述："何教授对中国经济学界的学术发展具有重要的贡献，他的理论创建是经济学界所共识的，这里不再去列举，只是想讲一点：何教授的所有创新中都贯穿一个趋向，这个趋向就是以实践为评判事物的标准，从生产力发展的角度分析经济问题。何教授的不少创新都是对传统的'左'的所谓社会主义理论的否定，这种否定都是坚持了生产力发展的原则。他很早就认为经济体制的设立必须以能促进生产力发展为准则，一切不利于生产力发展的体制都必须改革。应该说，何教授这种理论倾向及其研究方法，为我们后来的研究提供了思维的基础。正是在何教授这种理论倾向与研究方法的影响下，我们才取得了一些具有创新性的研究成果。"显然，这种"从生产力角度分析经济问题""以实践为评判事物的标准"的思想方法，与经济学最初的"经世济民"本意达到了高度的契合，正是何老为何能在 20 世纪 60 年代引发全国生产理论大讨论，以及 20 世纪 80 年代具有前瞻性地提出"非国有化"的"飞机模式"的根源所在。

三　慎思之——理论联系实际的治学之方

孔子曰："学而不思则罔。"因此，在治学上，经过"审问"这个阶段，还需要通过自己的思考活动来仔细考察、分析，是为"慎思"。"慎思"就是要能够发现问题。经济学是一门"经世致用"之学，而社会经济现象纷繁复杂，如何做到"实事求是"，发现复杂现象背后的经济规律呢？理论联系实际是我们党一贯倡导的优良学风，也是我们搞好学习的根本方法。它的要点一是要有理论；二是要运用理论解决实际问题①。由于客观实际不断变化，实际的变化迫切需要理论上的创新，因此理论联系的关键在于做到理论和实际同生共长。何老60年来学习不断、笔耕不辍，在马克思劳动价值论、社会主义商品经济和市场经济理论、社会主义所有制及国有企业改革、中国经济发展战略和西部发展经济学、中国社会主义发展经济学以及中国经济管理思想史等研究领域取得了丰硕的研究成果。这是在原有扎实的理论基础上，敏锐洞察中国经济发展的客观实际并对理论加以创新的结果。

（一）社会主义生产劳动理论的积极探索

生产劳动理论是通向社会主义市场经济的基本理论，因而对它的研究具有重要的现实意义和理论价值。而何老在学术上最为人称道的贡献之一在于在20世纪60年代开创性地提出了社会主义制度下的生产劳动的两种含义，并据此指出在社会主义生产方式下，一般物质生产劳动都是一般生产劳动，而只有符合社会主义生产目的的劳动才是生产劳动，否则就是非生产劳动。从而得出从事文化、教育、科技工作的劳动者也是生产劳动者，他们与物质生产劳动者的关系，不是生产劳动与非生产劳动的关系，更不是剥削与被剥削的关系，而是相互支持和服务的关系。何老这一观点一经提出，立刻引发了全国理论界关于生产劳动理论的大讨论。何老的学生李忠民教授对何老在社会主义生产劳动理论探索方面的成就曾有过这样的评价："在我国经济学界，理论讨论是司空见惯的事情，然而，没有哪一场讨论能比得上始于（20世纪）60年代初期的生产劳动与非生产劳动理论的大讨论，这场讨论涉及范围之广，研究问题之深，讨论时间之长，参与人数之多，学术档次之高都是我国经济学界前所未有的。在讨论中，围绕生产劳动与非生产劳动的关系问题，在我国经济学界形成了窄、宽、中三派观点，这是我国学术界首次公开的派别之分，堪称我国经济理论发展史上的一个里程碑。然而引发这次大讨论的不是别人，正是何炼成教授。"②

20世纪50～60年代的中国在发展社会生产力方面，出现了脱离国情、超越国力、急于求成的"左"倾错误，"以阶级斗争为纲"的思想开始支配经济发展的全局。此时，经济理论探索上开始有人发出"知识分子不是社

---

① http：//news. xinhuanet. com/theory/2009 - 05/12/content_ 11356620. htm.
② 李忠民：《无悔追求》，《一代师表》，中国人事出版社，1997。

会主义生产的劳动者"的质疑之声，何老凭借其扎实的马克思主义理论功底和敏锐的现实洞察力，提出了其独具匠心的"中派"的社会主义生产劳动的理论观点，事实证明何老的观点是有极强生命力的，对于解释社会主义市场经济的基本理论仍然有着极强的解释力。事实上，何老对社会主义生产劳动的独到见解是建立在其科学的马克思主义的哲学认识论基础上的。何老曾于 1962 年 5 月 22 日在《西安晚报》上发表了题为《谈谈生产关系的相对稳定性》的文章，文中指出："关于任何事物的发展都具有相对稳定性的原理，对生产关系的发展同样是适用的。具体地说，生产关系的发展必须要有一定的条件，这首先而且主要是取决于生产力的发展。生产关系一定要适合生产力的发展，是任何社会都起作用的客观规律。根据这一规律，当生产力发展了，生产关系已成为生产力发展的桎梏时，就要求改变这种旧的生产关系，代之以适应生产力发展的新的生产关系。而当一种新的生产关系建立起来后，它对生产力的发展就会起促进作用。但是，当生产力的发展还没有达到一个新的更高的水平时，更高一级的生产关系也不可能出现，原有的生产关系就仍然处于相对稳定时期，它的性质也就不会根本改变。"①

何老进一步强调指出："要正确认识生产关系的相对稳定性，必须反对两种片面观点：一种是把生产关系的相对稳定性当成是绝对稳定，把一种生产关系看成是凝固不变的东西，或者是当生产力已经发展到一个新的水平，原来的生产关系已经变得与生产力的发展不相适应了，还不愿意改变它，甚至阻挠新的生产关系的发展。这种观点当然是错误的，是一种忽视不断革命甚至阻碍革命的表现。根据这种观点来指导工作，就必然会犯右倾的错误，因此必须反对。另一种观点是从根本上否认生产关系的相对稳定性，认为生产关系特别是生产资料所有制应当经常变革。这种不考虑生产力的发展情况如何，认为只要人们主观愿望需要建立什么样的生产关系就可以建立什么样的生产关系的观点当然也是错误的，是一种忽视革命发展阶段论的表现，如果根据这种观点办事，就必然会犯'左'的错误，因此也必须反对。"②

基于这样的哲学认识论和马克思《资本论》的扎实功底，何老认为虽然社会主义改造已经完成，但是 20 世纪 50～60 年代的中国的生产力仍然十

① 何炼成：《谈谈生产关系的相对稳定性》，1962 年 5 月 22 日《西安晚报》。
② 何炼成：《谈谈生产关系的相对稳定性》，1962 年 5 月 22 日《西安晚报》。

分落后，如斯大林所指出的一样，社会主义生产的目的是为了满足人民的物质和文化生活的需要，因此只要符合这一目的就是社会主义生产劳动，否则就是非生产劳动。何老的生产劳动理论的主要内容包括：

1. 科学阐述马克思关于生产劳动与非生产劳动的原理

何老认为，马克思的生产劳动观点包含两种含义：一种是从资本的观点来看的生产劳动，另一种是一般意义的生产劳动。前者"是从社会的形式，从这个劳动借以实现的社会生产关系得出来的"，而后者则是从劳动的物质规定性即劳动产品的性质得出来的①。何老认为："生产劳动一般就是劳动力与生产资料结合创造一定生产物的劳动。这种劳动仅仅体现了'活动与有用效果间的关系，劳动者与劳动生产物间的关系'。"② 而从资本的观点来看的生产劳动则是指"它同资本的可变资本相交换，不仅把这部分资本（也就是自己劳动能力的价值）再生产出来，而且，除此之外，还为资本家生产剩余价值。仅仅由于这一点，商品或货币才转化为资本，才作为资本生产出来，只有生产资本的雇佣劳动才是生产劳动"③。显然，马克思关于生产劳动的两种含义"是从生产方式的两个不同方面来考察的"④。生产劳动一般的定义，"表明人对自然的关系，反映人们的简单劳动过程，即物质资料和使用价值的生产过程。这种关系和过程是任何社会都存在的，而不管社会生产关系如何。"⑤ 而资本主义生产劳动则"表现资本主义制度下人们之间的经济关系，即资本家剥削雇佣劳动的关系，反映了价值增值即剩余价值的生产过程。这种关系和过程是资本主义社会所特有的，正是由于这种特殊性，使资本主义社会和其他社会形态区别开来"⑥。

从马克思关于生产劳动的两种含义的观点出发，何老进一步分析了两种生产劳动在资本主义制度下的发展趋势：一方面，"生产劳动一般的概念，由于'劳动过程的协作性质发展了，生产劳动和它的担负者即生产劳动者的概念，也必然会跟着扩大起来'"⑦；另一方面，"从资本主义生产劳动的具体定义来说，'生产劳动的概念，却是变得狭小了。资本主义的生

---

① 《马克思恩格斯全集》第26卷，人民出版社，1997，第148页。
② 何炼成：《试论社会主义制度下的生产劳动与非生产劳动》，《经济研究》1963年第2期。
③ 《马克思恩格斯全集》第26卷，人民出版社，1997，第142页。
④ 何炼成：《试论社会主义制度下的生产劳动与非生产劳动》，《经济研究》1963年第2期。
⑤ 何炼成：《试论社会主义制度下的生产劳动与非生产劳动》，《经济研究》1963年第2期。
⑥ 何炼成：《试论社会主义制度下的生产劳动与非生产劳动》，《经济研究》1963年第2期。
⑦ 何炼成：《试论社会主义制度下的生产劳动与非生产劳动》，《经济研究》1963年第2期。

产，不只是商品的生产；在本质上，它还是剩余价值的生产。劳动者不是为自己生产，而是为资本生产。所以，单是生产了，还是不够。他必须生产剩余价值。'否则就被视为非生产劳动"①。

紧接着，何老详细论述了马克思关于资本主义制度下商品流通和交通运输业中生产劳动与非生产劳动的问题，从事家务和服务以及文化、教育、卫生等部门中劳动的性质问题和手工业者与农民的劳动性质问题，从实证的角度证明了马克思的两种含义的生产劳动观点，从而全面完整地阐述了马克思关于生产劳动与非生产劳动的理论。

2. 探究社会主义制度下的生产劳动问题

借鉴马克思分析资本主义制度下的生产劳动和非生产劳动的方法论原理，何老试图从社会主义生产关系的本质和社会主义基本经济规律出发，从简单劳动过程和具体生产方式两方面着手，展开了社会主义制度下生产劳动与非生产劳动观点的论述，从而科学划分了社会主义生产部门和非生产部门。

何老认为，"正如马克思在考察资本主义的生产劳动时，是从资本主义整个经济活动的目的出发一样""考察社会主义生产劳动的出发点，应当是社会主义生产关系的本质"，它不仅"只反映在直接的物质资料的生产过程中（虽然这是主要的、决定性的），而且还反映在分配、交换和消费等关系中，而社会主义经济活动的目的，也就不仅是指直接进行物质资料生产的目的，还应当包括分配、交换和消费等活动的目的，即包括社会主义整个经济活动的目的"②。同时，"社会主义基本经济规律的主要特点和要求"是"最大限度地满足整个社会的物质和文化需要"。

在这样的认识论基础上，何老认为社会主义的生产劳动有两个维度：一个是从简单劳动过程角度来看，"凡是体现了人和自然之间的物质交换，创造出新的使用价值，并有抽象劳动物化在其中，这样的劳动就是生产劳动一般，亦即物质生产劳动，否则就是非物质生产劳动。"③ 从这个意义上来说，在社会主义制度下，属于物质生产领域的劳动部门有"农业（包括农、林、牧、副、渔等）；工业（包括采掘工业、加工工业和手工业）；建筑业（包括生产性和非生产性建筑）；交通运输业和邮电业（只包括属于生

---

①　何炼成：《试论社会主义制度下的生产劳动与非生产劳动》，《经济研究》1963 年第 2 期。

②　何炼成：《再论社会主义制度下的生产劳动与非生产劳动》，《经济研究》1965 年第 1 期。

③　何炼成：《试论社会主义制度下的生产劳动与非生产劳动》，《经济研究》1963 年第 2 期。

产过程的那部分）；商业中的生产过程（包括商品的包装、分类、保管和运输过程）；物资技术供应部门；农副产品采购部门（仅指执行保管、分类、运送等生产过程）；为生产过程直接服务的科学研究部门；其他物质生产部门（如出版业、电影制片厂的直接生产部分）"①。不属于以上部门的就是非物质生产部门。而从具体生产方式的生产目的来看，"能直接满足整个社会的物质文化需要"的劳动"就是能直接创造某种使用价值的劳动"，包括两种情况："一种是能对象化为某种具体的物质资料，表现在'存在形态'"的物质产品；"另一种是不能对象化为某些具体物品，只是在'动的形态上'，但它能创造一种可以满足某种社会需要的'特殊使用价值'。"② 因此，除上述属于生产劳动一般的整个物质生产部门以外，社会主义社会特有的生产劳动还包括非物质生产领域中的各种服务部门和文化、教育、卫生等业务部门。而属于社会主义特有的非生产劳动范畴的部门则包括：各级政府机关部门，国防部门，司法公安部门，纯粹商业部门，文化、教育、卫生等行政部门等。这样就对社会主义的生产部门和非生产部门进行了较为科学的划分。

20 世纪 80 年代以后，我国的产业结构发生了显著的变化，何老密切关注经济理论的发展，特别是第三产业理论的引进及其实践的发展，纠正了过去对生产劳务（或服务）与精神产品的劳动不创造价值的看法，肯定了生产劳务和精神产品的劳动也同样创造价值，并强调指出："由于（生产劳务和精神产品）这种劳动多为复杂劳动与脑力劳动，因此在同样时间创造的价值要大于物质生产部门所创造的价值"③，从而使他的社会主义生产劳动与非生产劳动的理论更为完备。

（二）马克思劳动价值论的坚持与创新

何老从 20 世纪 50 年代开始从事马克思劳动价值论问题的研究，并参与了 20 世纪 50 年代的大讨论。他对这一问题的研究是沿着点面结合、纵向和横向结合的思路展开的。在理论点上，他坚持马克思两种含义的社会必要劳动时间共同决定价值的观点，在纵向研究方面，撰写出我国第一部系统论述价值学说发展史的专著——《价值学说史》。但他并不是就理论谈理论，

① 何炼成：《试论社会主义制度下的生产劳动与非生产劳动》，《经济研究》1963 年第 2 期。

② 何炼成：《试论社会主义制度下的生产劳动与非生产劳动》，《经济研究》1963 年第 2 期。

③ 何炼成：《也谈劳动价值论一元论——简评苏、谷之争及其他》，《中国社会科学》1994 年第 4 期。

割裂理论与实践的联系，而是把他对马克思商品经济理论的独到见解，贯穿于对我国社会主义商品经济这一理论面的分析之中，形成了系统的社会主义商品经济理论①。何老对马克思劳动价值论的坚持与创新主要体现在以下几个方面。

1. 对价值概念的科学把握②

1953 年斯大林《苏联社会主义经济问题》一书出版，书中认为价值规律只有在商品交换中才得以体现，没有商品交换就没有价值规律。价值规律是一种商品交换的"外壳"。这种观点似乎说明了社会主义国家不同于历史上的任何社会经济形态，可以不受客观经济规律的支配。20 世纪 50 年代中国外部面临西方帝国主义、霸权主义的国际环境，内部处于第一个五年计划的宏伟建设时期，国内社会主义热情高涨。斯大林有关"价值规律外因论"的观点的推出无疑起到了推波助澜的作用，于是在社会主义改造和三年"大跃进"运动中暴露出过分强调人的主观能动作用，而违反客观经济规律的现象。针对这种现象，孙冶方先生在 1959 年第 9 期《经济研究》上发表了《论价值》一文，提出了他的"价值规律万岁论"③，即认为"价值规律是在任何社会化大生产中'根本不能取消的'规律，它不仅在社会主义社会，甚至在共产主义社会都将仍然起作用"，指出社会主义经济建设要按客观价值规律办事。1962 年卓老（卓炯）在《经济研究》上发表了《论商品经济》一文，该文根据《资本论》和列宁的有关论述，指出商品的本质是使用价值与价值的统一体；社会分工是商品经济的基础，要研究商品经济就不能离开社会分工，因为社会分工决定着商品生产。经济学界由此展开了有关社会主义制度下商品生产和价值问题的讨论。何老差不多完全接受了孙老有关社会主义价值规律的观点，在 1959 年西北五省（区）关于价值规律问题的讨论会上，何老坚决支持孙老的观点，批判了把"按劳分配"和"物质利益"说成是"资产阶级法权"的观点。

何老对马克思劳动价值论的继承和发展表现在其对价值概念的科学把握上。"价值"的概念最早出现在马克思的《资本论》中，马克思将价值界定为"凝结在商品中的无差异的抽象的人类劳动"。后来，恩格斯在其写成的《政治经济学批判大纲》一书中，又提出了"价值是生产费用对效用的

---

① 李忠民：《无悔追求》，《一代师表》，中国人事出版社，1997。
② 李忠民：《无悔追求》，《一代师表》，中国人事出版社，1997。
③ 何炼成：《重温孙冶方同志的〈论价值〉——纪念孙冶方〈论价值〉一文发表 50 周年》，《当代经济研究》2010 年第 1 期。

关系"这一命题。此后学术界对价值概念形成了不同的理解，一直争论不已。斯大林的《苏联社会主义经济问题》一书从一个侧面反映了当时苏联这样的社会主义老大哥实行计划经济中出现的忽视费用对效用的关系。孙老在《论价值》一文中对苏联经济学界对恩格斯有关价值概念的错误诠释作出重要纠正，指出"根据恩格斯的提示，'价值是生产费用对效用的关系''有用效果和劳动花费的比较，正是应用于政治经济学中的价值概念所能余留的全部东西'。"何老在 1959 年底举行的西北五省（区）经济理论讨论会上，受孙老启发提交了《论社会主义制度下价值规律的作用》一文，就对这一问题作了说明①。随着对马克思、恩格斯著作的研究的深入，何老以孙老《论价值》一文的观点为基础，在 1984 年第 1 期《西北大学学报》上发表《也谈"价值是生产费用对效用的关系"》一文，指出应以恩格斯在《政治经济学批判大纲》中再三强调的因私有制而形成的市场竞争为基本前提来理解"价值是生产费用对效用的关系"这一命题。在何老看来，"恩格斯把价值定义为'生产费用对效用的关系'说明了价值本身并不是孤立地存在和形成的，而是反映了人民之间的经济活动的关系，这种关系是通过社会对人们劳动的质和量的比较和检验来表现的，在以私有制为基础的商品经济条件下，是通过市场竞争进行的"。

何老在《深化对劳动和劳动价值论的研究和认识（四十年来我的研究轨迹）》一书（经济科学出版社，2002）中进一步阐述了自己对孙老有关恩格斯价值概念的研究的认识。书中指出："孙冶方对恩格斯'价值是生产费用对效用的关系'这一命题的理解是：这里的生产耗费是指劳动耗费，效用是指生产物的使用价值。所谓费用与效用的关系，就是以最小的劳动消耗（活劳动与物化劳动的消耗）取得最大的经济效果；就是以费用（劳动量）作分子，以效用（使用价值量）作分母；劳动量/使用价值量，把这个公式倒过来，使用价值量/劳动量，就意味着重视经济效果，重视提高劳动生产率。恩格斯指出：价值这个范畴首先是决定某一物品该不该生产的客观标准，就是说这个产品生产出来以后，它的效用能不能抵偿这个产品在生产过程中所耗费的费用，只有在这个问题解决之后，价值这个范畴才用之于交换。因此，孙冶方把恩格斯的这个价值思想概括为'最大最小'问题，即以最小的劳动耗费争取最大的经济效果。十分显然，他抓住了恩格斯关于价值定义的本质内容。"

---

① 李忠民：《无悔追求》，《一代师表》，中国人事出版社，1997。

何老在《深化对劳动和劳动价值论的研究和认识》一书中也进一步阐述了自己对有关恩格斯价值概念的全新理解。书中有这样的评述："价值是生产费用对效用的关系。恩格斯这个观点也是我近来才听说的〔具体来说是近几个月来读蔡继明先生（清华大学教授）的《广义价值论》后才得知的〕，我之所以对之极感兴趣是因为它与我的价值本质思想非常吻合：价值是人类为获得最大的生存而必须付出的最小代价；十分显然，我的价值本质思想也是关于'费用对效用的关系'，并且也像孙冶方那样，指出了它们的'最大最小'关系，作为费用要最小化，而作为效用要最大化，以最小的代价耗费来获得最大的效用是非常自然的。由此我们也意识到：价值实际上包含着两个互相背反的属性，即代价耗费属性与效用属性，它们在实际的人类经济活动中都有直接的反映。比如每个人在购买商品的时候都在选择品质品种尽可能好，且价格又尽可能低的商品，这是人的天性的体现，也是所有人的价值观的体现。并且，依据这个思想，我也像孙冶方那样，非常注重劳动生产率的最大化问题，因为它是最好体现价值本质的实际经济活动。减少成本、提高效率，就是这个价值本质在实际经济工作中的具体要求。当然孙冶方没有将价值的代价耗费属性进一步归结为'成本'。如果将价值的代价耗费属性归结为成本，那么价值观念对经济就具有更大的意义与作用了。但我发现恩格斯倒是有过类似的思想，因为他曾这样说过：'每个人必须大体上收回成本，这一点又总是会帮助找出正确的方向'（《资本论》第三卷，第1017页）。他是在人们摸索交换中的价值符合与价值实现的时候这样说的。他的意思显然是说：如果能够'大体上收回成本'，那么这种交换就是'价值符合与价值实现的'。人们总以为价值是一个虚的不可能在市场交换中得到确定实现的东西，殊不知它已经体现为'成本'，从而成为一个非常确定的数量化的东西。而我的价值定义比恩格斯的定义与孙冶方的理解还具有更深的意义，因为它实际上提到了价值的更深本质，即人类生存。价值的最深本质是'人类生存'。我们所说的'创造更大价值'，实际上意味着创造更大的人类生存条件与机会。因此价值可以更深刻地界定为人类生存与发展的反映与指标。为了使人类生存得更好，价值既表征'更好的使用价值'，又表征'获得这些使用价值所耗费的代价更小'，这两者是不可分割的。"

2. 倡导两种社会必要劳动共同决定价值

在马克思那里，与"价值"概念相伴的概念是"社会必要劳动时间"。在《资本论》第一卷中，马克思指出，"社会必要劳动时间是在现有的社会正常的生产条件下，在社会平均的劳动熟练程度和劳动强度下制造某种使用价值所需要的劳动时间"（第一种含义的社会必要劳动时间）。而马克思在《资本论》第三卷中阐述"流通中的价值规律"时，马克思又从社会需求角度提出了另一种"社会必要劳动时间"，即价值"是由社会必要的劳动时间，由当时社会平均生产条件下生产市场上这种商品的社会必需总量所必要的劳动时间决定……是在起调节作用的市场价格或市场生产价格的形式上表现出来的"（第二种含义的社会必要劳动时间）。一般来说，人们往往在探讨价值决定问题时通常关注的是第一种含义的社会必要劳动时间，对第二种含义的社会必要劳动时间往往很少过问。20 世纪 50 年代百废待兴，经济建设热情空前高涨，但是其社会生产力非常低下，与马克思、恩格斯等思想家最初所设想的建立社会主义的条件相差甚远。在这样的背景下如果按照第一种含义的社会必要劳动时间来分配消费品从而实现"按劳分配"显然是不现实的，也会不可避免地导致平均主义、"吃大锅饭"的现象。在这样的时代背景下，一些经济理论工作者从马克思第二种含义的社会必要劳动时间着手，重新思考在我国社会主义制度下价值规律应当如何运作的问题。

1955 年，南开大学的魏埙、谷书堂两位学者共同完成了《价值法则在资本主义发生与发展各个不同阶段上的作用》的课题研究，首次提出了"两种含义的社会必要劳动时间共同决定价值"的观点，引起了全国范围内的论战。当时学界的观点有三种：第一种观点是所谓的"实现论"，是我国学术界长期流行的观点，即认为价值是由第一种含义的社会必要劳动时间决定的，而第二种含义的社会必要劳动时间仅仅制约价值的实现而不参与价值决定；第二种观点是所谓的"决定论"，这种观点试图从新古典理论角度把第二种含义的社会必要劳动时间作为市场供求决定因素来解释政治经济学中的供求问题；第三种观点就是魏、谷两位学者所坚持的"价值由两种含义的社会必要劳动时间共同决定"的"共同决定论"。

1962 年，谷书堂、林兆木和吴宣恭三位学者共同发表论文《试论价值决定与价值实现》否定了魏、谷二人在 20 世纪 50 年代后期提出的"共同决定论"的观点，他们指出，商品的价值"是由生产它的社会必要劳动时间决定的，供求的变化对商品价值量的规定只起着间接的影响作用"，"所谓第二种含义的社会必要劳动时间，只是为一个部门价值的实现规定了一个界限，它并不直接决定价值的形成，而只是决定价值的实现"。文章发表后不久，三人经过反复思考和讨论，又于同年 7 月 29 日在《光明日报》联名发表了《关于价值决定与价值实现问题的再认识》，提出了与上文不同的观点。文章认为，在社会确定的需要发生变化、而生产条件尚未变化前，社会必要劳动时间只由提供满足社会确定需要的商品量的那些生产条件按照一定的社会平均决定。所谓另一种意义的社会必要劳动时间，即按社会对某种商品确定的需要而分配在某个部门的劳动时间，就不只是为一个部门价值的实现规定一个界限，而是为该种商品社会必要劳动时间的确定划定一个界限。正是在这个界限内，通过商品生产者的竞争，各种生产条件的个别劳动时间才能形成社会必要劳动时间，从而决定该部门单位商品的价值量。1982 年，谷书堂等人通过重新补充一些新的理论资料，在《经济研究》1982 年第 1 期上发表《对价值决定和价值规律的再探讨》一文，他们指出，决定价值的必要劳动时间是指单个商品生产上所耗费的社会必要劳动时间，从总体上看，它就是符合某种社会需要的商品的总量所必要的劳动时间，从而回到了"共同决定论"的观点①。随着改革的不断深化，科学技术在生产中的作用日益突出，1988 年邓小平同志提出了"科学技术是第一生产力"的著名论断，1992 年社会主义市场经济体制改革目标确立。在这样的背景下，谷书堂、柳欣两位学者在《中国社会科学》1993 年第 6 期上发表《新劳动价值论一元论》一文，认为"马克思的价值与劳动生产率成正比"以及非劳动生产要素也创造价值的观点是不能成立的，认为非生产劳动也创造价值，主张对传统的劳动价值论进行改造。

何老从事"劳动价值论"的研究有 30 多年，他是价值论的"共同决定论"的倡导者和坚定支持者。早在 20 世纪 60 年代，何老在《试论价值、平均价值、市场价值几个范畴之间的联系和区别》（参见《西北大学 50 周年校庆论文集》，1963）等一系列论文中，提出两种含义的社会必要劳动时间共同决定价值的观点；"文化大革命"结束后，何老在《人文杂志》1979年第 2 期上发文《论价值决定》，详细阐述了他的这一观点。进入 20 世纪90 年代，何老敏锐地洞察到我国经济发展的新形势，针对经济理论界在有关"劳动价值论"研究的争论中出现的分歧，何老细心研读马克思经典著作，深入分析各种观点，于 1994 年在《中国社会科学》第 4 期上发表《也谈劳动价值一元论》的文章，系统地阐述了他对这一问题的看法和新的见解。何老始终坚定地支持劳动价值一元论，认为学术界就如何坚持劳动价值论一元论的一些观点，如劳动价值论的"实现论"（即认为只有第一种含

---

① 王璐：《马克思劳动价值论争 50 年浅析》，《思想战线》2005 年第 6 期。

义的社会必要劳动时间决定价值，第二种含义的社会必要劳动时间不参与决定）和"新的劳动价值论一元论"（即认为传统的劳动价值论一元论已不能解释现实生活中的价值决定，需要在此基础上，扩大劳动的外延，加入资本、土地等非劳动生产要素以及技术变动下的利益关系）都有失偏颇。

针对劳动价值论的"实现论"，何老的批驳是从正确认识两种含义的社会必要劳动的内涵着手展开的。他通过对马克思关于这一问题论述的系统考察，得出的结论是，第一种含义的社会必要劳动是指同一部门内生产单位使用价值所必要的社会平均劳动，反映了同一部门内不同生产者之间在劳动耗费上相互比较的关系，而第二种含义的社会必要劳动则是指已经在数量上确定了的，需要成比例地分配于不同生产部门的各种不同产品的生产劳动，反映的是不同部门的生产者之间如何分割社会劳动的关系。它们的联系是：前者是后者得以存在的基础，是分析后者的出发点，而后者是前者的进一步引申①。接着何老指出应当重新理解两种含义的社会必要劳动时间对价值决定的关系。前者仅是从一个部门内抽象地分析社会价值和市场价值的决定问题，后者则是从不同部门之间分割社会劳动的关系，结合供求状况来进一步分析市场价值的决定问题，是同一价值规律的两个既相联系又相区别的表现，而不是说存在着两种不同含义的价值决定②。随后，何老通过举例直观地说明两种含义的社会必要劳动时间是如何决定价值的，即在商品供给量和社会正常需要量一致的情况下，第一种含义的社会必要劳动时间决定商品的社会价值，"反之，在社会正常需要量超过供给量的情况下，商品的社会价值就会由劣等条件下生产的商品所花费的劳动时间来决定；这样，全部该类商品社会价值的总和就要大于个别价值的总和，从而在该部门内构成一部分'虚假的社会价值'③"。

针对强调非劳动生产要素创造价值的"新的劳动价值论一元论"，何老的批判思路是这样的：首先分析了这种观点的"新"在何处，"就是扩展劳动这一概念的外延，把使用价值的生产或劳动生产率加进来，把劳动定义为由其生产的一定量的使用价值所体现的或支出的劳动量——劳动时间×劳动生产率从而推论出'价值与劳动生产率成正比'，否定'价值与劳动生产率成反比'的结论"。接着分析这种观点的错误之处在于"混淆了使用价

---

① 李忠民：《无悔追求》，《一代师表》，中国人事出版社，1997。
② 李忠民：《无悔追求》，《一代师表》，中国人事出版社，1997。
③ 何炼成：《也谈劳动价值论一元论——简评苏、谷之争及其他》，《中国社会科学》1994 年第 4 期。

值数量与价值量的概念，把创造使用价值的数量的劳动说成是价值量的创造者。从这个观点出发，就不难得出资本、土地、劳动共同创造价值的结论，显然，这一观点是不符合劳动价值论的"①。

在文章中，针对谷书堂、柳欣同志提出的"按贡献分配"的目的是试图找出既区别于传统的对"按劳分配"的解释，又不同于"边际生产力论"的第三种解释，并把其确定为社会主义分配原则的观点，何老提出了质疑。他认为："按贡献分配还是按劳分配之争，实质上仍然是劳动价值一元论与多元论之争。这一争论，已经进行了一百多年，我国近十年来只不过是在新的条件下再现这一争论而已。"② 他认为，"由于'贡献'是一个抽象的概念，可以有多种解释，如按劳动的贡献分配当然是属于按劳分配，按资本或土地的贡献分配就很难说是按劳分配了，如果硬要把它们说成是按劳分配，就必然要得出资本或土地本身也创造新价值的结论"③。因此，这样的中间道路是行不通的，往往滑向劳动、资本、土地共创价值的一方。

有学者提出"在马克思主义的经典理论中，商品的使用价值基本不是政治经济学研究的对象，当然也不是劳动价值论研究的对象"，"马克思的价值规律是一个关于生产关系的规律，而不是一个关于如何合理配置资源以求取人类最大福利的规律"等诸多对马克思劳动价值论的质疑，声言要"改造劳动价值论"，何老一一作了评析，认为对马克思劳动价值论存在诸多误解的根源在于学者对马克思政治经济学不了解，并且认为这些质疑也给我国的经济理论界提出了新的课题，即在市场经济条件下，如何坚持和发展马克思主义的劳动价值论。

3. 系统认识和发展马克思的"劳动论"和"劳动价值论"

何老在 1984 年由陕西人民出版社出版的《价值学说史》的专著中和在《社会科学辑刊》1983 年第 3 期上所发表的《马克思在劳动价值论上的伟大变革》的文章中，全面、系统地概括了马克思在劳动价值论上伟大变革的 6 个方面。首次把货币理论和两种含义的社会必要劳动时间共同决定价值纳入马克思的科学劳动价值论之中，实现了劳动价值论的系统化。具体来说，这 6 个方面包括：①科学地分析了商品二要素：使用价值和价值。把交换价

---

① 李忠民：《无悔追求》，《一代师表》，中国人事出版社，1997。

② 何炼成：《也谈劳动价值论一元论——简评苏、谷之争及其他》，《中国社会科学》1994 年第 4 期。

③ 何炼成：《也谈劳动价值论一元论——简评苏、谷之争及其他》，《中国社会科学》1994 年第 4 期。

值和价值明确地划分开来，阐明了二者之间的区别和联系。②科学地论证了体现在商品中的劳动二重性，从而实现了劳动价值论的伟大变革。③科学地分析了价值形式或交换价值及其发展过程，从而建立了科学的货币理论。④正确地揭露了商品拜物教的性质及秘密。⑤科学地论证了两种含义的社会必要劳动时间及其价值决定关系。⑥科学地解决了导致李嘉图学派解体的两个难题，即如何用价值规律说明资本与劳动的交换，如何解决价值规律与等量资本获得等量利润的矛盾等。

进入 21 世纪后，我国的经济形势发生了深刻的变化，《中共中央关于制定国民经济和社会发展第十个五年计划的建议》强调指出："随着生产力的发展，科学技术工作和经营管理作为劳动的重要形式，在社会生产中起着越来越重要的作用。在新的历史条件下，要深化对劳动和劳动价值论的认识。"在庆祝中国共产党成立 80 周年纪念的报告中，江泽民同志重申："我们应该结合新的实际，深化对社会主义社会劳动和劳动价值理论的研究和认识。"面对党中央向我国理论工作者提出的这项光荣而艰巨的任务，何老以 70 多岁的高龄勇于接受挑战，在坚持马克思科学劳动价值论的基础上，密切结合当前科技革命的新形势以及我国的改革实践，在《当代经济科学》2001 年第 3 期和《经济社会发展研究》2001 年第 2 期上分别发表《劳动·价值·分配"三论"新解》和《坚持和发展马克思的劳动价值论》（此文原是提交我国高校社会主义经济理论研讨会的论文），提出自己对社会主义市场经济条件下如何坚持和发展马克思的劳动价值论的独到见解。其主要思想包括：

（1）对马克思的劳动论思想加以归纳，并强调在劳动的定义、劳动是劳动力的使用的定义、关于劳动的简单要素、关于劳动是人与自然之间的物质交换过程的观点、关于体现在商品中的劳动二重性等 9 个方面需要对马克思的劳动价值论进行深入的研究并依据经济发展的形势加以发展。如关于劳动的简单要素问题，何老认为："马克思提出的'三要素'当然是最基本的，但是必须随着生产力的发展而丰富发展。例如，在当前第三次科技革命的时代，就应当突出科技是第一生产力这一要素，强调'三要素'的科技含量。又如，在我国建立社会主义市场经济体制的过程中，就必须加强宏观调控和企业的经营管理，因此宏微观管理就成为劳动的重要内容。再如，在生产高度社会化和国际化的条件下，为生产服务的产前、产中、产后的服务业就显得非常必要，这些服务也就成为生产不可缺少的要素。"①关于劳动是人与自然之间的物质交换过程的观点，何老认为："这对于物质生产劳动当然是完全正确的，在物质生产劳动占绝大比重的条件下是普遍适用的。问题在于，随着服务业的发展，特别是精神生产劳动的比重日益扩大，其劳动过程就主要不是与自然之间的物质交换过程，而是人们用脑总结自然界和人类社会发展规律的精神生产过程。很显然，这一过程比物质生产劳动过程要广泛得多、复杂得多、深刻得多，值得进一步深入研究。"

（2）总结了马克思的科学劳动价值论，并提出要深化对劳动价值论的认识。如有关劳务（或服务）劳动的性质问题，何老认为："马克思当时未作具体论述，只是在《剩余价值理论》第一卷中顺便提及，因为当时服务的比重很小，可以略而不计。但是在当今社会，服务产品的需求日益扩大，服务业的比重日益提高"，"这要求我们从理论上如实地承认服务业的劳动也是生产劳动，因而也创造价值和剩余价值，而且超过了物质生产领域所创造的价值"②。关于"教科文卫"部门的劳动价值问题，何老指出："经过近 20 年来的讨论和实践，说明科教文卫部门的劳动是高素质的科技劳动，是创造性的脑力劳动，是创造高增值的生产劳动。"③何老提出研究从事经济管理的劳动的性质问题的必要性，他认为"在计划经济条件下，由于资源配置和产品实现不通过市场，因对管理劳动的性质和价值创造没有什么现实意义和作用，而在市场经济条件下就非搞清楚不可"④。他指出："在社会主义市场经济体制下，从事中观和宏观管理的劳动也应当是生产劳动，当然也创造价值，而且比微观管理劳动创造的价值更大；而同管理无关的劳动则是非生产劳动，是不创造价值的劳动。"⑤针对新时期出现的"新"价值论，何老给予了深入的剖析。何老批评"科技创造价值论"是混淆了"科技是构成生产力的第一重要的要素"与"科技是创造价值的第一要素"两个不同的概念，批评"知识创造价值论"搞不清楚是"知识本身创造价值"还是"掌握知识的人通过自己的活劳动创造价值"，指出"信息创造价值论"的错误在于没有认识到"知识是一个非常复杂的范畴，它只是现代

①　何炼成：《劳动·价值·分配"三论"新解》，《当代经济科学》2001 年第 3 期。
②　何炼成：《坚持和发展马克思的劳动价值论》，《经济社会发展研究》2001 年第 2 期。
③　何炼成：《坚持和发展马克思的劳动价值论》，《经济社会发展研究》2001 年第 2 期。
④　何炼成：《坚持和发展马克思的劳动价值论》，《经济社会发展研究》2001 年第 2 期。
⑤　何炼成：《坚持和发展马克思的劳动价值论》，《经济社会发展研究》2001 年第 2 期。

经济发展的重要资源，是生产产品的重要条件，但不是商品价值的源泉"①。显然，上述所谓的"新"价值论的观点的表述是含混的，是似是而非的。

（3）总结马克思关于产品分配的设想，并指出要创新和发展马克思的分配论。关于按劳分配与按劳动力价值分配的关系，何老指出，按劳分配与按劳动力价值分配是"两个根本不同的范畴，不能混为一谈。前者是社会主义的分配原则，后者则是资本主义制度下所特有的范畴。问题在于，当时马克思所设想的社会主义社会，是雇佣劳动已彻底消灭的社会，是商品、价值、货币逐渐走向消亡的社会，是有计划地配置资源的社会，因此人们的劳动力不可能成为商品，也就无所谓价值的"②。但是，"当前的现实与马克思的预言发生了尖锐的矛盾。随着社会主义国家多种所有制的存在和发展，商品货币关系不但没有消亡还将长期存在下去，特别是市场经济体制的建立，必须大力培育劳动力市场，这也就决定了劳动力的商品性，劳动力的买卖要按价值规律来进行，即按劳动力的价值进行分配，它构成社会主义制度下按劳分配的基础"③。关于按要素分配相结合的理论依据与现实依据，何老认为"劳动本身就是生产的根本要素"，而"除劳动以外的要素参与分配的理论依据"在于"这些要素虽然不是创造价值和剩余价值的源泉，但却是重要的条件，没有它们就不可能形成新的价值和剩余价值"。与此同时，何老还指出未来理论探讨的方向在于"这些因素在生产中究竟起什么作用？起多大作用？如何量化？这是一个十分复杂的问题，只有通过实践，总结经验教训，逐步加以解决"④。

此外，何老还研究了马克思关于流通经济和国际价值的理论，具体研究了商品流通中的价值创造和现实问题，构建了三次产业之间的交换中的实现条件和补偿的公式。

（三）社会主义商品经济理论体系的构建

"文化大革命"结束后，中国面临着重新认识我国社会主义经济性质的重大任务，其核心就是搞清楚我国是否存在商品经济，如何从理论上加以阐释。当时，学术界比较一致的观点认为，我国社会主义制度下存在商品生产和商品交换，但是对社会主义经济是否是商品经济的争论很大。在中

---

① 何炼成：《坚持和发展马克思的劳动价值论》，《经济社会发展研究》2001年第2期。
② 何炼成：《劳动·价值·分配"三论"新解》，《当代经济科学》2001年第3期。
③ 何炼成：《劳动·价值·分配"三论"新解》，《当代经济科学》2001年第3期。
④ 何炼成：《劳动·价值·分配"三论"新解》，《当代经济科学》2001年第3期。

国共产党第十一届中央委员会第三次全体会议召开前夕，何老在《经济研究》1978 年第 6 期上发表《论社会主义社会的商品制度》一文，认为"社会主义商品制度既具有和资本主义商品制度根本不同的本质特征，对社会主义建设有重要意义和作用，又具有一般商品制度的共同属性，还有产生资本主义的可能性"[①]。然而，如同马克思哲学强调认识过程的反复性一样，随着党的十二届三中全会作出的《中共中央关于经济体制改革的决定》明确提出社会主义经济是"公有制基础上的有计划的商品经济"的论断，何老深入研究马克思有关商品经济的论述，在《经济研究》1985 年第 5 期上发表《再论社会主义商品经济》一文，纠正了"商品经济就等于资本主义经济"的错误认识，并提出了独到的社会主义商品经济理论。党的十四大提出建立社会主义市场经济体制的目标模式后，何老对社会主义商品经济的认识进一步深化，在接受《经济师》特约记者李志强的采访时专门就"社会主义市场经济确立的相关理论问题"进行了系统的阐释。何老的社会主义商品经济的理论体系是较完备、较系统的，具体体现在：

（1）主张从社会分工和社会主义生产方式上解释社会主义商品经济存在的原因。何老归纳了学术界有关社会主义制度下商品经济存在原因的各种解释，如两种所有制论、物质利益论、按劳分配论、核算工具论、社会分工论等。何老认为："虽然有些论述较之过去前进了一大步……但是，仍存在以下问题：一是虽说明了全民所有制内部存在商品关系的原因，但不能从总体上说明整个社会主义经济的商品性问题；二是这些论证最后都归结为经济利益的分配问题，从而陷入分配方式决定生产方式的悖论；三是从方法论来说，这些论证未抓住社会主义生产方式的本质，即未从社会主义经济中劳动者和生产资料相结合的方式，来说明社会主义商品经济存在的客观必然性问题。"[②]

何老独辟蹊径，在我国学术界率先提出：除社会分工这一一般前提和基础外，主要应从社会主义生产方式的本质来考察社会主义商品经济存在的原因。因为，"按照马克思主义的基本观点，一个生产方式的本质，归根到底取决于劳动者与生产资料相结合的方式，由于这种结合的方式不同，社会结构被区分为各个不同的经济时期。马克思主义的这个原则，对分析

---

① 何炼成：《劳动·价值·分配"三论"新解》，《当代经济科学》2001 年第 3 期。
② 何炼成：《对有计划商品经济几个理论问题的探讨》，《求索》1989 年第 1 期。

社会主义生产方式的本质当然也是适用的"①。何老分析，马克思设想的
"社会主义社会将是劳动者和生产资料在全社会范围内单一的直接结合，商
品生产和商品交换将不复存在，商品经济将会消亡"的论断受其当时所处
的历史条件和认知有限性的限制，因此，实践的发展远远超出马恩的预料，
"所有走上社会主义道路的国家都没有实现劳动者与生产资料在全社会范围
内单一的直接结合，而是实现了不同程度的社会劳动力和多种形式的生产
资料所有制的多元多层次的结合。正是这个社会主义生产方式的本质，从
总体上决定了社会主义商品经济存在的客观必然性。"② 遵循这样的理论逻
辑，何老分析了社会主义全民所有制经济存在内部商品关系的原因，"由于
社会主义全民所有制经济存在国家和企业两个相对独立的经济层次，全民
所有制的生产资料的所有权与经营管理权的分离，全民企业中劳动者的劳
动还存在着质的差别，还带有一定的个人的性质，因此，在全民所有制经
济中劳动者与生产资料的结合，仍然是一种复杂的多层次的结合，它涉及
国家、企业、个人以及其他方面的利益关系，这种关系仍然必须通过商品
生产方式来调节，这也就决定了全民所有制经济内部商品关系存在的客观
必然性。"③ 由此可见，何老从社会主义生产方式的角度论证了商品经济并
非只是资本主义制度所特有的，从而驳斥了商品经济外来论和嫁接论，科
学地回答了商品经济与社会主义制度彼此相容的问题。

（2）辩证地看待社会主义商品经济理论。按照马克思主义哲学的辩证
观点来看，任何事物都是特殊性与一般性的统一。何老凭借扎实的马克思
主义经典理论的功底，敏锐地意识到，虽然社会主义经济同资本主义经济
一样都是商品经济，但是它们之间既有共性又有特性：商品经济与自然经
济、产品经济相比具有一般的特性，但同社会主义、资本主义制度相比又
具有特殊的一面。何老在《经济研究》1978 年第 6 期上发表的《论社会主
义社会的商品制度》初步提出有关社会主义商品制度按共性和特性划分的
见解，随后何老纠正了前文中的"左"的观点，又在《经济研究》1985 年
第 5 期和 1988 年第 12 期上发表《再论社会主义商品经济》和《略论社会
主义商品经济新秩序》，1987 年 4 月在《求索》上发表《对有计划商品经
济的几个理论问题的探讨》，逐步深化自己的共性与特性相统一的社会主义

① 何炼成：《对有计划商品经济几个理论问题的探讨》，《求索》1989 年第 1 期。
② 何炼成：《对有计划商品经济几个理论问题的探讨》，《求索》1989 年第 1 期。
③ 何炼成：《对有计划商品经济几个理论问题的探讨》，《求索》1989 年第 1 期。

商品经济理论。毋庸置疑，何老对社会主义商品经济理论的划分是对我国社会主义商品经济理论的一个重要贡献。

根据马克思和恩格斯对商品经济的产生和发展以及其对简单商品经济和资本主义商品经济的论述，何老指出，同自然经济和产品经济相比较，商品经济的共性可概括为以下8个方面："一是两重性，即使用价值与价值的对立统一，其中主要是它的价值属性；二是交换性，即具有交换价值，不是为了交换或不能用来交换的东西，不能成为商品；三是市场性，这是交换性的必然表现，要交换就必须通过市场，市场正是商品经济的范畴；四是等价性，即按照等价原则进行交换，因此也是交换双方的平等性；五是自主性，即商品生产者和经营者应是独立的或相对独立的经济实体，具有自主经营的权利，取得自己经营的利益；六是竞争性，竞争是商品经济一般属性的反映，竞争规律是商品经济的一般规律；七是开放性，即商品经济是一种开放型的动态经济；八是系统性，即商品经济是一个社会生产关系体系，它包括商品的生产、分配、交换和消费四个环节及其相互联系的有机整体。"①

与人类历史上经历的简单商品经济、资本主义商品经济相比，何老认为，社会主义商品经济的特性表现为：①建立在公有制基础上。②没有剥削阶级参加。③劳动人民当家做主。④能在全社会的规模上自觉地运用价值规律。⑤商品关系的范围受到限制。② 何老还进一步指出："以上特殊属性仅仅是指纯粹的社会主义商品经济"③。要注意"我国社会主义的初级阶段，除了主体上是社会主义性质的商品经济以外，还存在着非社会主义性质的商品经济，甚至还存在剥削性质的商品经济"④，因此我国社会主义初级阶段商品经济的特殊属性具有复杂性，体现在：①建立在公有制为主体的多种经济成分基础上。②与以按劳分配为主体的多种分配方式相结合。③基于上述两点造成的生产和经营动力的复杂性。④生产力水平落后和生产社会化程度不高。

既然社会主义商品经济与自然经济和产品经济相比既具有共性又具有特性，那么共性与特性是如何实现统一的呢？在实践中，有的同志强调前者，有的同志强调后者，从而引出两条不同的改革思路，提出两种不同的

---

① 何炼成：《略论社会主义商品经济新秩序》，《经济研究》1988 年第 12 期。

② 何炼成：《略论社会主义商品经济新秩序》，《经济研究》1988 年第 12 期。

③ 何炼成：《略论社会主义商品经济新秩序》，《经济研究》1988 年第 12 期。

④ 何炼成：《略论社会主义商品经济新秩序》，《经济研究》1988 年第 12 期。

改革模式。何老认为:"不要把问题绝对化,应当具体问题具体分析。如果从共性和特性的一般关系来说,不存在何者为主的问题;如果从揭示社会主义商品经济的本质来说,当然应当强调社会主义商品经济的特性;但是如果从我国 30 多年的实践来说,我认为应当特别强调商品经济的共性,因为过去经济工作中'左'的错误和旧的体制的理论观点就是忽视商品经济的共性,把这种共性当成资本主义商品经济的特性,从而把商品经济与资本主义混为一谈。要彻底肃清'左'的流毒,就必须强调商品经济的共性。"① 显然,何老坚持以唯物辩证的方法看待社会主义商品经济特性对当前推进社会主义市场经济改革具有重要的理论和实践意义。

(3) 阐发社会主义商品经济的价值规律。20 世纪 50 年代末,何老针对我国在"大跃进"中出现的否定等价交换和价值规律的错误,在《试论社会主义制度下价值规律的作用》② 中就提出要正确认识价值规律及其作用。"文化大革命"结束后,随着我国商品经济的进一步发展,何老又先后发表多篇文章,完善了其对社会主义商品经济价值规律的看法。

何老对社会主义商品经济价值规律理论的认识,既不同于骆耕漠等同志提出的"价值规律等同于等价交换规律"及于光远同志提出的"价值决定规律",也不同于孙冶方同志提出的"广义狭义价值规律"。何老认为,价值规律是价值这个客观范畴的存在和运动的规律,具体内容包括两个方面,即价值决定和价值实现。价值规律的作用既包括内在的直接调节作用又有外在的间接影响作用,只有把两者结合起来才能说明价值规律的性质和作用。与此同时,何老非常赞同孙冶方先生的观点,也认为"价值和价值规律并非商品经济所特有的范畴"。在共产主义社会中,在商品经济消亡后价值规律仍存在并起作用,不过那时的价值规律仅仅包含价值决定的意思,仅仅在生产领域中起调节劳动时间和分配不同类的社会劳动生产的作用。因此,何老在"文化大革命"期间被说成是"孙冶方在西北的代理人",并遭到批判。显然,何老在 20 世纪 50 年代就能够全面论证价值规律在社会主义生产和流通中的重大作用,体现了其非凡的理论胆识。

何老还认为:"价值规律本身就包含着按比例发展的要求,在社会主义制度下,价值规律和有计划按比例发展规律并不是截然对立的,而是有着共同的要求的,即按比例地分配社会劳动。因此,必须同时利用它们来为

---

① 何炼成:《对有计划商品经济几个理论问题的探讨》,《求索》1989 年第 1 期。

② 参见《西北五省(区)价值规律讨论会文集》,1959 年 10 月。

社会主义建设服务，为实现四个现代化服务。"① 何老进一步指出，弄清两种含义的社会必要劳动和价值决定的关系，是准确把握价值规律的核心内容。"如果不弄清两种含义的社会必要劳动和价值决定的关系，就不能准确而全面地掌握价值规律的内容，从而也就影响我们利用它来为社会主义服务。"② 很明显，20 世纪 70 年代末何老就已把计划和市场看成是社会主义经济调节的两种手段，反映了其敏锐的理论洞察力。

（4）阐发市场经济理论。随着我国经济的不断发展，何老对市场经济的认识有一个逐步深化的过程。1984 年党的十二届三中全会后，何老明确指出，商品经济从它运行的机制来说就是市场经济，将市场经济与资本主义画等号的观点是错误的。因为，商品经济首先是一种交换经济。"这里所谓的交换，是指通过买卖的交换，而要买卖就必须通过市场。"③ "长期以来我们把市场经济当成资本主义经济的代名词，至今还有人认为商品经济不等于市场经济，说什么'如果我们把市场经济等同于商品经济，那势必得出计划经济同商品经济是两种对立的经济方式的结论'。显然，这还是把市场经济看成是资本主义经济。试问：商品经济不和市场相联系，还能继续存在吗?! 难道市场经济就不能实行计划吗?!"④

建立在"商品经济是社会主义经济关系的内容，计划经济是社会主义经济运动的形式"⑤ 认识的基础上，何老于 20 世纪 90 年代发表了多篇文章，系统阐述了其对计划和市场的关系的认识。何老认为，计划与市场都是指经济手段，是社会主义国民经济的两种调节形式。"所谓计划调节是指人们运用社会系统中的控制系统对经济系统进行的控制；市场调节是指人们运用价值规律使经济系统实现平衡的运动。这两者作为调节经济系统运行的形式与手段，不是某种特定的生产方式或经济制度。"⑥ 与此同时，何老强调两者产生的客观经济条件、起作用的形式、行动主体以及调节的后果等是存在着明显的差异性的。

对于计划与市场相结合的问题，何老对理论界流行的观点，如计划经济为主、市场调节为辅，板块结合论等进行了有说服力的评述，指出这些

---

① 何炼成：《论价值决定》，《人文杂志》1979 年第 2 期。
② 何炼成：《论价值决定》，《人文杂志》1979 年第 2 期。
③ 何炼成：《再论社会主义商品经济》，《经济研究》1985 年第 5 期。
④ 何炼成：《再论社会主义商品经济》，《经济研究》1985 年第 5 期。
⑤ 何炼成：《对有计划商品经济几个理论问题的探讨》，《求索》1989 年第 1 期。
⑥ 转引自李忠民《无悔追求》，《一代师表》，中国人事出版社，1997。

论断割裂了计划与市场两者之间的联系，不符合辩证统一的观点。何老主张，计划调节和市场调节应当实现一种内在的全面的结合，其结合的程度"取决于有计划按比例发展规律和价值规律等客观发生作用的合力方向及其大小强弱，并具体化为指令性计划调节、指导性计划调节、完全市场调节等方式"①。具体应当采取"国家调节市场，市场引导企业"这样一种经济运行模式。"这个模式的特点是：在国家和企业之间插入市场这一中间环节，从而避免了国家对企业的直接控制，使企业真正成为自主经营、自负盈亏的商品生产者和经营者，从而大大增强了企业的活力。与此同时，也不放松国家宏观调控的作用。"② 显然，这一模式对于双向的多层面的信息沟通与结合的强调突出地反映了何老对市场经济本质的深刻洞察力。

（5）研究社会主义商品经济新秩序问题。除了从理论上对社会主义市场经济理论进行总体把握外，何老还对市场化改革以来出现的社会主义无序化现象进行了深刻的剖析，在《经济研究》1988 年第 12 期上发表的《略论社会主义商品经济新秩序》一文首次论证了社会主义商品经济新秩序理论，后于 1992 年出版专著——《中国市场经济发展的无序与有序》（西北大学出版社），系统地阐述了这一理论。

何老认为："所谓社会主义商品经济新秩序，就是按照社会主义商品经济的客观要求所形成的各种制度、体制、法规、行为准则、思想观念等一系列的秩序。"③ 虽然我国现在改革中出现一些问题和碰到一些困难，但是我们还要不断推进社会主义商品经济建设，因为这些问题和困难的产生并"不是由商品经济的发展带来的，更不是什么'资本主义'泛滥的结果，而主要还是由产品经济的旧秩序造成的，也来自封建宗法的旧思想和旧作风"④。因此，为了社会的稳定和生产力的发展，迫切需要建立一套跟商品经济相适应的商品经济新秩序。建立社会主义商品经济新秩序是一项复杂的系统工程，"绝不像某些论者所设想的那样，认为只要由政府颁布几个法令就可以解决问题，或者认为这仅仅是立法、司法和工商行政管理部门的事……这项系统工程必须包括生产力、生产关系和上层建筑三个层次，缺一不可"⑤。其基本核心内容在于实行"国家调节市场，市场引导企业"的

---

① 李忠民：《无悔追求》，《一代师表》，中国人事出版社，1997。

② 何炼成：《略论社会主义商品经济新秩序》，《经济研究》1988 年第 12 期。

③ 何炼成：《略论社会主义商品经济新秩序》，《经济研究》1988 年第 12 期。

④ 何炼成：《略论社会主义商品经济新秩序》，《经济研究》1988 年第 12 期。

⑤ 何炼成：《略论社会主义商品经济新秩序》，《经济研究》1988 年第 12 期。

经济运行模式，即"国家－市场－企业"的新模式。"所谓国家调节市场，是指国家运用经济手段、法律手段和必要的行政手段，调节市场供求关系。"① "所谓市场引导企业，是指市场要为企业创造适宜的经济和社会环境，以此来引导企业正确地进行经营决策。"② "而建立社会主义民主政治，加强社会主义法制的立法和司法工作，树立社会主义商品经济思想意识，是建立社会主义商品经济新秩序的重要保证。"③

（四）国有企业改革的理论探索

国有企业改革是我国经济改革的中心环节，也是何老几十年理论探讨的一个关键领域。他始终坚持以生产力为衡量标准的马克思唯物史观，随着经济的不断发展，先后展开了有关所有制的含义、我国社会主义生产资料所有制结构、所有制改革的市场化的研究。

1. 科学地把握所有制的含义，为改革提供理论依据④

20 世纪 90 年代，法学界人士提出在所有制问题上经济学侵占民法学领地的观点，何老是非常赞同的。何老认为，所有制这一概念应该包含两种含义："一种是作为表现经济关系的所有制范畴，属于经济基础范围，是政治经济学的研究内容"⑤，有广义和狭义之分，其本质是"通过人对物的占有来体现物质生产中人与人的关系，这个关系在阶级社会中表现为阶级关系"⑥。"另一种是作为表现财产关系的所有制概念，属于上层建筑范围，是法学研究的内容。前者就是人们常说的所有制，后者为所有权……在马克思的论著中，往往使用'所有制关系或所有关系'，以区别体现经济关系的所有制与体现法权关系的所有制。"⑦

基于上述的理解，何老认为，生产资料所有制和财产所有权是两个不同的概念，从而形成了自己独特的产权观。何老认为，人们通常将生产资料所有制划分为所有权、占有权、支配权和使用权，这是错误的，事实上这是一种财产所有权。这种权利可进一步分解为终极所有权、法人财产权

---

① 何炼成：《略论社会主义商品经济新秩序》，《经济研究》1988 年第 12 期
② 何炼成：《略论社会主义商品经济新秩序》，《经济研究》1988 年第 12 期。
③ 何炼成：《略论社会主义商品经济新秩序》，《经济研究》1988 年第 12 期。
④ 李忠民：《无悔追求》，《一代师表》，中国人事出版社，1997。
⑤ 李忠民：《无悔追求》，《一代师表》，中国人事出版社，1997。
⑥ 李忠民：《无悔追求》，《一代师表》，中国人事出版社，1997。
⑦ 李忠民：《无悔追求》，《一代师表》，中国人事出版社，1997。

（产权）和经营管理权三权，三权分别对应了三个不同层次的主体：股东、企业法人和科层管理运作群，而收益权是融于三权之中的，是三权的应有之义。生产资料所有权应当被划分为所有关系、占有关系、支配关系和使用关系。生产资料所有权的性质决定财产所有权的性质，而财产所有权则以法律的形式来维护所有制。所有制关系和财产所有权关系从根本上来说是一致的，但无论哪种权能都不会同它表现的经济关系完全一致。自然，所有权的变化不一定会引起所有制关系的变化。显然，何老的这一论证为我国推进产权制度改革提供了理论依据。

2. 对我国社会主义生产资料所有制结构方面的理论探索

20 世纪 80 年代，何老先后发表多篇文章探讨我国生产资料所有制结构的模式。其中包括，1981 年《开放系统经济理论论文集》中的《对我国生产资料所有制结构问题的探讨》，全国"七五"重点课题《论社会主义所有制及其改革》，《陕西财经学报》1988 年第 1 期中的《初级阶段、商品经济与所有制改革》。

首先，何老运用 20 世纪 70 年代出现的非平衡系统理论、协同学和突变论等最新自然科学研究成果，对我国生产资料所有制结构展开分析，并提出定性模式。"从横截面上看，我国社会主义生产资料所有制结构不仅应当是一种多类多级多层次的不平衡结构，而且应当是一种各类各级各层之间及其内部互相协同作用的开放系统，绝不能搞成一种单一的、静止的平衡结构和孤立的封闭系统。它应在外界条件的作用下，在党和国家总的政策目标的指导下，协同最优。从纵向看，第一，各类各级各层次的所有制之间及其内部应当经常存在着各种物质和能量的交流运动，这样才能保证生产资料所有制的相对稳定和有序地发展，否则，就会变成一种不稳定的、无序的混乱状态，使这种所有制逐渐萎缩而走向灭亡。第二，必须根据我国生产力水平发展的情况，按照序贯性的质变波动演变趋势，逐步地分阶段地调整生产资料所有制结构。第三，社会主义生产资料所有制要由低级向高级、由简单向复杂发展，至于采取什么发展模式，不同国家不同时期都不可能一样，绝没有固定不变的发展模式。"① 很明显，何老 20 世纪 80 年代初的这一独具匠心的理论视角和理论观点，对进入 21 世纪的中国在推动国有企业改革上有着深远的理论和实践意义。

其次，基于对我国生产资料所有制问题的上述理论分析，何老采用逻

---

① 李忠民：《无悔追求》，《一代师表》，中国人事出版社，1997。

辑抽象的方法和实证分析的方法，提出了著名的国有企业改革的"飞机模式"："国有企业应当居于主导地位，好比飞机头，集体企业应当是主体，好比飞机身，个体私营企业居于辅助地位，促使社会主义经济起飞，好比机翼……三者的比重在现阶段应当优化在 3∶4∶3 的状态，即国有企业占 30%，集体企业占 40%，个体私营企业占 30%，因此又称为'343 模式'。"① 此论一出，马上引起学术界的激烈批判，甚至在随后的十几年中，何老被作为提倡"私有化"的代表进行批判，直至邓小平"南方谈话"才有所缓解。事实上，何老是以马克思主义政治经济学的"以生产力为衡量标准"来看待国有企业改革的。20 世纪 90 年代何老发文驳斥了别人对他的指责。他说："我不主张私有化，因为私有化既不符合人类社会历史发展的规律，也不符合我国的基本国情。前者要求从私有制向公有制发展而不是相反，后者要求坚持社会主义方向，坚持公有制、按劳分配和共同富裕。但是，我主张非国有化。这包含两层含义：一是将一部分国有企业变为非国有企业，二是废除国家所有制形式。其理由为：第一，根据我国现阶段生产力发展的状况，公有化的程度不宜太高，大多数企业以采取集体与合作形式为宜。第二，不能抽象地谈论哪种公有制形式优越，衡量的标准应当是对生产力发展的适应程度，而不在于公有制形式的高低。第三，马克思和恩格斯当时很少谈到国家所有制形式，只是在《共产党宣言》等早期文献中提及，并未把它当做最高级最优越的形式。第四，苏联以及其他社会主义国家的实践证明，国家所有制在社会主义工业化过程中起过积极的促进作用，它与计划经济体制是紧密相联的，但当转到市场经济体制时，就显得不那么适应而且矛盾很大。第五，苏联以及其他社会主义国家的实践证明，国家所有制很容易滋生腐败现象，因为国家所有制一般都是由政府有关部门为代表，实际上变成政府部门所有制，这些部门的官员就很容易以权谋私，采取权钱交易，进行寻租活动，成为滋生腐败现象的经济基础。"② 在中国经济改革中出现"国进民退"的今天，这一理论主张无疑令人振聋发聩。

3. 主张以市场化进行所有制改革

何老主张，以社会主义商品经济和市场经济理论为指导进行所有制改革。所有制改革是一项系统性工程，应当从宏观、中观和微观三个层面上

---

① 何炼成：《关于深化国有企业改革的系统思考》，《改革导报》1995 年第 6 期。
② 何炼成：《关于深化国有企业改革的系统思考》，《改革导报》1995 年第 6 期。

展开。

首先，在宏观所有制改革上，基于有关所有制结构的定性分析和定量分析，何老提出："在现阶段必须大力发展个体企业、私有企业、乡镇企业、三资企业，调整所有制结构，实现我国所有制的协同优化。这既排除了公有制与非公有制的板块结构论，又排除了公有制私有化的变色改革论。"① 何老"主张形成公有制与非公有制的多层次多级的非平衡结构，以及它们之间和内部相互协同作用的开放结构，就像'飞机'结构一样，具有内在的生长点和协同点"②。何老认为"实现这一结构模式的途径是在外界条件的作用下，在党和国家总政策目标指导下，也就是说利用市场、计划两种资源配置手段，实现所有制结构的协同最优，倡导市场化的所有制改革"③。从目前来看，何老的这一观点对我国继续深化市场经济体制改革有着深远的理论和实践指导意义。

其次，在中观所有制（即公有制采取什么形式）改革上，何老主张，"除极少企业如军工、基础工业和环保工业外，其他国有企业均采取人民所有制形式，实现制度创新。在各级人民代表大会常务委员会下面设立全民资产管理委员会，取代目前的各级所有资产管理局，代表全体人民管理全民资产。这样就从法律上和形式上，把国有财产归为人民所有和占有。但其前提必须是完善的人民代表大会制度和规范的政府行为"④。

最后，在微观所有制（即公有制采取何种经营方式和组织形式，也就是企业产权问题）上，何老提出对所有制大中型企业实行股份制改造，建立现代企业制度的意见，提出要落实国有企业产权，实行法人产权制度。何老特别强调，产权明晰化是建立现代企业的关键。但是产权清晰了并非意味着万事大吉。一方面，应当加强国有企业的经营管理，包括：①必须改革国有企业内部的组织领导体制。②必须继续"破三铁"，切实转换国有企业的劳动、人事、分配机制。③必须把面向市场作为国有企业加强经济管理的首要任务。④必须善于吸收古今中外企业经营管理的经验，结合我国现阶段国有企业的外部环境和内部状况，创造性地加以运用和发展。⑤必须善于吸收古今中外的优秀文化与经营管理之道，结合我国现阶段社会主义市场经济体制下国有企业的实际，建立社会主义企业文化，使之成

---

① 李忠民：《无悔追求》，《一代师表》，中国人事出版社，1997。
② 李忠民：《无悔追求》，《一代师表》，中国人事出版社，1997。
③ 李忠民：《无悔追求》，《一代师表》，中国人事出版社，1997。
④ 李忠民：《无悔追求》，《一代师表》，中国人事出版社，1997。

为国有企业经营的灵魂。① 另一方面，要创造深化国有企业改革的外部环境，其中实行政企分开十分重要。

（五）进行中国发展经济学创建和西部大开发的理论探索

创立中国发展经济学一直是包括孙老（孙冶方先生）、张老（张培刚先生）以及何老在内的许多中国经济学家的梦想。20 世纪 80 年代中期，张培刚先生作为发展经济学的开拓者，以国际经济学大师的深刻洞察力，提出在西方发展经济学由上升走向衰落之时创建新型的发展经济学的设想。张老在《经济研究》1989 年第 6 期上发表《发展经济学往何处去？——建立新型发展经济学刍议》一文，提出四点建议："一是要以发展中的大国作为重要研究对象；二是必须从社会经济发展的历史角度探根溯源，研究发展中国家的经济起飞和发展问题，不能就经济谈经济，而应联系历史、社会、政治、文化、教育等方面，综合地进行探讨；三是必须从发展中国家的本国国情出发，制定发展战略，对发展中大国应当考虑不同地区在发展层次上的差别和不平衡状况；四是必须注意计划与市场两者之间的关系在不同类型发展中国家中的新发展。"② 在这样的思想指导下，张老主编的《新发展经济学》一书在 1992 年由河南人民出版社出版。

20 世纪 90 年代，国际上和平与发展成为当今时代的主题，我国经济不断发展，综合国力不断提高。何老敏锐地观察到这一有利的形势，在张老的论著和理论的指导下，提出创建中国发展经济学的主张，并开始了不懈的理论探索：1992 年何老以"建立中国社会主义发展经济学"为题申报陕西省社会科学重点学科，获得了批准；1995 年以"建立中国发展经济学"为题申报国家教委人文、社会科学规划项目，获得批准；1997 年在《经济学动态》第 7 期发文《中国经济学向何处去？》，指出中国经济学的核心内容是中国发展经济学；1998 年在《西北大学学报》第 4 期上发表《实现中国现代化的发展经济学》，系统阐述了构建中国发展经济学的内容、框架和方法论；1999 年主编《中国发展经济学》一书，由陕西人民出版社出版，此书 2002 年获陕西省社会科学优秀成果一等奖，2006 年获首届张培刚发展经济学一等奖；2001 年主编的《中国发展经济学概论》由高等教育出版社

---

① 何炼成：《关于深化国有企业改革的系统思考》，《改革导报》1995 年第 6 期。
② 张培刚：《发展经济学往何处去？——建立新型发展经济学刍议》，《经济研究》1989 年第 6 期。

出版，2005 年此书获陕西省高校教学优秀成果特等奖；2005 年主编的《中国发展经济学新论》由中国社会科学出版社出版；2009 年主编的《中国特色社会主义发展经济学》由中国社会科学出版社出版。

在进行发展经济学的理论构建时，何老主张，应当以生产力的发展作为主线，结合中国社会主义初级阶段的现实，着重解决实现现代化中需要处理的"八化"问题。"八化"包括"工业化、城市化、商品化、市场化、社会化、国际化、信息化、知识化"①。在何老看来，这"八化"彼此之间互为发展逻辑，共同促成了一个国家经济系统的全方面演化。而其中关键的是要实现商品化、工业化。为了实现"八化"，必须正确处理"八大关系"，即"三次产业结构、区域经济、外向型经济、金融资本、人力资本、人口资源与环境、政府职能的转变、制度文化等与经济发展的关系"②。

随着经济的发展，何老进一步将"八化"和"八大关系"具体化。根据邓小平同志的理论，何老提出，构建中国发展经济学最重要的是解决"什么叫社会主义，怎么建设社会主义"的问题。前者包括：社会主义本质论、社会主义初级阶段论、社会主义基本经济制度论、社会主义分配论、社会主义市场经济体制论。后者就是如何正确处理以上"八大关系"问题。

自武汉大学毕业后的 60 年，何老一直以西北为家，扎根西北大学，对西部的人文社会环境充满着浓浓的爱意。1999 年国家吹响了西部大开发的号角，这令何老心潮澎湃，开始从事西部大开发理论问题的探讨：1999 年 1 月在《中国改革报》上发表《关于西部大开发的八条建议》；在《西北大学学报》2000 年第 4 期上发表《西部大开发四十条》等多篇论文。

何老的有关西部大开发的思想主要体现在"八大战略思路"和"八条建议"的主张上。"八大战略思路"包括"富民强区"的目标战略，可持续发展的长远战略，科教兴区的人才战略，非均衡发展的常规战略，跳跃式发展的非常规战略，差异化战略，水资源战略，产业结构调整战略③。"八条建议"包括关于基本经济制度，关于矿产资源开发政策，关于调整价格政策，特殊的金融资本政策，特殊的财税政策，建立分类调控的西部发展政策体系，特殊的人才政策，特殊的城市政策。

---

① 何炼成：《也谈中国特色社会主义经济学研究》，2003 年 12 月 12 日《人民日报》。
② 何炼成：《也谈中国特色社会主义经济学研究》，2003 年 12 月 12 日《人民日报》。
③ 何炼成：《西部大开发四十条》，《西北大学学报》2000 年第 4 期。

（六）在经济管想史研究上的开拓

何老坚持以史为鉴、古为今用的研究理念，在中外经济思想史、经济管理思想史等领域不断开拓创新，取得了令经济学理论界与史学界广泛关注的研究成果。

在专题理论史方面，何老撰写了我国第一部系统地论述价值学说发展的专著——《价值学说史》。价值学说史论述了马克思主义劳动价值理论的形成、基本理论及其发展，兼及西欧古代思想家的价格观和近代资产阶级价值论，并用附录的形式第一次系统评价了我国古代思想家的价值观。该书有以下几个特点：一是对马克思的劳动价值论理论如何坚持与发展的问题，提出了自己的主张，因此被称为是"新中派"的代表之作；二是对西方古典经济学以及"庸俗经济学"的有关价值理论进行了系统的梳理和客观的分析和评价。附录部分对中国古近代思想家的价值观进行了比较系统全面的介绍，填补了价值学说史上的一个空白。此书的出版在我国学术界产生了巨大的反响，李善明教授认为："这是我国第一部用马克思主义观点系统研究和阐释价值学说发展历史的专著……它的出版为专项理论史的研究和撰述提供了可资借鉴的宝贵经验和启示。"[1] 由于这部著作在我国价值学说史的研究方面具有突出地位，何老也因此荣获第十三届孙冶方经济科学奖。

在中国经济思想史方面，三秦出版社 1989 年出版的《中国古近代价格理论与经济管理思想介评》，是对《价值学说史》附录的拓展，概括了从先秦到近代，我国的思想家们对价格和价值的认识问题，归纳出十种价格论，即轻重论、供求论、伦理因素论、积著论、平籴论、平准论、自然属性论、市价不贰论、货币数量论、功力决定论。何老认为，这些思想家们在当时的历史条件下，"都只是分析了价格的表象问题，至多是对价值形态进行了初步的分析，都表现出对价值概念的缺乏"。这一论断明显纠正了某些中国经济思想史学家认为《孟子》《墨子》中已有价值观的论述，甚至断言明代邱浚已提出劳动价值论的观点。在对重要历史人物的经济思想的研究方面，何老对我国近代的革命先行者孙中山进行了有说服力的评价。他认为，孙中山的经济思想包括四个方面，"一是吸收了古典经济学家和马克思关于劳

---

[1]　李善明：《论专题理论史——兼评何炼成主编的〈价值学说史〉》，《经济研究》1985 年第 7 期。

动创造价值的主张，注重对社会分配问题的研究；二是提出消费的问题，就是'解决众人的生存问题，也就是民生问题，所以工业要靠民主，民主就是政治中心，就是经济中心和种种历史活动的中心'的观点；三是对土地问题，提出了'平均地权'的主张和资产阶级土地国有化理论，在其晚年，提出了'耕者有其田'的主张，为第一次国共合作奠定了思想基础；四是提出了关于发达国家资本振兴国家实业的理论和'节制资本'的纲领"①。此外，何老还研究了谭嗣同的经济思想，认为其思想代表我国早期民族资本主义工商业利益，"而且带有当时中国具体历史条件和他本人思想形成的具体特点，提出了一个比较完整的发展资本主义工商业的蓝图和中国农业发展的'普鲁士道路'"②。

在中国经济管理思想史方面，何老的贡献主要体现在西北大学出版社1988年出版的《中国经济管理思想史》一书中。中国经济学说史的权威赵靖教授在《中国经济管理思想史》序言中指出："本书是国内外头一部以'中国经济管理思想史'命名的著作，作者从古代一直写到近代，在全书的十大问题中，每一问题都纵贯数千年的历史，它已经是一部名副其实的中国经济管理思想史了。"该书1993年获国家教委系统优秀图书奖，1995年获国家教委人文社科优秀论著二等奖。何老认为，中国古代经济管理思想，"一是以宏观目标的'富国之学'为基本线索，其内容是，以农业生产为本，以轻徭薄赋为必要条件，以加强封建国家的经济实力为最高目标。二是容纳了围绕经济管理目标、动力、结构、分配、消费在内的长期争论的宏观经济管理思想。在动力论上突出表现为义利之争；在经济结构上主要表现为本末之争，即如何正确认识和处理农业与商业的关系；在分配论上主要是如何通过财税来进行财富的分配和再分配；在消费论上，表现为俭奢之争。三是在对宏观经济如何进行管理的问题上，中国经济管理思想发展史上存在着两条不同的管理方针：一条是'无为而治'，即自由放任的方针；一条是'通轻重之权'，即实行国家控制的方针"③。

（七）对中国宪政改革的思考

进入21世纪的第二个十年，中国基本完成经济体制转轨，未来应完成

---

① 李忠民：《无悔追求》，《一代师表》，中国人事出版社，1997。
② 李忠民：《无悔追求》，《一代师表》，中国人事出版社，1997。
③ 李忠民：《无悔追求》，《一代师表》，中国人事出版社，1997。

政治体制改革（张维迎语）。适逢辛亥革命 100 周年，凭借对孙中山经济思想的深入研究，80 多岁高龄的何老，秉持着"天下兴亡，匹夫有责"的中国知识分子的传统信念，主张借鉴孙中山先生的三民主义和五权宪法，推动中国的宪政改革。

何老认为，探讨宪政社会主义，就不能不重提孙中山先生所力倡的"民权主义"。"何谓民权？民有选举官吏之权，民有罢免官吏之权，民有创制法案之权，民有复决法案之权，此之谓四大民权也。选举权、罢免权、创制权、复决权缺一不可。人民具有此四大民权，方得谓为真正之民主国家。"① 何老进一步指出："孙中山认为，政是众人之事，集合众人之事的大力量，便叫做政权；治是管理众人之事，集合管理众人之事的大力量，便叫做治权，治权就可以说是政府权。孙中山主张宪政分权，并创造性地提出了'五权宪法'，即行政权、立法权、司法权、考试权、监察权五权分立。用人民的四个政权也即四大民权，来管理政府的五个治权，那才算是一个完全的、民权的政治机关。有了这样的政治机关，人民和政府的力量，才可以彼此平衡。宪政就是要限制政府的权力，保障公民权利，控制治权，伸张民权。现在讲民权的国家，最怕的是得到了一个万能政府，人民没有办法去节制它；最好的结果是得到一个人民能驾驭和控制的高效能的政府，完全归人民使用，为人民谋幸福。做到这一点，关键在宪政建设。"② 分析我国当前的现实，何老指出"总的来说是民权太小、治权太大"。"从'四大民权'来说，首先是选举权实行的范围很小……从'五个治权'来说，总的来看是政府的权偏大，几乎是个'万能政府'，而且是掌握在极少数人手中。"③ 总之，"宪政社会主义完全符合'民权主义'的基本精神，理应通过促成宪政共识、推进宪政建设来伸张民权，也即实现人民主权，扩大公民权利"④。

四 明辨之——"交换、比较、反复"的理论探索之路

为学的第四个阶段为"明辨"。学是越辨越明的，不辨，则所谓"博学"就会鱼龙混杂，真伪难辨，良莠不分。世界万物纷繁复杂，而每个人

① 何炼成：《宪政社会主义要伸张民权》，《炎黄春秋》2011 年第 12 期。
② 何炼成：《宪政社会主义要伸张民权》，《炎黄春秋》2011 年第 12 期。
③ 何炼成：《宪政社会主义要伸张民权》，《炎黄春秋》2011 年第 12 期。
④ 何炼成：《宪政社会主义要伸张民权》，《炎黄春秋》2011 年第 12 期。

的认知又极为有限，如何实现以"实事求是"的科学精神解释世界的目的，显然需要经历一个去粗取精、去伪存真、由表及里、由现象到本质的一个漫长的过程。在延安革命时期，陈云同志在谈到在党的工作中如何坚持"实事求是"的唯物方法时，提出了"交换、比较、反复"的辩证思想。所谓"交换"，就是要互相理解、沟通。所谓"比较"，就是对事物进行各方面的对比，认识事物本质，使自己对事物的认识更加准确。所谓"反复"，就是决定问题不要太匆忙，要留一个反复考虑的时间，听一听不同的意见。

何老在学术上非常崇拜的孙老就十分鼓励学术上的明辨，鼓励辩证地看待理论探索中遇到的问题。孙老主张："求同存异，这是外交和统一战线中所应采取的一条原则。但是，如果在科学研究中也讲求同存异，那就没有什么问题可以研究和讨论了，科学也就不会前进了。我主张科学研究应该是存同求异，互相找差异，正确地开展争论。这样才能把科学水平渐渐提高起来。'百花齐放、百家争鸣'，贵在一个'争'字。允许批判，也允许反批判。马克思在 1853 年 9 月 2 日给恩格斯的一封信中说：'真理是由争论确立的，历史的事实是由矛盾的陈述中清理出来的。'（《马克思恩格斯通讯集》第一卷，1957，第 567 页）只有在争论中才能使人们对客观事物的认识逐步深化。真理并不害怕被批判，它只会越辩越明。"①

关于政治理论学习，何老也曾有过类似的"交换、比较、反复"的辩证思想。1956 年他在《光明日报》上发表《关于理论联系实际中的简单化问题》一文，针对《学习》杂志举办的对"格列则尔曼同志寄来的一封信"的座谈中许多单位和同志对联系实际中的简单化问题的认识存在一些误解和偏差，提出了应当辩证地看待理论联系实际中的简单化问题。何老在文中指出："什么叫做理论联系实际中的简单化呢？我基本上同意第六中级党校哲学教研室的看法——'所谓简单化，就是不对具体问题作具体分析，而是生吞活剥地把马克思列宁主义中的个别原则到处硬套乱套，或者是不根据时间、地点和条件，把局部的经验到处硬套乱套，所以简单化的实质就是教条主义或者经验主义的东西'。""是不是凡是联系实际做得不好的都是简单化呢？我认为并不一定如此，简单化固然是联系实际做得不好，但做得不好并不一定都是简单化，因为在贯彻理论联系实际的过程中，是不可能一下子就做得尽善尽美的，这是一个逐步提高和发展的过程。从不注

---

① 孙冶方：《价值规律的内因论和外因论——兼论政治经济学的方法》，《中国社会科学》1980 年第 4 期。

意联系到注意联系，从片段的联系到比较全面的联系，从表面的联系到本质的联系，从联系得不好到联系得较好再到联系得很好，这也是符合人们的认识与客观事物发展的过程的。""贯彻理论联系实际的方针是一个复杂的过程，是一个逐步提高的过程。在这个过程中是免不了要碰到一些思想障碍，发生一些偏向，遇到一些困难的。但是我们并不能因此就坐着等待，不敢联系实际，甚至作为拒绝联系实际的借口。对某些同志在联系实际中发生的一些偏向（只要不是故意歪曲）也不要过分指责，而是要帮助同志们克服在联系实际中的困难和偏向，引导同志们大胆地但又慎重地联系实际，使我们的政治理论教育工作能够逐步地提高起来。"

在经济理论的探索上，何老正是秉持着"交换、比较、反复"的辩证思想，始终践行着其所倡导的"不唯上、不唯书、不唯师、只唯实"的"实事求是"的思想，从而取得一个又一个丰硕的理论成果，这主要可以从何老积极参与马克思劳动价值论的 5 次理论大讨论中寻找答案。

何老是"社会主义生产劳动理论"问题大讨论的发起者，并形成这一理论的一派。何老针对厦门大学的草英、攸全两位同志在《中国经济问题》1962 年第 9 期上发表的《关于生产劳动和非生产劳动》中以及苏联教科书中将生产劳动仅仅解释为生产物质产品的劳动的说法，凭借其对马克思的《资本论》扎实的理论功底和非常敏锐的理论洞察力，在《经济研究》1963 年第 2 期上发表了《试论社会主义制度下生产劳动与非生产劳动》一文，大胆提出了自己的质疑，指出应当从社会主义生产关系的角度来看待生产劳动的特殊内涵。社会主义的生产劳动不仅包括创造某种物质产品的劳动，而且包括创造精神产品和服务的劳动。之后又在《江海学刊》1963 年第 8 期上发表《也谈生产劳动与非生产劳动》一文，与草英、攸全两位同志商榷，提出了自己的批驳观点。何老的社会主义生产劳动的观点发表之后，立即引起了当时经济学界的强烈的反响，从而揭开了我国生产劳动理论大讨论的序幕。随后的 3 年时间里，学术界先后发表了 20 多篇讨论文章，代表性文章有：徐节文在《光明日报》1963 年 12 月 16 日《经济学》专刊上发表的《谈社会主义制度下的生产劳动和非生产劳动》、许柏年在《江海学刊》1964 年第 1 期上发表的《略论社会主义条件下的生产劳动》以及杨长福在《经济研究》1964 年第 10 期上发表的《社会主义制度下的生产劳动与非生产劳动》。针对三个同志的观点，何老在《经济研究》1965 年第 1 期上又发文《再论社会主义制度下的生产劳动与非生产劳动》，针对"马克思所说的生产劳动只能以生产物质资料的劳动为限吗？"和"社会主义生产劳动的内涵是什么？"两方面分别对三个同志的观点进行了批驳，并进一步阐释了自己在这一问题上的认识。遗憾的是，这一理论讨论因为"文化大革命"而被迫中断。著名经济学家于光远在《中国经济问题》1981 年第 1 期上发表《社会主义制度下的生产劳动与非生产劳动》，提出只要是物质产品生产行业的劳动都属于生产劳动。文章具体分析了社会主义制度生产劳动包括的范围，如生产物质产品的劳动、生产满足社会消费需要的劳动、从事产品交换和分配的劳动、生产精神产品的劳动、教育的劳动、用于环保和改善环境的劳动等，认为这些都是创造价值的生产劳动，因此被称为"生产劳动宽派"。孙冶方不同意于光远的观点，在《经济学动态》1981 年第 8 期发表文章《生产劳动只能是物质生产劳动》，认为创造价值的生产劳动只能是物质生产劳动。他认为一些同志之所以表示教育、科研、文艺、服务业等行业都属于生产劳动，一是想引起社会的重视，二是想为 20 世纪末每人1000 美元的国民生产总值找一个与外国可比的口径。他认为两个用意虽好，但若因此把这些劳动视为创造价值的生产劳动，在理论和实践上都会对我们的工作造成干扰，如混淆物质和精神、混淆经济基础与上层建筑、混淆生产和消费、混淆初次分配和再分配、混淆劳动力价值和劳动力创造的价值等，因此被称为"生产劳动窄派"。由此再次引起经济学理论界对"社会主义制度下的生产劳动"问题的讨论和争鸣，并逐步形成了宽派、中派、窄派三种不同的观点。何老在 20 世纪 60 年代就提出了自己的中派观点，在20 世纪 80 年代的讨论中，又先后发表了 10 篇文章。何老的中派观点与其他"不窄不宽"的观点相比，也有区别和不同，因此其学术观点被称为"新中派"。他的全部观点后被系统整理成《生产劳动理论与实践》一书，该书在 1986 年由湖南人民出版社出版，被称为"新中派"的代表作，荣获陕西省社会科学优秀论著一等奖，其中的《社会主义制度下生产劳动与非生产劳动的具体含义》一章，获全国首届孙冶方经济科学论文奖①。

何老也积极参与了我国理论界对马克思劳动价值论的其他 4 次大讨论。20 世纪 50 年代末，孙冶方先生在《经济研究》上发表了《论价值》一文，引发了关于社会主义制度下商品生产和价值问题的讨论。孙老的宏论深深地吸引了何老，为此他反复阅读了《资本论》和《反杜林论》中的有关论述，认为孙老的价值理论完全符合马恩的劳动价值论，并且是批驳"大跃进"中否认价值规律的理论武器。1979 年何先生在全国第二次价值规律问

---

① 何炼成：《几点体会》，《学位与研究生教育》2001 年第 1 期。

题研讨会上聆听了孙老关于《价值规律的内因论和外因论》的学术报告，对孙老的观点有了更深的理解和认识。1983 年孙老去世后，他参加了"孙冶方经济理论讨论会"，发表了《也谈"价值是生产费用对效用的关系"》一文，认为孙老对恩格斯这一命题的说明是正确的，是对苏联经济学界错误诠释的重要纠正，也是对当时社会主义国家实行计划经济中忽视费用对效用关系的批评[①]，此论文引起了与会者的讨论。何老在对价值理论的研究上与孙老有着诸多的共识，因此在"文化大革命"中被冠以"孙冶方在西北的代理人"的罪名并受到批判。

　　20 世纪 70 年代末，经济学界展开了关于价值规律问题的理论讨论。这场讨论涉及价值规律在社会主义经济中的地位和作用，社会主义商品经济、市场经济、计划与市场的关系等问题。何老在《经济研究》1978 年第 6 期上发表《论社会主义社会的商品制度》一文，指出："对社会主义商品制度，既要充分利用和发挥它的积极作用，又要限制它可能产生的消极作用。当然，在社会主义社会一个相当长的历史时期内，前一方面是主要的，后一方面是次要的。只有到了将来的一定时期内，这种情况才会发生转化，即商品制度将逐渐走向消亡。在条件成熟以前，企业过早地取消商品制度，否定商品、价值、货币、价格的积极作用，是根本错误的。特别是在当前我国进入新的发展时期，我们必须大力发展社会主义商品生产和商品交换，充分发挥社会主义商品制度的积极作用，自觉利用价值规律，为把我国建设成为现代化的社会主义强国而奋斗。"此文表露了一些受"两个凡是"影响的思想局限性，卓炯先生在《经济研究》1979 年第 6 期上发表《我也谈谈社会主义的商品制度》一文，指出何先生在此文中的思想倾向。文中指出："研究社会主义的商品制度，一方面要掌握马克思主义的基本原理，另一方面要联系社会主义的实际，这两者是不可偏废的。对于商品制度，马克思确立了一条基本原理，即'商品生产和商品流通是极不相同的生产方式都具有的现象，尽管它们在范围和作用方面各不相同。因此，只知道这些生产方式所共有的抽象的商品流通的范畴，还是根本不能了解这些生产方式的不同特征的，也不能对这些生产方式作出判断'。马克思的这条原理完全合乎辩证逻辑，是颠扑不破的真理。"[②] 随着时间的推移，我国的经济形势发生巨大变化，由此思想理论观点也发生很大的变化，尤其是党的十

---

① 何炼成：《我和"10 本书"》，1999 年 7 月 7 日《中国改革报》"理论周刊"。

② 卓炯：《我也谈谈社会主义的商品制度》，《经济研究》1979 年第 6 期。

二届三中全会在《中共中央关于经济体制改革的决定》中作出"公有制基础上的有计划的商品经济"这一科学论断，何老仔细阅读卓老的文章，针对卓老指出的文中错误，再三审视了自己的观点，感到自己的文章确有偏颇之处，主要是受"两个凡是"的影响，于是撰文《再论社会主义商品经济》并发表在《经济研究》1985 年第 5 期上，指出"商品经济是社会主义生产方式的内在本质联系，因此它不仅是一个基本经济特征，而且是一个重要的经济特征，是仅次于生产资料公有制的一个经济特征。而有计划发展既然是社会主义商品经济活动的形式，因此它只能是属于第三个层次的经济特征，或者说，有计划与商品经济共同构成社会主义社会的一个基本经济特征"。显然，通过争辩和反思，何老对社会主义商品经济的认识在逐步深化，且表现出一个学者追求真理的坦荡胸怀。

20 世纪 90 年代初经济学界展开了关于价值创造源泉的大讨论。南开大学谷书堂教授在其主编的《社会主义经济学通论》（上海人民出版社，1989）一书中提出了非劳动生产要素也创造价值的价值理论新见解。对此，中央党校苏星教授在《中国社会科学》1992 年第 6 期上发表《劳动价值论一元论》一文，提出"只有物质生产领域的活劳动，才是价值的唯一源泉"。于是，由苏、谷之争引发了一元论与多元论的讨论①。何老在《中国社会科学》1994 年第 4 期上发表《也谈劳动价值论一元论——简评苏、谷之争及其他》一文，认为苏星和谷书堂两位的观点都有失偏颇。文章指出，"第二种含义的社会必要劳动时间也参与价值决定，完全符合劳动价值论一元论的观点"，从而批驳了苏星同志将"第二种含义的社会必要劳动时间参与价值决定与是否坚持劳动价值一元论联系起来"的观点。对于谷书堂和柳欣两位同志提出的所谓"新的"劳动价值一元论，即"扩展劳动这一概念的外延，把使用价值的生产或劳动生产率加进来，把劳动定义为由其生产的一定量的使用价值所体现的或支出的劳动量（劳动时间×劳动生产率），从而推论出'价值与劳动生产率成正比'，否定'价值与劳动生产率成反比'的结论"②，何老给予了反驳。他在文中指出，"劳动生产力（率）是指具体劳动创造使用价值的能力，这种能力主要取决于劳动者的素质和技能，以及劳动的自然条件与劳动的社会力量……如果是指劳动产品的价

① 李铁映：《关于劳动价值论的读书笔记》，《中国社会科学》2003 年第 1 期。
② 何炼成：《也谈劳动价值论一元论——简评苏、谷之争及其他》，《中国社会科学》1994 年第 4 期。

值，则不论是劳动产品的个别价值还是社会价值，都与劳动生产率成反比"①。对于谷书堂的"非生产要素也创造价值"的观点，何老表示同意苏星教授，认为谷的观点是错误的。

第五次有关劳动价值论的大讨论是在世纪之交，"中央提出'在新的历史条件下，要深化对劳动和劳动价值理论的认识和研究'后，全国上下展开了新一轮关于劳动价值理论的学习和讨论。这次讨论有两个鲜明特点：一是从深化对当代劳动的认识入手，探讨社会主义社会劳动的新特点；二是结合新的实际，围绕社会主义市场经济条件下价值形成的源泉问题，提出了多种不同的观点和见解"。厦门大学钱伯海教授在《经济学家》1994年第2期上发表《社会劳动创造价值之我见》一文，后来又在该杂志1995年第3期上发表《劳动价值理论与三次产业》一文，强调物化劳动创造价值的观点，否则"科技是生产力就不能成立""相对剩余价值包括超额剩余价值就无从得来""商品二因素和劳动二重性就不能存在"，所以，"创造价值不等于增加价值"，即"社会劳动创造价值"。何老在《经济社会发展研究》2001年第2期上发表《坚持和发展马克思的劳动价值论》一文，针对"社会劳动创造价值论"这个经济学界争论较大的问题，肯定了"物化劳动创造价值的观点是错误的"，但同时指出两点，"一是应当肯定该论点（物化劳动）所依据的前提是可取的，即认为创造价值的劳动是社会劳动，它包括第一、二、三次产业劳动的总和，这是新的国民经济核算体系的范围，从而克服了旧的国民经济核算体系的局限性。二是个别文章的批判态度不是以理服人，有无限上纲的倾向，这是无助于问题的解决的，因而是不可取的"。后来何老又在《当代经济科学》2001年第3期上发表《劳动·价值·分配"三论"新解》，在《经济学家》2001年第6期上发表《深化对劳动和劳动价值论的认识》，畅谈新时期对劳动和劳动价值论的新认识。

五　笃行之——宽容大度的处世之道

"笃行"是为学的最后阶段。"笃"有忠实、一心一意之意。怎样才能做到忠实、一心一意呢？儒家认为要注重本末内外观。其中修身是本，而后才有齐家治国平天下。而达到修身的方法或手段便是格物致知与知行结

---

① 何炼成：《也谈劳动价值论一元论——简评苏、谷之争及其他》，《中国社会科学》1994年第4期。

合。格物体现的是本末内外观中向外的一面，即认识外界的客观事物，而致知则是向内的一面，强调的是将格物得出来的知识内化扩充为自身的涵养。但光格物致知是远远不够的，很重要的一点是应当做到知行结合。知而不行等于不知，儒家要求通过不断的实践使自己内心的道德显现出来。目前，社会有句流行语——"心有多大，舞台就有多大"，这不但可以很好地诠释为什么何老 60 多年来一直在经济理论和教学实践探索方面孜孜追求，而且可以解释社会上令人费解的"何炼成现象"。

儒家所讲的为学的"博学、审问、慎思、明辨、笃行"五个阶段并非彼此独立，它们是相互统一、内在联动的。何老少年、青年时期的博学，提高了他审问、慎思、明辨的能力，而在审问、慎思、明辨的过程中通过潜移默化的格物致知，从而达到知行结合的"笃学"。著名的经济思想史学者、何老的学生韦苇教授对何老的学术精神做过如下的分析和评价："'文道即人道'这句话高度概括了人文精神同自然科学知识的关系，它是说只有做人宽宏踏实，为学才能广纳并蓄。它们是统一的而不是对立的。何炼成教授在做学问与做人上时刻以此鞭策自己，不但使自己走向了成功，同时也培育出了许多经济界的新秀。"①

何老除了时刻勉励自己在经济理论探索上孜孜以求，还在经济学教学实践中不断探索。何老摸索出一套独具特色的经济学硕、博士研究生教学实践的思路。"一是举旗抓纲不动摇。举旗，是指高举马克思主义、邓小平理论的伟大旗帜；抓纲，是指坚决贯彻党在社会主义初级阶段的基本纲领。二是坚持'三不'方针，鼓励观点创新。对研究生教育必须坚持两个'三不'方针：首先是不唯上、不唯书、不唯师、只唯实；其次是不戴帽子、不打棍子、不抓辫子，坚持真理，修正错误……三是抓好培养的各个环节。四是走出去，请进来，全方位培养。五是高标准、远目标、严要求。所谓高标准，就是要求研究生达到国内先进水平，在专业上到达本学科的前沿阵地。六是坚持'青胜于蓝'的客观规律。七是甘当人梯，把学生推向社会。"② 在这样的思想指导下，一方面，何老一直坚持研究生教学中对马克思经典著作《资本论》的学习。这一学习传统已经成为西北大学经济管理学院研究生人才培养的一大特色之一。另一方面，顺应时代潮流。进入 20 世纪 90 年代以来，何老引导学生及时跟踪国际上经济学发展的前沿，对历

---

① http: //blog. voc. com. cn/blog_ showone_ type_ blog_ id_ 435034_ p_ 1. html.

② 何炼成：《关于经济硕博士研究生教学实践经验探索》，《西部论坛》2000 年第 4 期。

届诺贝尔经济学奖得主的经济理论进行学习和研究，先后组织研究生学习诺斯、科斯、卢卡斯、莫里斯等人的理论。特别是莫里斯获诺贝尔经济学奖的消息传来后，何老通过他的博士生、西大校友张维迎特邀莫里斯教授来中国讲学，第一站就是来西安，给西大经管院的研究生作了两次报告。后来又组织研究生学习了张维迎的著作《博弈论与信息经济学》，从而使学生基本上掌握了莫里斯的经济思想①。

何老在经济理论和教学实践探索中的点点滴滴的体会也潜移默化地渗透到他对学生的生活和学习的关心之中。对待学生的生活，多年来何老都坚持看望每届新生，嘘寒问暖；在班上、宿舍里与学生促膝谈心，介绍专业发展方向，为学生的学习和生活排忧解难。中国著名经济学家、社会科学文献出版社总编辑、经济学教授、博士生导师、国务院特殊津贴享受者邹东涛曾回忆起1985年在西大上学期间，母亲突患中风，何老看到他家里发来的电报，在星期日当天将电报亲自送到他手中，督促他尽快返家看望母亲，令其至今感动不已。对待学生的学术探索，何老始终秉承开放和包容的原则。1983年，还是西北大学研究生的张维迎在《中国青年报》上发表了《为钱正名》一文，文中指出钱是价值的客观度量，大家为创造财富而赚钱是很正常的，不应该回避钱。观点一出，立刻触怒了无数"文化大革命"遗老遗少们的敏感神经，并引来了主流价值层面的争议和声讨。作为导师，何老提出"不扣帽子、不抓辫子、不打棍子"的主张，显然这并非由于何老护生心切，而是来源于其长期理论探索中对马克思唯物辩证思想的深刻领会。茅于轼先生在《忆峥嵘改革岁月中的张维迎》一文中有证据可以证明这一点。文中对何老和张维迎有这样的描述："我第一次见到张维迎是1982年2月23日在西安召开的全国数量经济学年会上……张维迎当时还是西北大学经济学的研究生。经济系的研究生很多，系里让张维迎参加这次会议，显然因为他与众不同。他的导师何炼成先生受到大家的尊敬，主要因为何老师善于识别人才，而且不拘一格。那时候学校里教的主要内容还是传统的政治经济学，但是何老师鼓励新思想，不怕离经叛道。张维迎正处在对两种经济学进行认真思考和慎重选择的时刻。他在小组会上发言的题目是：马克思主义和数量经济学关系中的几个理论问题。他的发言获得普遍的称赞，并且被推选代表小组到大会上去发言。从那时候起，我就对这个年轻人有了深刻的印象。"

---

① 何炼成：《几点体会》，《学位与研究生教育》2001年第1期。

在何老宽容博大的教育思想影响下，包括张维迎在内的一批勇于创新的中青年学者迅速成长起来，形成了令人费解的"何炼成现象"。1997 年 1 月 14 日《光明日报》曾经发表了一篇文章，其中提出了一个问题：这么多的经济学家缘何出自西北大学？文章指出这样一个事实，"不少西北大学'出身'的中青年经济学家在经济学界都已崭露头角，其中有四次荣获我国经济学最高奖——孙冶方经济科学奖的中国社会科学院张曙光研究员，有先后在牛津大学和芝加哥大学取得博士学位归来的北京大学张维迎教授、宋国青教授，有著名的中青年经济学家、国有资产管理局科研所所长魏杰教授，有我国设立经济学博士后站第一批进站的中国人民大学李义平博士、复旦大学石磊博士，还有国务院发展研究中心的刘世锦研究员、张军扩研究员，中国社会科学院宋则研究员以及在香港任教的栗树和博士等。这些学者大多在基础理论经济方面颇有造诣。"① 何老的得意门生李义平教授给出的答案是："一是西大特有的读书风气和宽松的学术氛围；二是机会成本小，其他诱惑少。"人物杂志社在《记西北大学教授、著名经济学家何炼成》一文中则给出这样的答案："这么多的青年学者出自西北大学，准确地说是出自何炼成的门下，也难怪已经有人把西北大学经济管理学院誉为'青年经济学家的摇篮'，把何炼成誉为'经济学界的西北王'。从何炼成的这些学生中可以看出，他们在学术上有一个共同点，就是基础扎实、勇于创新、立足现实、眼光长远。而这些也正是何炼成在培养学生时希望他们达到的目标。"

---

① 陈蓬、邢宇皓：《这么多经济学家缘何出自西北大学》，1997 年 1 月 14 日《光明日报》。

第二章　明师指路：生产劳动理论何炼成
学派的开拓、发展和完成

岳宏志　寇雅玲

在政治经济学史上，生产劳动与非生产劳动一直是各派经济学家所论辩的根本问题之一。在马克思主义政治经济学中，生产劳动理论如同剩余价值理论一样，是最基本的范畴之一，并且在其整个理论体系中占有十分重要的地位。由于生产劳动理论在马克思主义政治经济学中居于如此重要的地位，新中国成立以后生产劳动问题自然便成为我国经济学界长期讨论和争辩不休的重大理论问题之一。

我国学术界对生产劳动理论问题的讨论，是从20世纪60年代初开始的。当时厦门大学的草英、攸全同志在《中国经济问题》1962年第9期上发表了《关于生产劳动和非生产劳动》一文，何炼成先生于次年在《经济研究》1963年第2期上发表了《试论社会主义制度下的生产劳动与非生产劳动》与之商榷，从而拉开了生产劳动理论大讨论的帷幕。在这一漫长的学术研讨和争论中，何炼成先生不仅以其理论敏感开讨论之端，而且以其执著追求参与始终，先后发表多篇论文。他关于这个问题的思想和观点都汇总在1986年由湖南人民出版社出版的《生产劳动理论与实践》这本专著中。在全国关于社会主义生产劳动的研究中，何炼成先生的观点独树一帜、自成一派，形成自成体系的学术观点，何炼成先生也因此荣获中国经济科学界最高奖——首届孙冶方经济科学奖。

一　生产劳动理论代表性学派的观点

在本节中，我们概括地介绍我国经济学家在研究马克思生产劳动理论上所提出的代表性观点。这些代表性观点依次是以于光远先生为代表的"宽派"，以孙冶方先生、卫兴华先生为代表的"窄派"，以杨坚白先生为代表的"中派"。

（一）"宽派"的生产劳动理论

于光远先生认为，在马克思的经济学著作中，提到了两种生产劳动的概念。"第一种概念是'从简单劳动过程的角度上来考察的生产劳动'，即抽象地和它的各种历史形态相独立的，当做人类和自然之间的过程来考察的生产劳动。这种生产劳动的概念，对于一切社会经济形态都是适用的。第二种生产劳动的概念是'资本主义的生产劳动'，即作为资本主义生产关系的生产劳动，它是在具体的、特定的社会经济形态下当做人和人之间的过程的生产关系。"①

关于从简单劳动过程角度看的生产劳动，于光远先生强调指出，这种生产劳动绝不限于生产物质资料的劳动，生产劳务的劳动也属于这种生产劳动。对于这样一个极其重要、不同凡响、反映"宽派"标志的论点，于光远先生从两方面作了论证。

一方面，从人与自然的物质变换的角度来考察，于光远先生认为，虽然"马克思在讨论从简单劳动过程的角度上来看的生产劳动时，讲的是生产物质资料的劳动，这样意思的话在马克思的著作中可以找到很多很多。但是马克思从来没有认为即使是从简单劳动过程的角度上来看的生产劳动仅仅是生产物质资料的劳动。他还肯定有这样一种劳动，'只能作为服务被享受的那些劳动，不能转化为跟劳动者分开的，从而存在于劳动者外部的独立的产品'。这就是我们现在称之为劳务的东西。这种劳动虽然没有对象化在物质上，然而同产品一样能够满足社会的需要，一样能被消费，即一样有使用价值，同样如果它是商品，也一样有价值。这种劳动同样可以抽象地、和各种历史形态相独立地被研究。这样的劳动也同样可以从人和自然之间的物质变换的角度来考察，即同样消耗作为自然物质的人的体力，消耗各种物质资料（其中有的是劳动的产品，有的是天然的自然物）"②。

但是，在马克思的著作里，对劳务是否属于一般生产劳动，并没有给出明确答案。对此，于光远先生解释说，"这是因为就当时资本主义社会中的情况，也如马克思所说，'它们的数量'与生产物质资料的劳动的'数量相比是非常少的，所以可以把它们置之度外'。但是，就是在那种情况下马克思还是认为在研究生产劳动这个范畴时，还是要'讨论到它们的'。现在

---

① 于光远：《社会主义制度下的生产劳动与非生产劳动》，《中国经济问题》1981 年第 1 期。
② 于光远：《社会主义制度下的生产劳动与非生产劳动》，《中国经济问题》1981 年第 1 期。

劳务的生产在资本主义社会中的比重越来越大，以至出现'第三产业'这样的名称。马克思如果能看到今天的现实，他就不会再说可以把它们'置之度外'这样的话了"①。

另一方面，从劳动协作的发展这个角度来考察，于光远先生指出，马克思曾经说过："产品从个体生产者的直接产品转化为社会产品，即转化为总体工人，即结合劳动人员的共同产品。总体工人的各个成员较直接地或间接地作用于劳动对象。因此，随着劳动过程本身协作性质的发展，生产劳动和它的承担者，即生产工人的概念也必然扩大。为了从事生产的劳动，并不一定要亲自动手。只要作为总劳动者的一个器官，成为它所属的某种职能，就够了。"②

于光远先生对此引申和解释说："这就是说，在机器旁边对毛坯从事加工劳动的车工、铣工的劳动是直接对劳动对象进行处理，那么把毛坯装在手推车或者电瓶车上送到车床旁边的搬运工的劳动，也应该是参加了对毛坯这种劳动对象的处理，只是比起车工、铣工等来说，较为远了一层。这样一层一层下去，负责管理材料，包括管理发送毛坯的人，管理一个车间的人，对整个工厂进行经营管理的人（把这个进行经营管理的人是为哪个阶级的利益服务这一点先撇开不说），他们的劳动都应该是参加了对劳动对象毛坯的处理的生产劳动；再远一层，对工厂进行经营管理提出合理建议的经济师的劳动也应该属于生产劳动；更远一层，研究有关经营管理问题以及它的理论基础的经济学家的劳动也是生产劳动。从在机床上加工一个毛坯出发，我们还可以看到被安排在这台机床上进行加工工艺流程的人，制造刀具、设计这台机床的人，以及对制造车床的原理进行研究的人，以至对车床原理的理论基础进行研究的人，他们的劳动也是参加对劳动对象的处理的劳动，也都是生产劳动，只是一个比一个远一些罢了。"

"从直接对劳动对象进行加工的人出发，一层比一层地向远处推，从结合劳动者的观点来看，各式各样许多参加物质资料生产的劳动者都是或近或远地参加对劳动对象处理的生产劳动者。所以即使从简单劳动过程的角度上来看，只把直接生产物质资料的劳动或只把距此比较近的劳动看成生产劳动，而拒绝承认较远参加对劳动对象处理的劳动是生产劳动的看法，

---

① 于光远：《社会主义制度下的生产劳动与非生产劳动》，《中国经济问题》1981 年第 1 期。
② 于光远：《社会主义制度下的生产劳动与非生产劳动》，《中国经济问题》1981 年第 1 期。

是违背马克思的论述的。"①

关于一般生产劳动的范围，于光远先生总结说："在讨论从简单劳动过程的角度上来考察的生产劳动时，马克思既讲了直接对劳动对象处理的劳动，也讲了间接对劳动对象处理的劳动；既主要讲了从事物质资料生产的劳动，也讲到了非物质资料生产的劳动。很清楚，一种劳动是否生产劳动，同劳动的具体形态是没有关系的。"② 因此，"非物质产品生产，从简单劳动过程的立场来看也是生产活动，而且在活劳动和物化劳动的消耗上都是同样的人类抽象劳动的消耗，这一点同物质产品生产是没有什么不同的，区别在于产品的特点和生产这些产品的社会必要劳动量规定的特点"③。

关于资本主义生产劳动，于光远先生认为，"资本主义的生产劳动的定义是要在从简单劳动过程角度上来考察的生产劳动的定义上加上这样具体的规定性，它'是指社会规定的劳动，这种劳动包含着劳动的买者和卖者之间的一个十分确定的关系'"④。因此，"如果说第一种生产劳动的概念，即从简单劳动过程的观点来考察得出的生产劳动的概念是同社会经济的历史形态没有关系的话，那么后一种生产劳动的概念本身就是一种生产关系"⑤。

这样，"只有区别了两种生产劳动的概念，即区别从简单劳动过程角度得出的生产劳动的概念和政治经济学资本主义部分意义上的生产劳动的概念，我们才能去讨论某一种劳动究竟是不是生产劳动，因为我们要在回答这样的问题之前必须弄清楚我们所使用的究竟是怎样一种概念。因为同一种劳动在使用某一个关于生产劳动的概念时，它是生产劳动，而使用另一个关于生产劳动的概念时它就不是生产劳动。也只有区别了两种不同的生产劳动的概念，我们才能去讨论哪种生产劳动的概念范围比较宽，哪种生产劳动的概念范围比较窄，才能够去讨论两种生产劳动概念之间的关系"⑥。

显而易见，"第一种生产劳动的概念是一个比较宽的概念，而资本主义

---

① 于光远：《社会主义制度下的生产劳动与非生产劳动》，《中国经济问题》1981 年第 1 期。

② 于光远：《社会主义制度下的生产劳动与非生产劳动》，《中国经济问题》1981 年第 1 期。

③ 于光远：《马克思论生产劳动和非生产劳动（读书笔记)》，《中国经济问题》1981 年第 3 期。

④ 于光远：《社会主义制度下的生产劳动与非生产劳动》，《中国经济问题》1981 年第 1 期。

⑤ 于光远：《马克思论生产劳动和非生产劳动（读书笔记)》，《中国经济问题》1981 年第 3 期。

⑥ 于光远：《马克思论生产劳动和非生产劳动（读书笔记)》，《中国经济问题》1981 年第 3 期。

生产劳动是一个比较窄的概念"①。因此，"和从简单劳动过程角度上来考察的生产劳动相比，作为资本主义生产关系的资本主义生产劳动，这种'生产劳动的概念缩小了'"②。

只要搞清楚了马克思研究资本主义生产劳动的方法论，社会主义生产劳动的规定就是一件很容易的事了。如果我们"把马克思所采用的方法加以推广，我们也就可以肯定在社会主义条件下，也存在'从简单劳动过程的角度上来考察的生产劳动'和作为社会主义的生产关系的'社会主义的生产劳动'这样两个不同的概念，而不应该把这两个不同的概念混为一谈。混为一谈，这两个不同概念间的关系也就无从谈起"③。

因此，于光远先生认为，"社会主义制度下的生产劳动也首先必须是在准确意义下理解的'从简单劳动过程立场上可以看做是生产劳动的劳动'，其中既包括生产物质产品的劳动（其中有离对劳动对象的处理比较远的，也有离对劳动对象的处理比较近的），也包括生产非物质产品（如劳务）的劳动。同时，社会主义制度下的生产劳动也必须是概括社会主义生产关系的劳动，在这一点上，社会主义制度下的生产劳动的概念与从简单劳动过程立场上来看的生产劳动相比又是有所限制的，其范围是有所缩小的"④。

关于社会主义生产劳动的内涵，于光远先生认为，"只要加上这种劳动是在社会主义生产体系中进行的，是不受剥削的，一方面根据按劳分配原则满足劳动者自己的消费需要，一方面是以满足整个社会日益增长的物质和文化需要为目的的这样一些条件作为限制，也许就可以了。如果这个看法是正确的话，那么只要符合这个条件，一切或近或远的对劳动对象处理的劳动，一切能满足社会消费需要的劳动，都是社会主义的生产劳动。由于社会主义生产是公有制，而不是私有制，从本质上说，社会主义生产是全社会的生产（尽管在其发展的初级阶段受到各种限制）。因此，只要在全社会范围内参与对物质产品生产的，都应该承认是从社会主义观点来考察的生产劳动"⑤。

---

①　于光远：《社会主义制度下的生产劳动与非生产劳动》，《中国经济问题》1981年第1期。
②　于光远：《社会主义制度下的生产劳动与非生产劳动》，《中国经济问题》1981年第1期。
③　于光远：《社会主义制度下的生产劳动与非生产劳动》，《中国经济问题》1981年第1期。
④　于光远：《社会主义制度下的生产劳动与非生产劳动》，《中国经济问题》1981年第1期。
⑤　于光远：《社会主义制度下的生产劳动与非生产劳动》，《中国经济问题》1981年第1期。

（二）"窄派"的生产劳动理论

虽然公认孙冶方先生是生产劳动问题上的"窄派"代表，但孙冶方先生关于生产劳动问题的论述并不多，他只坚持生产劳动只能以物质生产为限，不能越出这个界限，这个论点是"窄派"的标志。孙冶方先生认为，"政治经济学是研究物质财富生产过程中的人与人的关系的。离开了物质财富的生产过程来研究经济问题必然走入迷途"①。

对"窄派"的观点作了详尽而完整的阐述的，当推卫兴华先生在《中国社会科学》1983 年第 6 期上发表的《马克思的生产劳动理论》一文。卫兴华先生认为，马克思是从三个不同的角度来考察和阐述生产劳动与非生产劳动问题的。

首先，"从单纯劳动过程来考察，凡是生产物质产品（使用价值）的劳动，都是生产劳动"②。而"从单纯劳动过程来考察生产劳动，又分为两种情况：一种是个体生产者的劳动过程。这里劳动的一切职能结合于一身，劳动者要参加劳动的全过程。另一种是社会化的集体劳动过程。这里，劳动的不同职能，分配给不同的劳动者担任；产品成为总体劳动者协作劳动的产物。因而，生产劳动和生产劳动者的概念也随之扩大。从事生产劳动的人，不一定都亲自动手将劳动直接加之于劳动对象，而是只要完成总体劳动中的某一职能就行了。这样，凡是参加物质生产过程的一切成员，包括体力劳动者，也包括脑力劳动者——如工程技术人员、管理人员等，都是生产劳动者"③。卫兴华先生认为，"总体劳动并没有改变单纯劳动过程的性质，它依然只是从生产物质产品的角度来考察的。这样的总体劳动，既存在于资本主义社会化生产中，也存在于社会主义的社会化生产中"④。

其次，"从资本主义生产过程来考察，资本主义生产的实质是剩余价值生产，因而凡是生产剩余价值的劳动，便是资本主义生产劳动"⑤。卫兴华先生认为："不能把生产剩余价值的劳动同生产物质产品的劳动割裂开来和对立起来。生产物质产品的劳动不一定是生产剩余价值的劳动，但生产剩

---

① 孙冶方：《关于生产劳动和非生产劳动，国民收入和国民生产总值的讨论》，《经济研究》1981 年第 8 期。

② 卫兴华：《马克思的生产劳动理论》，《中国社会科学》1983 年第 6 期。

③ 卫兴华：《马克思的生产劳动理论》，《中国社会科学》1983 年第 6 期。

④ 卫兴华：《马克思的生产劳动理论》，《中国社会科学》1983 年第 6 期。

⑤ 卫兴华：《马克思的生产劳动理论》，《中国社会科学》1983 年第 6 期。

余价值的劳动必然是在物质生产领域中进行的劳动。不应忘记，商品生产过程是'劳动过程和价值形成过程的统一'，而资本主义生产过程是'劳动过程和价值增值过程的统一'。离开了生产物质产品的劳动过程，也就不存在价值形成过程和价值增值过程。这里所讲的'劳动过程'，并不包括精神生产的劳动过程。"①

再次，"从资本主义生产关系的单纯表现形式来考察，凡是能给资本家（包括产业资本家、商业资本家、银行资本家等）提供利润的雇佣劳动，都是生产劳动。虽然剩余价值或利润是产业雇佣工人生产的，但是，非生产部门的资本也要获得利润。利润表现为资本的产物，因而一切资本都成为利润的源泉。为资本获得利润服务的一切雇佣劳动，对雇主来说，也都表现为生产剩余价值的劳动即生产劳动。尽管这是资本主义关系的现象形式，但它依然是资本主义关系的产物。它同样表明，一切资本运动的目的，就是追求利润，表明'劳动的买者和卖者之间的一个十分确定的关系'。这种生产劳动只是从劳动的一定社会形式来看的，是衍化或派生出来的。正因为这样，某种劳动按其自身性质来说，不创造价值和剩余价值，不是生产劳动，但从社会形式来看，是生产劳动"②。

比较第二种生产劳动与第三种生产劳动概念，卫兴华先生认为，本来的规定应该是"资本主义生产劳动是同资本相交换并生产剩余价值的劳动，它以生产物质产品为前提。现在变成了：凡与资本相交换能为雇主获得剩余价值的劳动就是生产劳动，而不以生产物质产品为前提。前一种生产劳动是科学的规定，后一种生产劳动是前一种的转化形式，是由前一种衍化而来的派生意义上的生产劳动。而一些同志却用后一种转化形式的生产劳动否定科学规定的生产劳动，用派生意义上的生产劳动否定本来意义上的生产劳动。这就误解了马克思的生产劳动理论"③。

卫兴华先生指出，"对于生产劳动和非生产劳动问题，不管持何种见解，都应提出一个明确的划分界限或客观标准"④。他批评说："有些文章论述社会主义的生产劳动时，断言这种劳动是生产劳动，那种劳动是非生产劳动，几乎包括了一切服务行业和精神生产领域，却没有明确说明划分社会主义生产劳动和非生产劳动的标准究竟是什么。有的表面上提了个标准，

---

① 卫兴华：《马克思的生产劳动理论》，《中国社会科学》1983 年第 6 期。
② 卫兴华：《马克思的生产劳动理论》，《中国社会科学》1983 年第 6 期。
③ 卫兴华：《马克思的生产劳动理论》，《中国社会科学》1983 年第 6 期。
④ 卫兴华：《马克思的生产劳动理论》，《中国社会科学》1983 年第 6 期。

但实际上可以任意解释，不好把握。"①

卫兴华先生认为，社会主义的生产劳动，"就是为充分满足劳动者的物质和文化生活需要而生产物质资料的劳动，是在社会主义生产关系下进行的物质生产劳动，包括体力劳动和脑力劳动，包括从生产单位内部或从外部为直接生产过程提供服务的劳动，如设计、科研等劳动。这种劳动创造的价值既补偿劳动者的生活消费品的价值，又为社会提供一个余额"②。

（三）"中派"的生产劳动理论

杨坚白先生指出，"对什么是生产劳动和非生产劳动，我的观点介于'宽派'与'窄派'之间"③。他认为，"生产性劳动首先必须是生产物质产品的劳动。这是由一切生产和消费的基础所决定的。没有这个基础，所谓非生产活动和精神生产就都无从谈起"④。那么，是否只有生产物质产品的劳动才叫做生产劳动？杨坚白先生认为，"生产不生产物质产品，并不能作为确定服务工作是不是生产性劳动的标志。因为生产性劳动所提供的可以是物，也可以是不以物的形式表现出来的活动。营业性的服务工作是另一种形式的生产性劳动、另一种形式的物质生产部门。服务事业可以为消费者提供服务活动，为国家上缴利润和税金。所以，我认为服务部门也是物质生产部门，也可以称为服务性生产部门"⑤。

程恩富先生在《价值、财富与分配"新四说"》一文中重申了他的"新的活劳动价值一元论"，他认为，"凡是直接为市场交换而生产物质商品和精神商品，以及直接为劳动力商品生产和再生产服务的劳动，其中包括自然人和法人实体的内部管理劳动和科技劳动，都属于创造价值的劳动或生产劳动。"⑥ 程恩富先生这里实际上是把创造价值的劳动和生产劳动画了等号，创造价值的劳动就是生产劳动，生产劳动也就是创造价值的劳动。他

---

① 卫兴华：《马克思的生产劳动理论》，《中国社会科学》1983 年第 6 期。
② 卫兴华：《马克思的生产劳动理论》，《中国社会科学》1983 年第 6 期。
③ 杨坚白：《生产劳动应是新创造的价值超过消费的价值的劳动》，《经济学动态》1981 年第 9 期。
④ 杨坚白：《生产劳动应是新创造的价值超过消费的价值的劳动》，《经济学动态》1981 年第 9 期。
⑤ 杨坚白：《生产劳动应是新创造的价值超过消费的价值的劳动》，《经济学动态》1981 年第 9 期。
⑥ 程恩富：《价值、财富与分配"新四说"》，载于《劳动·价值·分配》，安徽大学出版社，2003。

的"新的活劳动价值一元论"实际上就是他的"生产劳动观"，这就是我们在这里讨论程恩富先生"新的活劳动价值一元论"的原因。

具体地说，程恩富先生认为，有四大类的劳动是创造价值的劳动即生产劳动。"第一，生产物质商品的劳动是创造价值的生产性劳动。第二，从事有形和无形商品场所变更的劳动是创造价值的生产性劳动。第三，生产有形和无形精神商品的劳动是创造价值的生产性劳动。第四，从事劳动力商品生产的服务劳动是创造价值的生产性劳动。"① 显然，程恩富先生的"新的活劳动价值一元论"既不赞成把创造价值的生产劳动局限在物质生产领域的传统观点，也不赞成把创造价值的生产劳动扩展到纯粹买卖、纯粹中介之类的经济领域，甚至延伸到党政军和公检法之类的非经济活动领域的时髦观点。在生产劳动问题上，程恩富先生显然属于"中派"。

二 生产劳动理论何炼成学派的开拓

何炼成先生认为，在马克思的经济学著作中，提到了两种不同含义的生产劳动概念。第一种是从简单劳动过程角度来考察的生产劳动一般，第二种是从资本主义生产方式角度来考察的生产劳动特殊，即资本主义生产劳动。

关于从简单劳动过程角度来考察的生产劳动一般，何炼成先生认为："所谓简单劳动过程，是指人和自然之间的物质变换过程，它体现了人和自然之间的关系，这个过程的结果会创造出新的使用价值，并有抽象劳动物化在其中。正是从这个含义出发，马克思把这种从简单劳动过程来看的劳动，称之为生产劳动一般，或生产劳动的普遍定义，即'从物质生产性质本身中得出的关于生产劳动的最初定义'。也就是说，在马克思看来，所谓从简单劳动过程来考察生产劳动与非生产劳动，也就是从物质生产性质本身来考察生产劳动与非生产劳动；换句话说，物质生产性质本身，正是生产劳动一般存在的基本经济条件，也是一般意义上的生产劳动与非生产劳动由以划分的基本前提。"② 因此，"一般意义上的生产劳动与非生产劳动的划分，是任何社会形态都存在的，这是人类社会经济生活中的永恒范畴"③。

---

① 程恩富：《价值、财富与分配"新四说"》，载于《劳动·价值·分配》，安徽大学出版社，2003。
② 何炼成：《生产劳动理论与实践》，湖南人民出版社，1986，第 87～88 页。
③ 何炼成：《生产劳动理论与实践》，湖南人民出版社，1986，第 95 页。

关于从资本主义生产方式角度看的生产劳动特殊，何炼成先生认为："从资本主义生产的意义来考察的生产劳动与非生产劳动的具体定义，是由资本主义生产的本质（即资本主义生产的目的和动机）决定的，也就是说，是由资本主义的基本经济规律（即剩余价值规律）决定的。"① 何炼成先生还认为："马克思所说的从具体生产方式来考察生产劳动和非生产劳动，就在于要从具体生产方式的生产目的出发，来考察某一具体生产方式的生产劳动与非生产劳动问题。"

由此可见，马克思关于一般意义的生产劳动的普遍定义和资本主义生产劳动的具体定义，是从生产力和生产关系两个不同方面来考察的。前者表明人对自然的关系，反映人们的简单劳动过程，即人与自然之间的物质交换从而创造新的使用价值的过程，这种关系和过程是任何社会都存在的；后者则表明资本主义制度下人们之间的经济关系，即资本与雇佣劳动的关系，反映着价值增值即剩余价值的生产过程，这种关系和过程是资本主义制度下所特有的。

何炼成先生指出，对于马克思以上这种划分的基本方法论原理，长期以来不被人们所重视，直到20世纪50年代末至60年代初，国内外才发表了少数几篇文章，但是论述很不深刻。近年来，虽然有一些直接或间接涉及这个问题的文章，但也没有阐明马克思分析问题的基本方法论原理，有的甚至认为马克思关于划分生产劳动与非生产劳动的标准不清楚、自相矛盾、前后不一致等等（参见美国经济学家艾·亨特《马克思理论中的生产劳动与非生产劳动范畴》，《经济学译丛》1980年第5期）。其实，马克思的划分标准很清楚，根本不存在自相矛盾的问题。我国经济学界在20世纪60年代初所展开的关于生产劳动与非生产劳动的讨论，也主要是由于不明确这两种划分标志而引起的。因此，明确马克思划分生产劳动与非生产劳动的两种标志，是我们研究社会主义制度下生产劳动与非生产劳动问题的基础。

有鉴于此，何炼成提出了从两方面考察生产劳动的思路。他认为，对生产劳动的研究，一方面，首先应当把生产劳动一般的共同点确定下来，而所谓生产劳动一般就是从简单劳动过程来看的生产劳动，即物质生产劳动；另一方面，根据马克思分析生产劳动与非生产劳动的基本出发点，除了从简单劳动过程来考察它们的一般含义和共性外，还应当从具体生产方

---

① 何炼成：《生产劳动理论与实践》，湖南人民出版社，1986，第213页。

式的特点来考察它们的特殊含义和个性。而且从政治经济学的任务来说，后一方面还是更为重要的。

在区分社会主义生产劳动与非生产劳动时，何炼成先生以马克思的基本方法论原理为指导，也采取了从简单劳动过程和具体生产方式两方面进行研究的方法：首先从一般劳动过程的角度界定社会主义社会中的一般生产劳动的本质，接着从社会主义生产方式的角度揭示社会主义特殊生产劳动的本质。

何炼成先生认为："在社会主义制度下，由于生产资料的社会主义公有制的建立，社会生产的目的与剥削阶级统治的社会根本不同了，它不再是为少数剥削者的利益服务，而是为了最大限度地满足整个社会和人民日益增长的物质和文化需要；因此，反映社会主义生产关系本质的生产劳动特殊定义应当是：凡是能直接满足这种需要的劳动，就是生产劳动，凡是间接有助于这种需要的满足的劳动，就是非生产劳动，至于不能满足这种需要甚至有害于满足这种需要的劳动，则只能算是无效劳动甚至是有害劳动了。"[①]

根据以上认识，何炼成先生指出："属于社会主义社会所特有的生产劳动范畴的部门，除了包括前面所说的属于生产劳动一般的整个物质生产部门以外，还应当包括非物质生产领域中的各种服务部门和文化、教育、卫生等业务部门。而属于社会主义社会所特有的非生产劳动范畴的部门是：纯粹商业部门，财政金融部门，文化、教育、科学、卫生等行政部门，各级党政机关部门，国防部门等等。"[②]

正是在考察社会主义生产劳动的特殊定义时，何炼成先生在政治经济学史上第一次把属于非物质生产领域的多种服务部门以及客运、邮电、文化、教育、卫生等部门的劳动划分为生产劳动，他第一次冲破了长期流行的单纯从生产力或简单劳动过程结果角度看问题的传统观点，正确地领悟和表述了马克思关于生产劳动是一定生产关系本质的反映这一根本思想，并依据上述新的认识把社会主义生产劳动的外延扩大到非物质生产领域。因此，反映社会主义生产关系本质的生产劳动特殊的范围较从简单劳动过程角度看的生产劳动一般的范围广泛，后者只构成了前者的一个组成部分。

我们认为，何炼成先生提出的从生产力和生产关系两重见地考察生产

[①]　何炼成：《生产劳动理论与实践》，湖南人民出版社，1986，第131页。

[②]　何炼成：《生产劳动理论与实践》，湖南人民出版社，1986，第132~133页。

劳动问题的基本方法论原理是对马克思生产劳动理论的重要贡献，他特别强调生产关系在划分生产劳动与非生产劳动问题上的决定性作用，这与其他学派相比形成了自己鲜明的学术特色，这是马克思生产劳动理论研究中何炼成学派形成的主要标志。我们之所以把陆立军先生以及我们自己的研究成果归纳到生产劳动理论何炼成学派的范畴内，就是由于这些研究都非常强调生产关系在生产劳动和非生产劳动划分中的决定性作用。

当然，毋庸讳言，何炼成先生的生产劳动理论还明显带有时代的印迹，例如，他与同时代的其他代表性学派都坚持认为，马克思有一个从简单劳动过程看的生产劳动概念，并把这种生产劳动当做生产劳动的一般定义，但这是不正确的（详细论证见本章第四部分）。正因为如此，才导致他的生产劳动特殊定义的外延比生产劳动一般定义的外延还大，这不符合哲学上一般和特殊两个范畴的基本要求。其他代表性学派虽然表面上没有这种形式逻辑上的矛盾性，但是也同时失去了理论的延展性。正是这种形式逻辑上的矛盾使得何炼成学派具有了很大的扩展性。何炼成先生的生产劳动理论充满了辩证法。陆立军先生以及本文作者就是因为看到了这个明显的悖论才激发起了进一步研究和探讨生产劳动理论的动机和力量。

三　生产劳动理论何炼成学派的发展

何炼成先生提出的从两重见地考察生产劳动问题的基本方法论原理对陆立军先生有很大的启发。陆立军先生认为，研究任何社会形式下的生产劳动，都应从社会形式规定性及其物质基础和承担者——劳动的具体内容两方面去考察，在运动之中把握二者之间相互依存、相互作用的辩证关系。

陆立军先生认为，马克思提出的生产劳动的根本标志是一定社会生产关系赋予劳动的特殊社会形式规定，这是生产劳动的决定性定义；劳动内容则是形式规定性加诸其上的基础和物质承担者，这是生产劳动的补充定义；马克思正是从形式规定性和劳动内容相统一这一两重见地的角度来考虑资本主义生产劳动的；社会主义生产劳动也应依据"一个标志""两重见地"这一原理进行规定。

生产劳动问题上的这一独特观点是陆立军先生首先提出来的。他曾为此著述了大量的论文和文章，他的观点集中在他1988年由求实出版社出版的《社会主义生产劳动概论》这一专著中。我们以这本专著为例，简要叙述一下陆立军先生的生产劳动理论。

陆立军先生认为："在马克思看来，'生产劳动'作为经济范畴，其内涵的核心纯系对劳动所秉有的社会形式（社会形式在某一社会形态下可称为形式规定性），从而对一定生产关系本身的概括或简称。确定某项劳动是否为一定社会的生产劳动，最根本的标志，就看其是否秉有该社会生产关系所赋予的社会特征。正是在这个意义上，马克思断言：生产劳动的规定与劳动的自然形式（即反映人和物的自然关系的劳动具体内容）绝对没有关系。"①

由此，陆立军先生得到了很大的启发。他认为："如果从对资本主义生产劳动的上述论述中，抽去这一范畴所表现的资本主义生产关系，则可以得出关于'生产劳动一般'的如下定义——'生产劳动一般'是表现某一社会生产关系本质、具有某种社会形式的劳动；是对劳动能力出现在某一社会生产过程中所具有的整个关系和方式的简称。"②

他总结说："生产劳动的根本标志是劳动在一定社会生产关系下所秉有的社会形式规定性。但是，在现实劳动形态中，社会形式规定性并不是凭空存在的，它必须以某种劳动内容（有用劳动）作为基础和承担者。因此，具体研究每一社会形态的生产劳动，都必须注意把握形式规定性与其承担者的辩证关系。"③ 而"正确地理解和把握二者之间的辩证关系，从两方面考察生产劳动，这是研究生产劳动与非生产劳动最基本的出发点之一。总之，对任何社会形态下的劳动，都应从其自然形式（具体内容）和社会形式规定性两方面来考察。前者是后者的基础和承担者，后者则是生产劳动的根本标志。二者既相互联系，又相互区别，互为条件，不可分割。而研究一定社会形态下的生产劳动，最根本的，就是要在自然形式和社会形式的相互联系、相互作用之中，着力把握占支配地位的生产关系赋予劳动的特殊的社会形式规定性。"④

陆立军先生认为，以上所述正是马克思研究生产劳动问题的基本方法论。

资本主义生产劳动只是生产劳动一般的一个特殊形态，资本主义生产劳动比起生产劳动一般来，有两个基本特征：一是劳动能力所有者作为劳动能力的出卖者与资本家相对立；二是他的劳动作为活的要素直接并入资

---

① 陆立军：《社会主义生产劳动概论》，求实出版社，1988，第 29 页。
② 陆立军：《社会主义生产劳动概论》，求实出版社，1988，第 31 页。
③ 陆立军：《社会主义生产劳动概论》，求实出版社，1988，第 31 页。
④ 陆立军：《社会主义生产劳动概论》，求实出版社，1988，第 32 页。

本主义生产过程中，成为资本主义生产过程的可变组成部分。社会主义生产劳动是生产劳动一般的另一个特殊形态。陆立军先生没有明确给出社会主义生产劳动的确切定义。他使用的"社会主义生产劳动"一词的含义与上面几位先生的含义不同，他用这个词指代"整个社会主义生产劳动体系。其中，起主导作用的，自然是社会主义性质的生产劳动；但也包括虽不完全具有社会主义性质，却又因其从属于社会主义经济，因而成为社会主义生产劳动体系组成部分的其他性质的生产劳动"[1]。

陆立军先生认为，这种意义的社会主义生产劳动可以定义为"在国家计划、政策指导下，在社会主义经济体系的物质生产、精神生产以及劳务生产领域的全民、集体所有制企事业单位或个体户，直接从事满足整个社会日益增长的物质文化需要的产品与劳务的生产，或为这些产品（劳务）的生产提供物质技术手段，力求为本经济组织获得最大纯收入，并借以参与国民收入创造的'总体劳动者'的劳动"[2]。

关于社会主义生产劳动的劳动内容，陆立军先生指出："生产劳动的根本标志是社会形式规定性，而劳动内容仅是社会形式规定性的物质承担者。所以，我们把劳务生产、精神生产同物质生产一道视为生产劳动的劳动内容，只是肯定这两个领域的某些劳动在一定的生产关系下，可以承担社会主义生产劳动所特有的社会形式规定性，从而成为社会主义生产劳动体系的组成部分。至于这两个领域的哪些劳动属于或不属于生产劳动，则完全取决于这些劳动是否为社会主义生产关系所规定，按照社会主义生产目的生产，以直接提供满足人民物质文化生活需要的使用价值，并参与国民收入的创造。"[3]

关于非生产劳动，陆立军先生指出："社会主义制度下的非生产劳动，是指不参与满足社会全体成员物质文化需要的物质产品、精神产品和劳务的生产，也不直接为上述生产部门提供物质、技术条件，但能保证或有助于上述生产的社会主义劳动者的劳动。"[4]

---

① 陆立军：《社会主义生产劳动概论》，求实出版社，1988，第85页。
② 陆立军：《社会主义生产劳动概论》，求实出版社，1988，第97页。
③ 陆立军：《社会主义生产劳动概论》，求实出版社，1988，第111页。
④ 陆立军：《社会主义生产劳动概论》，求实出版社，1988，第113页。

四　生产劳动理论何炼成学派的完成

生产劳动理论是马克思政治经济学这一伟大理论体系的一个重要组成部分，这一理论在他的整个经济理论体系中占有极其重要的地位。由于马克思的生产劳动观点一方面是在批判和阐述其他人的观点时提出的，马克思对此问题并没有集中、全面的论证；另一方面也由于后世的经济学家们没有完整、准确地领会马克思生产劳动理论的思想实质，误解和曲解了马克思的原意，致使生产劳动理论成为政治经济学上的一个老大难问题，成为经济学界长期讨论和争辩不休的重大理论问题之一。

为了解决这个重大的理论和实际问题，我们全面、系统地学习了亚当·斯密和马克思关于生产劳动理论的全部论述，对国内外经济理论界关于生产劳动理论这个重要问题的讨论和研究有陷入误区之虑。在何炼成先生的鼓励和指导下，选择生产劳动理论这样一个老大难问题作为自己的研究对象，以期能够为这个困扰国内外经济理论界多年的问题研究提供一个新的视角。

（一）马克思对亚当·斯密生产劳动理论的评论

众所周知，马克思的生产劳动理论主要是从亚当·斯密的生产劳动理论发展过来的，下面我们重点研究马克思是如何批判、继承和发展亚当·斯密的生产劳动理论的。

1. 马克思在 1857～1858 年对亚当·斯密生产劳动理论的评解

1857～1858 年，马克思完成了《资本论》的第一个手稿，这些内容被编辑在《马克思恩格斯全集》第 46 卷中，在这里，马克思第一次系统地研究了亚当·斯密的生产劳动理论。

马克思指出："唯一不同于物化劳动的是非物化劳动，是还在物化过程中的、作为主体的劳动。换句话说，物化劳动，即在空间上存在的劳动，也可以作为过去的劳动同在时间上存在的劳动相对立。如果劳动必须作为在时间上存在的劳动，作为活劳动而存在，它就只能作为活的主体而存在。在这个主体上，劳动是作为能力、作为可能性而存在的；从而它就只能作为工人而存在。因此，能够成为资本的对立面的唯一的使用价值，就是劳动（而且是创造价值的劳动，即生产劳动）。"①

马克思认为，生产劳动是与资本对立的、创造价值的劳动。这显然与亚当·斯密关于生产劳动的定义有密切的关系。马克思对于这里的生产劳动概念又作了进一步的"附带说明"，并指出"以后还需要加以发挥"。

马克思说："劳动作为满足直接需要的单纯劳役，同资本毫无关系，因为资本寻求的不是这种劳动。如果有一个资本家为了烤羊肉而让别人替他砍柴，那么不仅砍柴者对他的关系，而且他对砍柴者的关系都是简单交换的关系。砍柴者向资本家提供自己的服务，即一种没有使资本增值反而使资本消费掉的使用价值；而资本家给砍柴者以另一种货币形式的商品作为报酬。劳动者用来直接同他人的货币相交换并且被这些人所消费的一切劳役，都是这样。这是收入的消费，不是资本的消费，而收入本身总是属于简单流通的事情。由于当事人的一方不是作为资本家同另一方相对立，这种服务者的工作就不能属于生产劳动的范畴。"②

与非生产劳动对应的是收入的消费，这是简单流通领域的事情；而与生产劳动对应的是资本的消费，这是资本生产领域的事情。如果当事人一方作为消费者同另一方的劳动相对立，这种劳动就属于非生产劳动的范畴；如果当事人一方作为资本家同另一方的劳动相对立，这种劳动就属于生产劳动的范畴。

对于把劳动区别为生产劳动和非生产劳动，马克思认为这是亚当·斯密在政治经济学上的伟大功绩，他还盛赞说："亚当·斯密关于生产劳动和非生产劳动的见解在本质上是正确的，从资产阶级经济学的观点来看是正确的。其他的经济学家对这个见解提出的反驳，纯属胡说八道（如施托尔希，更卑鄙的是西尼耳，等等），他们硬说，任何行动总会产生某种结果，这样他们就把自然意义上的产品同经济意义上的产品混为一谈了。"③

资产阶级经济学家总是把自然意义上的产品同经济意义上的产品混为一谈，他们硬说，任何行动总会产生某种结果。自然意义上的产品反映的只是人的劳动与产品之间的关系，而经济意义上的产品不仅反映了人的劳动与产品之间的关系，而且反映了人与人之间的经济关系。肤浅的资产阶级经济学家总是只见物不见人，深刻的经济学家总是在物与物的关系背后

---

① 《马克思恩格斯全集》第 46 卷，上册，人民出版社，1980，第 228~229 页。
② 《马克思恩格斯全集》第 46 卷，上册，人民出版社，1980，第 229 页。
③ 《马克思恩格斯全集》第 46 卷，上册，人民出版社，1980，第 229~230 页。

看见人与人之间的经济关系。生产劳动范畴反映的是社会的生产关系，不能脱离具体的生产关系来谈论生产劳动问题。肤浅的资产阶级经济学家不懂得这些道理，他们从自然意义上来解释生产劳动范畴而不是像马克思那样从经济意义上来解释生产劳动范畴。

马克思讽刺他们说，按照他们的说法，"小偷也是生产劳动者了，因为他间接地生产出刑事法典（至少这种推论和下面的说法是同样正确的：法官也可以叫做生产劳动者，因为他防止偷盗）。要么就是现代经济学家向资产者大献殷勤，他们要资产者确信，谁要是替他去捉头上的虱子或者抚摸他的下身，那都是生产劳动，因为例如后一动作会使他的脑袋瓜第二天在账房里工作起来娱快些"①。

这显然是把经济学中重要的生产劳动范畴庸俗化了，使生产劳动范畴失去了存在的意义和基础。马克思一开始对于生产劳动和生产工人的分析就是结合社会生产关系的，都是在与作为资本家的对立面的意义上谈论的，没有作为对立面的资本的存在就没有生产劳动问题存在的基础。马克思总是在经济意义上来解释生产劳动范畴。

马克思认为："什么是生产劳动或非生产劳动，自从亚当·斯密作出这一区别以来反复争论过多次的这个问题，必须从对资本本身的不同各方的分析中得出结论。生产劳动只是生产资本的劳动。例如西尼耳先生问道（至少是有类似的意思），钢琴制造者要算是生产劳动者，而钢琴演奏者倒不算，没有钢琴演奏者，钢琴也就成了毫无意义的东西，这不是岂有此理吗？但事实的确如此。钢琴制造者再生产了资本；钢琴演奏者只是用自己的劳动同收入相交换。但钢琴演奏者生产了音乐，满足了我们的音乐感，不是也在某种意义上生产了音乐感吗？事实上他是这样做了：他的劳动是生产了某种东西；但他的劳动并不因此就是经济意义上的生产劳动；就像生产了幻觉的疯子的劳动不是生产劳动一样。劳动只有在它生产了它自己的对立面时才是生产劳动"②。

虽然钢琴演奏者生产了音乐，满足了我们的音乐感，他的劳动是生产了某种东西，但他的劳动生产的只是自然意义上的产品而不是经济意义上

---

① 《马克思恩格斯全集》第 46 卷，上册，人民出版社，1980，第 230 页。
② 《马克思恩格斯全集》第 46 卷，上册，人民出版社，1980，第 264 页。

的产品，因此他的劳动就不是生产劳动①。

为了给非生产劳动者辩解，为了把非生产劳动者也解释为某种生产劳动者，一些经济学家"把所谓非生产劳动者说成是间接生产劳动者。例如，钢琴演奏者刺激生产；部分地是由于他使我们的个性更加精力充沛，更加生气勃勃，或者在通常的意义上说，他唤起了新的需要，而为了满足这种需要，就要用更大的努力来从事直接的物质生产。这种说法已经承认：只有生产资本的劳动才是生产劳动；因此，没有做到这一点的劳动，无论怎样有用——它也可能有害——对于资本家来说，不是生产劳动，因而是非生产劳动"②。

这里，马克思明确地指出，只有生产资本的劳动才是生产劳动，生产（动词）资本是生产劳动的唯一标志和本质特征。在马克思的时代，资本主义生产关系主要表现在物质生产领域，在非物质生产领域使用资本主义生产方式的还很少，马克思有时是用物质生产指代资本主义生产，有时谈论资本主义生产关系时就是在物质生产领域的前提下进行的，这是需要特别注意的地方，也是完整地、准确地理解马克思生产劳动理论的关键所在。这里，我们就碰到了这种情况，马克思用直接的物质生产指代物质生产领域的资本主义生产。

另一些经济学家说，"生产劳动和非生产劳动的区别不应当同生产相联系，而应当同消费相联系。完全相反。烟草的生产者是生产的，而烟草的消费是非生产的。为非生产消费进行的生产和为生产消费进行的生产同样都是生产的；这两种生产总是要以它们生产或再生产资本为条件。因此，马尔萨斯说得很对：'生产工人是直接增加自己主人财富的人。'这至少从一方面来看是对的。但这种说法太抽象，因为这种说法对于奴隶也同样适用。与工人相对的'主人的财富'，是与劳动相对的财富形式本身，即资本。生产工人是直接增加资本的人"③。

生产劳动和非生产劳动的区别是与生产相联系的，而不是与消费相联系的；它也不是与一般的生产相联系的，而是与资本的生产相联系的。马尔萨斯的"生产劳动者是直接增加自己主人财富的人"的说法明显太一般、

---

① 马克思这里显然假定钢琴演奏者是在非资本主义生产关系下演奏音乐的，在这种情况下，他的劳动就不是生产劳动。但是，如果他是在资本家雇佣他的情况下为资本家进行商业演出，他的劳动就是生产劳动。

② 《马克思恩格斯全集》第 46 卷，上册，人民出版社，1980，第 264 页。

③ 《马克思恩格斯全集》第 46 卷，上册，人民出版社，1980，第 264~265 页。

太抽象了，因为它无法区别为奴隶主劳动的人和为资本家劳动的人。与雇佣劳动相对的财富形式是资本，生产工人就是直接增加资本的人。

马克思明确指出："演员所以是生产劳动者，并不是因为他们生产戏剧，而是因为他们增加自己老板的财富。但是，进行的是何种劳动，从而劳动以什么形式物化——这对这种关系是无关紧要的。但是从以后的观点来看，这又不是无关紧要的。"①

这里，实际上马克思已经暗示了他的两种生产劳动概念，一个是与劳动的物质规定性完全无关且完全是由劳动的社会规定性决定的第一种生产劳动概念，例如这里的演员只要增加了他们老板的财富，他们就是生产劳动者，生产劳动和非生产劳动的第一种区别纯粹是从劳动的社会规定性为出发点的，与这种劳动的物质规定性完全无关；另一个是由劳动的物质规定性和社会规定性共同决定的第二种生产劳动概念，这就是马克思所说的"但是从以后的观点来看，这又不是无关紧要的"的含义，关于第二种生产劳动是什么，我们下面会看到马克思的定义。

马克思按照他当时的了解和认识，对亚当·斯密的生产劳动理论做了如下的评论："亚当·斯密把劳动分为生产劳动和非生产劳动是有道理的。而布鲁姆男爵对此的穷极无聊的嘲弄，萨伊、施托尔希、麦克库洛赫等人的一本正经的反驳，都无济于事。亚当·斯密的缺点只是多少过于草率地把劳动的物化理解为劳动固定在某种可以捉摸的物品中。但是，这在他那里是次要的事情，只是表达不当。"②

因此，在马克思眼里，亚当·斯密的生产劳动理论的缺点和不足就是"多少过于草率地把劳动的物化理解为劳动固定在某种可以捉摸的物品中"。看来，马克思只需改正亚当·斯密的这个错误就可以完善生产劳动理论了。事实也确实如此。

2. 马克思在 1861～1863 年对亚当·斯密生产劳动理论的看法

在作为《资本论》第四卷的《剩余价值理论》第一册里，马克思用一章的篇幅专门讨论了生产劳动问题，这就是第四章《关于生产劳动和非生产劳动的理论》。下面，我们来仔细研究马克思关于生产劳动的论述。

马克思指出："直到现在为止，我们看到，亚当·斯密对一切问题的见解都具有二重性，他在区分生产劳动和非生产劳动时给生产劳动所下的定

---

① 《马克思恩格斯全集》第 46 卷，上册，人民出版社，1980，第 291 页。
② 《马克思恩格斯全集》第 46 卷，下册，人民出版社，1980，第 375 页。

义也是如此。我们发现，在他的著作中，他称为生产劳动的东西总有两种定义混淆在一起。"① 我们先来考察第一种正确的定义。

马克思把亚当·斯密关于生产劳动的所谓"正确的定义"归结为如下的定义："从资本主义生产的意义上说，生产劳动是这样一种雇佣劳动，它同资本的可变部分（花在工资上的那部分资本）相交换，不仅把这部分资本（也就是自己劳动能力的价值）再生产出来，而且，除此之外，还为资本家生产剩余价值。仅仅由于这一点，商品或货币才转化为资本，才作为资本生产出来。只有生产资本的雇佣劳动才是生产劳动（这就是说，雇佣劳动把花在它身上的价值额以增大了的数额再生产出来，换句话说，它归还的劳动大于它以工资形式取得的劳动。因而，只有创造的价值大于本身价值的劳动能力才是生产的）。"②

这个生产劳动定义显然是拔高了亚当·斯密关于生产劳动的说法，是把亚当·斯密认定的生产劳动的社会特征单独抽象出来、独立出来作为生产劳动的本质特征。马克思的这种生产劳动定义显然不同于亚当·斯密的第一个生产劳动定义，这与其说是马克思转述亚当·斯密的第一个生产劳动定义，不如说是马克思自己的生产劳动定义③。

马克思对这种生产劳动定义大加赞赏："这里，从资本主义生产的观点给生产劳动下了定义，亚当·斯密在这里触及了问题的本质，抓住了要领。他的巨大科学功绩之一（如马尔萨斯正确指出的，斯密对生产劳动和非生

---

① 《马克思恩格斯全集》第 26 卷，第一册，人民出版社，1972，第 142 页。

② 《马克思恩格斯全集》第 26 卷，第一册，人民出版社，1972，第 143 页。紧接着这段引文，马克思指出，"绝对地说，一个劳动者，如果他的产品等于他自己的消费，他就是生产劳动者，如果他消费的东西多于他再生产的东西，他就是非生产劳动者，也就是从这个意义上说的。但是，从资本主义意义上来说，这种劳动就不是生产的，因为它不生产任何剩余价值。"这里出现了关于生产劳动的另一个说法，即从绝对意义上来讲，一个劳动者如果他的产品等于他自己的消费，他就是生产劳动者。从资本主义意义上来说的生产劳动，就是亚当·斯密的第一种生产劳动；从绝对意义上来讲的生产劳动，就是亚当·斯密的第二种生产劳动。这是我们必须特别注意的。

③ 正如我们在第二章中指出的那样，亚当·斯密认为，生产劳动概念的本质规定是两个特征的统一，两个特征缺一不可，亚当·斯密就是以这两个特征是否满足作为生产劳动的判别准则的。另外，亚当·斯密的生产劳动定义完全限定在物质产品生产领域，这一点，马克思也明确提出，"生产劳动和非生产劳动的区分，对于斯密所考察的东西——物质财富的生产，而且是这种生产的一定形式即资本主义生产方式——具有决定性的意义。在精神生产中，表现为生产劳动的是另一种劳动，但斯密没有考察它"（《马克思恩格斯全集》第 26 卷，第一册，人民出版社，第 295 页）。亚当·斯密的生产劳动完全限定为在资本主义生产方式下的物质生产领域的雇佣劳动。因此，此处的生产劳动概念是马克思抽象出来的，是属于马克思的生产劳动定义，而不是所谓的亚当·斯密的第一个生产劳动定义。

产劳动的区分，仍然是全部资产阶级政治经济学的基础）就在于，他下了生产劳动是直接同资本交换的劳动这样一个定义，也就是说，他根据这样一种交换来给生产劳动下定义，只有通过这种交换，劳动的生产条件和一般价值即货币或商品，才转化为资本（而劳动则转化为科学意义上的雇佣劳动）。"①

因此，一方面，这种生产劳动定义是从资本主义生产的观点出发的，是从资本主义生产关系的角度出发的，在不存在资本主义生产关系的场合，就没有生产劳动和非生产劳动的划分问题。例如，"凡是在劳动一部分还是自己支付自己（例如徭役农民的农业劳动），一部分直接同收入交换（例如亚洲城市中的制造业劳动）的地方，不存在资产阶级政治经济学意义上的资本和雇佣劳动"②。因而，也就不存在政治经济学意义上的生产劳动和非生产劳动的划分问题。

另一方面，这种生产劳动定义"不是从劳动的物质规定性（不是从劳动产品的性质，不是从劳动作为具体劳动所固有的特性）得出来的，而是从一定的社会形式，从这个劳动借以实现的社会生产关系得出来的"③。"劳动作为生产劳动的特性只表现一定的社会生产关系。我们在这里指的劳动的这种规定性，不是从劳动的内容或劳动的结果产生的，而是从劳动的一定的社会形式产生的。"④

知道了生产劳动，"什么是非生产劳动，因此也绝对地确定下来了。那就是不同资本交换，而直接同收入即工资或利润交换的劳动（当然也包括同那些靠资本家的利润存在的不同项目，如利息和地租交换的劳动）"⑤。

这里，对于生产劳动与非生产劳动的划分，丝毫不考虑这种劳动的物质规定性，完全是从劳动的社会形式和社会关系中得出的。例如，"一个演员，哪怕是丑角，只要他被资本家（剧院老板）雇用，他偿还给资本家的劳动，多于他以工资形式从资本家那里取得的劳动，那么，他就是生产劳动者；而一个缝补工，他来到资本家家里，给资本家缝补裤子，只为资本

---

① 《马克思恩格斯全集》第 26 卷，第一册，人民出版社，1972，第 148 页。
② 《马克思恩格斯全集》第 26 卷，第一册，人民出版社，1972，第 148 页。
③ 《马克思恩格斯全集》第 26 卷，第一册，人民出版社，1972，第 148 页。
④ 《马克思恩格斯全集》第 26 卷，第一册，人民出版社，1972，第 148 页。
⑤ 要注意这里的"直接"一词，它的意义是收入直接同劳动交换，而不是与劳动产品交换，因为，"在关于生产劳动者或非生产劳动者的问题上涉及的始终是劳动的买者和卖者"（《马克思恩格斯全集》第 26 卷，第一册，人民出版社，第 300 页）。无论是生产劳动还是非生产劳动，它们首先都是雇佣劳动，这一点必须牢牢记住。

家创造使用价值，他就是非生产劳动者。前者的劳动同资本交换，后者的劳动同收入交换。前一种劳动创造剩余价值；后一种劳动创造消费收入"①。又如，"饭店里的厨师和侍者是生产劳动者，因为他们的劳动转化为饭店老板的资本。这些人作为家仆，就是非生产劳动者，因为我没有从他们的服务中创造出资本，而是把自己的收入花在这些服务上"②。再如，"钢琴制造厂主的工人是生产劳动者。他的劳动不仅补偿他所消费的工资，而且在他的产品钢琴中，在厂主出售的商品中，除了工资的价值之外，还包含剩余价值。相反，假定我买到制造钢琴所必需的全部材料（或者甚至假定工人自己就有这种材料），我不是到商店去买钢琴，而是请工人到我家里来制造钢琴。在这种情况下，钢琴匠就是非生产劳动者，因为他的劳动直接同我的收入相交换。"③

因此，劳动的物质规定性以及劳动产品的物质规定性本身，同生产劳动和非生产劳动之间的这种区分毫无关系。生产劳动和非生产劳动的这种区分本身，"既同劳动独有的特殊性毫无关系，也同劳动的这种特殊性借以体现的特殊使用价值毫无关系。在一种情况下劳动同资本交换，在另一种情况下劳动同收入交换。在一种情况下，劳动转化为资本，并为资本家创造利润；在另一种情况下，它是一种支出，是花费收入的一个项目。"④

马克思指出，"如果亚当·斯密完全自觉地、始终一贯地坚持他实质上已有的那种对剩余价值的分析，即认为剩余价值只有在资本同雇佣劳动的交换中才会创造出来，那么，他就会发现，只有同资本交换的劳动才是生产劳动，而同收入本身交换的劳动绝不是生产劳动。为了同生产劳动交换，收入必须先转化为资本。但亚当·斯密同时又从片面的传统观点出发，认为生产劳动就是一般直接生产物质财富的劳动；并且把自己的区分（根据资本同劳动交换还是收入同劳动交换作出的区分）同这种观点结合起来，所以在他看来，下面这样的定义是可能的：同资本交换的那种劳动始终是生产劳动（始终创造物质财富等）；而同收入交换的那种劳动既可能是生产劳动，也可能是非生产劳动，但是，花费自己收入的人，在大多数情况下，都宁愿使用某种直接的非生产劳动，而不愿使用生产劳动。这里可以看出，亚当·斯密由于把自己的两种区分混在一起，就把主要的区分大大削弱并

① 《马克思恩格斯全集》第26卷，第一册，人民出版社，1972，第148页。
② 《马克思恩格斯全集》第26卷，第一册，人民出版社，1972，第150页。
③ 《马克思恩格斯全集》第26卷，第一册，人民出版社，1972，第151页。
④ 《马克思恩格斯全集》第26卷，第一册，人民出版社，1972，第151页。

冲淡了"①。

马克思认为，亚当·斯密在研究生产劳动问题时，一方面他提出了生产资本的劳动是生产劳动这个第一种正确的生产劳动观点；另一方面他又与片面的传统的生产劳动观点——生产劳动就是直接生产物质财富的劳动②——相互妥协。亚当·斯密又提出了把第一种正确的生产劳动观点和片面的传统的生产劳动观点混合在一起的第二种错误的生产劳动观点。

马克思分析了亚当·斯密为什么会给生产劳动下第二种定义的经济原因："随着资本掌握全部生产，因而一切商品的生产都是为了出卖，而不是为了直接消费，劳动生产率也相应地增长，生产劳动者和非生产劳动者之间的物质差别也就愈来愈明显地表现出来，因为前一种人，除极少数以外，将仅仅生产商品，而后一种人，也是除极少数以外，将仅仅从事个人服务。因此，第一种人将生产直接的、物质的、由商品构成的财富，生产一切不是由劳动能力本身构成的商品。这就是促使亚当·斯密除了作为基本定义的第一种特征以外，又加上另一些特征的理由之一。"③

马克思认为，亚当·斯密在下面这一段话里，把第一种生产劳动和第二种生产劳动混到了一起。

"家仆的劳动（与制造业工人的劳动不同）……不能使价值有任何增加……家仆的生活费永远得不到偿还。一个人，要是雇用许多制造业工人，就会变富；要是维持许多家仆，就会变穷。然而后者的劳动也同前者的劳动一样，有它的价值，理应得到报酬。不过，制造业工人的劳动固定和物化在一个特定的对象或可以出卖的商品中，而这个对象或商品在劳动结束后，至少还存在若干时候。可以说，这是在其物化过程中积累并储藏起来的，准备必要时在另一场合拿来利用的一定量劳动。这个对象，或可以说，这个对象的价格，后来到必要时，能够把一个同原先生产它所花费的劳动

---

① 《马克思恩格斯全集》第 26 卷，第一册，人民出版社，1972，第 264~265 页。

② 这个片面的传统的生产劳动定义是当时人们的普遍观点，例如英国著名经济学家穆勒就认为，所谓生产性劳动，是指产生固定和体现在物体中的效用的劳动。当我们使用生产性这个词时，其含义便是指生产财富，讲到财富时，指的仅仅是物质财富，生产性劳动指的仅仅是这样的努力，这种努力产生了体现在物质对象中的效用。与生产性劳动相反，非生产性劳动是指不创造物质财富的劳动，无论多么大规模地或成功地从事这种劳动，它都不会给整个社会和整个世界带来更丰富的物质产品，反而会使物质产品减少，减少额等于被雇用来从事这种劳动的人消费的物质产品额（参见穆勒《政治经济学原理——及其在社会哲学上的若干应用》，商务印书馆，第 12~16 页）。

③ 《马克思恩格斯全集》第 26 卷，第一册，人民出版社，1972，第 152 页。

相等的劳动量推动起来。相反,家仆的劳动不固定或不物化在一个特定的对象或可以出卖的商品中。他的服务通常一经提供随即消失,很少留下某种痕迹或某种以后能够用来取得同量服务的价值。某些最受尊敬的社会阶层的劳动,像家仆的劳动一样,不生产任何价值,不固定或不物化在任何耐久的对象或可以出卖的商品中。"①

马克思指出,用来说明非生产劳动者的特点的有以下这些定义,这些定义同时显露了亚当·斯密内在思想进程的各个环节:

"非生产劳动者的劳动'不生产任何价值''不能使价值有任何增加''(非生产劳动者的)生活费永远得不到偿还''它不固定或不物化在一个特定的对象或可以出卖的商品中'。相反,'他的服务通常一经提供随即消失,很少留下某种痕迹或某种以后能够用来取得同量服务的价值。'最后,'它不固定或不物化在任何耐久的对象或可以出卖的商品中'。"②

我们认为,事实上在这里,亚当·斯密是举例说明他的第一种生产劳动和非生产劳动概念的,在这里,他并没有提出第二种生产劳动的定义问题,这从第二章第二节亚当·斯密关于第一种生产劳动的论述中可以非常清楚地看到。但是,马克思却认为,"这里,'生产的'和'非生产的'这些术语是在和原来不同的意义上说的。这里谈的已经不是剩余价值的生产——剩余价值的生产本身就意味着为已消费的价值再生产出一个等价。这里谈的是:一个劳动者,只要他用自己的劳动把他的工资所包含的那样多的价值量加到某种材料上,提供一个等价来代替已消费的价值,他的劳动就是生产劳动"③。

正是由于带有强烈个人观点的解读,正是由于把自己的见解加入到亚当·斯密的文章里去,马克思才对亚当·斯密的这种生产劳动定义提出了严厉的批评:"这里就越出了和社会形式有关的那个定义的范围,越出了用劳动者对资本主义生产的关系来给生产劳动者和非生产劳动者下定义的范围。从亚当·斯密批判重农学派的学说中可以看出,斯密之所以走入这条歧途,是因为他在阐述自己的见解时一方面反对重农学派,另一方面又受到重农学派的影响。"④

马克思批评说,亚当·斯密放弃了自己的剩余价值观点,接受了重农

---

① 《马克思恩格斯全集》第26卷,第一册,人民出版社,1972,第152页。
② 《马克思恩格斯全集》第26卷,第一册,人民出版社,1972,第153页。
③ 《马克思恩格斯全集》第26卷,第一册,人民出版社,1972,第153页。
④ 《马克思恩格斯全集》第26卷,第一册,人民出版社,1972,第153页。

学派的观点，同时他又反对重农学派，提出制造业劳动也还是生产的。亚当·斯密提出这样一个论点来反对重农学派：不从事农业的阶级，工业阶级，会把自己的工资再生产出来，因而还是会把一个等于他的消费的价值生产出来。这样，在重农学派的影响下，同时在反对重农学派的情况下，便产生了他对"生产劳动"的第二个定义。

那么，马克思所理解的亚当·斯密的生产劳动的第二个见解到底是什么呢？亚当·斯密的生产劳动的第二个见解实际上是一切在资本主义生产方式条件下生产物质财富的劳动都是生产劳动。这显然是亚当·斯密的生产劳动的第一个见解和生产劳动的传统的见解的一个没有原则的混合。这就完全丢弃了生产剩余价值这一资本主义生产关系的实质。按照亚当·斯密的生产劳动的第二个见解，在资本主义生产方式条件下，雇佣工人只要把相当于他们工资部分的价值加到物质财富（物质产品）中去，他们的劳动就是生产劳动。这就是亚当·斯密的第二种生产劳动的确切定义。

亚当·斯密的第二种生产劳动定义显然是不正确的。在资本主义生产方式条件下，不为资本家生产剩余价值、而只是维持雇佣工人的工资的生产活动是不能进行的，资本家是不会同意进行这种不给他们带来剩余价值的生产物质财富的活动的。因此，亚当·斯密给出的第二种生产劳动定义是非常天真的，它在现实资本主义生产过程中几乎就不可能发生。

马克思指出："如果一个工作日只够维持一个劳动者的生活，也就是说，只够把他的劳动能力再生产出来，那么，绝对地说，这一劳动是生产的，因为它能够再生产即不断补偿它所消费的价值（这个价值额等于它自己的劳动能力的价值）。但是，从资本主义意义上来说，这种劳动就不是生产的，因为它不生产任何剩余价值（它实际上不生产任何新价值，而只补偿原有价值；它以一种形式消费价值，为的是以另一种形式把价值再生产出来。有人说，一个劳动者，如果他的产品等于他自己的消费，他就是生产劳动者；如果他消费的东西多于他再生产的东西，他就是非生产劳动者，也就是从这个意义上说的）。"①

这里，从绝对意义上来讲的生产劳动，实际上就是亚当·斯密的第二种生产劳动定义；从资本主义意义上来说的生产劳动，实际上就是亚当·斯密的第一种生产劳动。

亚当·斯密的第二种生产劳动是一切在资本主义生产方式条件下生产

① 《马克思恩格斯全集》第 26 卷，第一册，人民出版社，1972，第 143 页。

物质财富（物质产品）的劳动，在资本主义生产方式条件下，物质财富（物质产品）一定表现为商品，生产物质财富（物质产品）的劳动实际上就是生产商品的劳动。正如马克思指出的那样，亚当·斯密对"生产劳动"和"非生产劳动"的第二种见解可归结如下：生产劳动就是生产商品的劳动，非生产劳动就是不生产"任何商品"的劳动①。

要特别注意的是，这里的"商品"一词，指的是亚当·斯密的商品概念，要把亚当·斯密的商品概念与马克思的商品概念严格区别开来。亚当·斯密认为，制造业工人的劳动固定和物化在一个特定的对象或可以出卖的商品中，而这个对象或商品在劳动结束后，至少还存在若干时候。相反，家仆的劳动不固定或不物化在一个特定的对象或可以出卖的商品中。他的服务通常一经提供随即消失，很少留下某种痕迹。亚当·斯密的第二个生产劳动定义——"集中在劳动的物质内容，特别是集中在劳动必须固定在一个比较耐久的产品中"②。亚当·斯密对劳动的物化、商品、物质产品等概念有一种直观的、肤浅的看法，他认为这些东西都是指某种"耐久的对象"，可以在劳动结束后，至少还存在若干时候。马克思早在《1857～1858年经济学手稿》中就已经指出了亚当·斯密的"劳动的物化"理论的不足："亚当·斯密的缺点只是多少过于草率地把劳动的物化理解为劳动固定在某种可以捉摸的物品中。"③ 在下面，我们可以看到马克思对亚当·斯密关于"劳动的物化"等等概念的不正确的理解又提出了批评。

接着，马克思又沿着亚当·斯密的思路做了进一步的推理和分析。

第一，亚当·斯密自然把直接耗费在物质生产中的各类脑力劳动，看做"固定和物化在可以出卖或交换的商品中"的劳动。斯密在这里不仅指直接的手工工人或机器工人的劳动，而且指监工、工程师、经理、伙计等的劳动。总之，指在一定物质生产领域内为生产某一商品所需要的一切人员的劳动，这些人员的共同劳动（协作）是制造商品所必需的④。

第二，非生产劳动者的劳动有一部分体现在物质产品中，例如，即使资本掌握了物质生产，我叫到家里来缝制衬衣的女裁缝，也完全和在工厂做工的女裁缝一样，把自己的劳动固定在某种物上，并且确实使这些物的价值提高了。他们所生产的使用价值，从可能性来讲，也是商品，把价值

① 《马克思恩格斯全集》第26卷，第一册，人民出版社，1972，第163页。
② 《马克思恩格斯全集》第26卷，第一册，人民出版社，1972，第166页。
③ 《马克思恩格斯全集》第46卷，下册，人民出版社，1980，第375页。
④ 《马克思恩格斯全集》第26卷，第一册，人民出版社，1972，第155～156页。

加到了自己的劳动对象上。但他们是非生产劳动者中极少的一部分人①。

第三，非生产劳动者的劳动大部分体现在服务形态上，例如，剧院、歌舞场、妓院等的老板，购买对演员、音乐家、妓女等的劳动能力的暂时支配权；他们购买这种所谓"非生产劳动"，它的"服务一经提供随即消失"，不固定或不物化在一个"耐久的对象或可以出卖的商品中"。

因此，使劳动成为"生产劳动"或"非生产劳动"的，不是劳动产品（这是在物质产品生产领域来说的）的这种或那种表现形式。同一劳动可以是生产的，只要我作为资本家、作为生产者来购买它，为的是用它来为我增加价值；它也可以是非生产的，只要我作为消费者来购买它，只要我花费收入是为了消费它的使用价值，不管这个使用价值是随着劳动能力本身活动的停止而消失，还是物化、固定在某个物中②。

第四，整个"商品"世界可以分为两大部分：第一，劳动能力；第二，不同于劳动能力本身的商品。有一些服务是训练、保持劳动能力，使劳动能力改变形态等等的，总之，是使劳动能力具有专门性，或者仅仅使劳动能力保持下去的，例如学校教师的服务、医生的服务，这些服务应加入劳动能力的生产费用或再生产费用。很明显，医生和教师的劳动不直接创造用来支付他们报酬的基金，尽管他们的劳动加入一般说来是创造一切价值的那个基金的生产费用，即加入劳动能力的生产费用③。

马克思推论说，按照亚当·斯密生产劳动的第二种见解，亚当·斯密本应承认，"生产劳动或者是生产商品的劳动，或者是直接把劳动能力本身生产、训练、发展、维持、再生产出来的劳动。亚当·斯密把后一种劳动从他的生产劳动项目中除去了；他是任意这样做的，但他受某种正确的本能支配，意识到，如果他在这里把后一种劳动包括进去，那他就为各种冒充生产劳动的谬论敞开了大门"④。

虽然整个商品世界包括劳动能力和不同于劳动能力本身的商品，但是，亚当·斯密把生产劳动能力的劳动排除在生产劳动概念之外，他认为，只有生产不同于劳动能力本身的商品的劳动才是生产劳动。

马克思继续推论说，按照亚当·斯密生产劳动的第二种见解，"如果我们把劳动能力本身撇开不谈，生产劳动就可以归结为生产商品、生产物质

---

① 《马克思恩格斯全集》第26卷，第一册，人民出版社，1972，第156页。
② 《马克思恩格斯全集》第26卷，第一册，人民出版社，1972，第158~159页。
③ 《马克思恩格斯全集》第26卷，第一册，人民出版社，1972，第159~160页。
④ 《马克思恩格斯全集》第26卷，第一册，人民出版社，1972，第164页。

产品的劳动，而商品、物质产品的生产，要花费一定量的劳动或劳动时间。一切艺术和科学的产品，书籍、绘画、雕塑等等，只要它们表现为物，就都包括在这些物质产品中。但是，其次，劳动产品必须是这种意义上的商品：它是'可以出卖的商品'，也就是还需要通过形态变化的第一种形式的商品"①。

这里要特别注意的是，所谓"一切艺术和科学的产品，书籍、绘画、雕塑等等，只要它们表现为物，就都包括在这些物质产品中"是马克思按照亚当·斯密劳动的物化、商品、物质产品等概念推断出来的，这绝对不是马克思本人的主张，这一点必须牢牢把握。亚当·斯密认为生产劳动"固定和物化在一个特定的对象或可以出卖的商品中，而这个对象或商品在劳动结束后，至少还存在若干时候"。按照这个观点，一切艺术和科学的产品，书籍、绘画、雕塑等等，只要它们表现为物，当然就都包括在这些物质产品中。但是，"对劳动的物化等等，不应当像亚当·斯密那样按苏格兰方式去理解。"② 按照马克思的观点，物质产品的概念严格限制在物质生产领域，因此，一切艺术和科学的产品，书籍、绘画、雕塑等等，即使它们表现为物，也不包括在这些物质产品中。同样，生产劳动"包括一切以物的形式存在的物质财富和精神财富，既包括肉，也包括书籍"③ 也是亚当·斯密的不正确的观点，是马克思按照亚当·斯密的物质产品概念推理出来的，这绝对不是马克思本人的主张。按照马克思的观点，精神财富不包括在物质产品里④。

马克思认为，亚当·斯密对生产劳动的第一种解释是"符合问题本质

---

① 《马克思恩格斯全集》第 26 卷，第一册，人民出版社，1972，第 164~165 页。

② 《马克思恩格斯全集》第 26 卷，第一册，人民出版社，1972，第 163 页。

③ 《马克思恩格斯全集》第 26 卷，第一册，人民出版社，1972，第 165 页。

④ 马克思有时也按照亚当·斯密的商品观来使用"商品"一词，例如，"在非物质生产中，甚至当这种生产纯粹为交换而进行，因而纯粹生产商品的时候，也可能有两种情况：（1）生产的结果是商品，是使用价值，它们具有离开生产者和消费者而独立存在的形式，因而能在生产和消费之间的一段时间内存在，并能在这段时间内作为可以出卖的商品而流通，如书、画以及一切脱离艺术家的艺术活动而单独存在的艺术作品"（《马克思恩格斯全集》第 26 卷，第一册，人民出版社，第 442~443 页）。这里的"商品"一词就是按照亚当·斯密的意义来使用的。又如，"在非物质生产的场合，即使非物质生产纯粹是为了交换而进行的，即使生产商品，也还可能出现两种情况：（1）非物质生产的结果是这样一种商品，这种商品脱离生产者而存在，因而可以在生产与消费当中作为商品来流通，如书籍、绘画，以及所有与艺术家所进行的艺术活动相分离的艺术品"（《马克思恩格斯全集》第 49 卷，人民出版社，第 109 页）。这里的"商品"一词也是按照亚当·斯密的商品观来使用的。

的解释"①，是"较为深刻的见解"②，而亚当·斯密对生产劳动的第二种解释是有"矛盾和不一贯的地方"③，是"比较浅薄的见解"④。

尽管如此，马克思也不是简单地抛弃亚当·斯密生产劳动的第二种解释，依然认为这个定义也有存在的价值。

"商品是资产阶级财富的最基本的元素形式。因此，把'生产劳动'解释为生产'商品'的劳动，比起把生产劳动解释为生产资本的劳动来，符合更基本得多的观点。"⑤

马克思对亚当·斯密生产劳动的第二个定义进行了改造，形成了他的生产劳动的第二个定义。"生产劳动是生产商品的劳动"，这是亚当·斯密生产劳动的第二个定义。要特别强调指出的是，这个定义中的劳动依然是雇佣劳动，商品依然是在资本主义生产方式下生产出来的。亚当·斯密只是认为，即使商品的价值仅够补偿生产资料的转移价值和劳动者的工资，而不给资本家带来剩余价值，依然是生产劳动，当然能够给资本家带来剩余价值的劳动，就更是生产劳动了。马克思反对亚当·斯密对于生产劳动的第二个定义就在于亚当·斯密把给资本家带来剩余价值这个重要的资本主义生产关系完全忽视了，给资本家带来剩余价值反映了资本主义生产关系的本质特征。但马克思本人并不反对再从生产商品的角度为生产劳动下第二个定义，他反对的是不反映资本主义生产关系本质的生产劳动定义。马克思的生产劳动第二个定义是：生产劳动是生产商品的劳动，更确切地说是生产商品资本的劳动，是生产含有剩余价值的商品的劳动。

"生产劳动是生产商品的劳动"和"生产劳动是生产资本的劳动"并不是两个独立的、无关的生产劳动定义，前者实际上是后者在物质产品生产领域的表现形式。在资本主义物质产品生产领域，"生产资本的劳动"也就表现为"生产商品的劳动"。"生产劳动是生产资本的劳动"是一个宽泛的定义，而"生产劳动是生产商品的劳动"是一个狭窄的定义。但是，无论是"生产劳动是生产商品的劳动"还是"生产劳动是生产资本的劳动"，反映的都是劳动的社会规定性，而不是劳动的物质规定性。在资本主义物质产品生产领域的前提下，生产劳动也可以用劳动的物质规定性这个特征来

①　《马克思恩格斯全集》第 26 卷，第一册，人民出版社，1972，第 166 页。
②　《马克思恩格斯全集》第 26 卷，第一册，人民出版社，1972，第 308 页。
③　《马克思恩格斯全集》第 26 卷，第一册，人民出版社，1972，第 166 页。
④　《马克思恩格斯全集》第 26 卷，第一册，人民出版社，1972，第 308 页。
⑤　《马克思恩格斯全集》第 26 卷，第一册，人民出版社，1972，第 165～166 页。

说明。马克思后面提出的从劳动过程的角度来看的生产劳动，实际上就是在资本主义物质产品生产领域的限定内判断的生产劳动，即生产商品的劳动，这是正确理解马克思生产劳动理论的关键。

马克思认为，亚当·斯密的第一种生产劳动和非生产劳动的主要区别是，前者直接同资本交换，后者直接同收入交换——这一区别的意义，只是在琼斯那里才得到充分的阐明：

"琼斯正确地把斯密的生产劳动和非生产劳动还原为它们的本质，即还原为资本主义劳动和非资本主义劳动，因为他正确地运用了斯密关于由资本支付的劳动者和由收入支付的劳动者的区分……靠资本生活的劳动者和靠收入生活的劳动者之间的区别，同劳动的形式有关。资本主义生产方式和非资本主义生产方式的全部区别就在这里。"①

"相反，如果从较狭窄的意义上来理解生产劳动者和非生产劳动者，那么生产劳动就是一切加入商品生产的劳动（这里所说的生产，包括商品从首要生产者到消费者所必须经过的一切行为），不管这个劳动是体力劳动还是非体力劳动（科学方面的劳动）；而非生产劳动就是不加入商品生产的劳动，是不以生产商品为目的的劳动。这种区分绝不可忽视，而这样一种情况，即其他一切种类的活动都对物质生产发生影响，物质生产也对其他一切种类的活动发生影响——也丝毫不能改变这种区分的必要性。"②

（二）马克思在 1863～1865 年中关于生产劳动理论的正面论述

上文研究了马克思在批判亚当·斯密的生产劳动理论的过程中表明了他关于生产劳动的见解。下面我们将研究马克思是怎样从正面来论述他的生产劳动理论的。从正面来论述的生产劳动理论主要出现在 1863～1865 年完成的《马克思恩格斯全集》第 26 卷第一册附录（这部分内容在《马克思恩格斯全集》第 48 卷里又重复了，我们将不涉及第 48 卷的内容）、《马克思恩格斯全集》第 49 卷中。下面，我们依次来研究马克思的有关生产劳动问题的正面论述。

1. 马克思在第 26 卷第一册附录中关于生产劳动问题的论述

马克思总结性地指出："生产劳动不过是对劳动能力出现在资本主义生产过程中所具有的整个关系和方式的简称。但是，把生产劳动同其他种类

---

① 《马克思恩格斯全集》第 26 卷，第三册，人民出版社，1974，第 476 页。
② 《马克思恩格斯全集》第 26 卷，第三册，人民出版社，1974，第 476～477 页。

的劳动区分开来是十分重要的，因为这种区分恰恰表现了那种作为整个资本主义生产方式以及资本本身的基础的劳动的形式规定性"①。

生产劳动是直接同作为资本的货币交换的劳动，或者说，是直接同资本交换的劳动。这里实际上发生了劳动和资本之间的双重的交换。

第一，"劳动同资本的最初交换是一个形式上的过程，其中资本作为货币出现，劳动能力作为商品出现。在这第一个过程中，劳动能力的出卖是观念上或法律上的出卖，尽管劳动要等到完成之后，也就是要在一日、一周等末了才支付报酬。这种情况对出卖劳动能力的交易并无影响。这里直接被出卖的，不是包含已经物化了的劳动的商品，而是劳动能力本身的使用，因此，实际上是劳动本身，因为劳动能力的使用表现在它的动作——劳动上……在这第一个环节中，工人和资本家的关系是商品的卖者和买者的关系。资本家支付劳动能力的价值，即他所购买的商品的价值。但是，同时，劳动能力所以被购买，只是因为这个劳动能力能够完成和有义务完成的劳动量比再生产劳动能力所需要的劳动量大。"②

第二，"资本同劳动的交换的第二个环节，实际上同第一个环节毫无关系，严格地说，这个环节根本不是交换。第一个环节的特点是货币同商品的交换——等价物的交换；在这里，工人和资本家仅仅作为商品所有者彼此对立。交换的是等价物。第二个环节的特点是根本不发生任何交换。货币所有者不再是商品的买者，而工人也不再是商品的卖者。货币所有者现在执行资本家的职能。他消费他所购买的商品；工人则提供这个商品，因为他的劳动能力的使用就是他的劳动本身。通过前一个交易，劳动本身变成了物质财富的一部分。工人完成这个劳动，但是他的这个劳动是属于资本的，从此以后，只是资本的一种职能而已。因此，这个劳动是在资本的直接监督和管理之下完成的；而这个劳动借以物化的产品，是资本借以表现的新形式，或者更确切地说，是资本实际上借以实现资本的新形式。因此，劳动通过第一个交易已经在形式上被并入资本，在这个过程中，就直接物化为资本，直接转化为资本。在这里，转化为资本的劳动量，比以前用于购买劳动能力的资本量大。在这个过程中，一定量的无酬劳动被占有了，只是因为这个缘故，货币才转化为资本。"③

---

① 《马克思恩格斯全集》第 26 卷，第一册，人民出版社，1972，第 426 页。
② 《马克思恩格斯全集》第 26 卷，第一册，人民出版社，1972，第 427～428 页。
③ 《马克思恩格斯全集》第 26 卷，第一册，人民出版社，1972，第 428～429 页。

非生产劳动是生产劳动的对立面，那么，非生产劳动的特征又是什么呢？生产劳动是直接同作为资本的货币交换的劳动，非生产劳动就是直接同作为货币的货币交换的劳动。

马克思举例指出，"我买一条现成的裤子呢，还是买布请一个裁缝到家里来做一条裤子，我对他的服务（即他的缝纫劳动）支付报酬——这对我是完全无关紧要的，因为对我来说，重要的是裤子本身。我不请裁缝到家里来，而是到服装商人那里去买裤子，是因为前一种方式花费大，而缝纫业资本家生产的裤子，比裁缝在我家做的裤子，花费的劳动少，也就便宜。但是在这两种情况下，我都不是把我用来买裤子的货币变成资本，而是变成裤子；在这两种情况下，对我来说，都是把货币单纯用作流通手段，即把货币转化为一定的使用价值"①。因此，货币和劳动之间的单纯的、直接的交换，既不会使货币转化为资本，也不会使劳动转化为生产劳动。

生产劳动和非生产劳动反映的是劳动的社会性质，如果从不同的角度考察，同一的生产劳动和非生产劳动可以有完全不同的表现。正如马克思指出的那样："对我来说，甚至生产工人也可以是非生产劳动者。例如，如果我请人来把我的房子裱糊一下，而这些裱糊工人是完成我的这项订货的老板的雇佣工人，那么，这个情况，对我来说，就好比是我买了一所裱糊好的房子，也就是说，好比是我把货币花费在一个供我消费的商品上。可是，对于叫这些工人来裱糊的那位老板来说，他们是生产工人，因为他们为他生产剩余价值。"②

生产劳动者经历了从个体生产劳动者向总体生产劳动者的历史发展。个体生产劳动者对应于资本主义的早期发展阶段，是劳动对资本的形式上的从属阶段；总体生产劳动者对应于资本主义的发达阶段，是劳动对资本的实际上的从属阶段。

马克思指出："在特殊的资本主义生产方式中，许多工人共同生产同一个商品；随着这种生产方式的发展，这些或那些工人的劳动同生产对象之间直接存在的关系，自然是各种各样的。例如，前面提到过的那些工厂小工，同原料的加工毫无直接关系；监督直接进行原料加工的工人的那些监工，就更远一步；工程师又有另一种关系，他主要只是从事脑力劳动，如此等等。但是，所有这些具有不同价值的劳动能力（虽然使用的劳动量大

---

① 《马克思恩格斯全集》第 26 卷，第一册，人民出版社，1972，第 432～433 页。
② 《马克思恩格斯全集》第 26 卷，第一册，人民出版社，1972，第 437～438 页。

致是在同一水平上）的劳动者的总体进行生产的结果——从单纯的劳动过程的结果来看——表现为商品或一个物质产品。所有这些劳动者合在一起，作为一个生产集体，是生产这种产品的活机器，就像从整个生产过程来看，他们用自己的劳动同资本交换，把资本家的货币作为资本再生产出来，就是说，作为自行增值的价值，自行增大的价值再生产出来。

"资本主义生产方式的特点，恰恰在于它把各种不同的劳动，因而也把脑力劳动和体力劳动，或者说，把以脑力劳动为主或者以体力劳动为主的各种劳动分离开来，分配给不同的人。但是，这一点并不妨碍物质产品是所有这些人的共同劳动的产品，或者说，并不妨碍他们的共同劳动的产品体现在物质财富中；另外，这一分离也丝毫不妨碍：这些人中的每一个人对资本的关系是雇佣劳动者的关系，是在这个特定意义上的生产工人的关系。所有这些人不仅直接从事物质财富的生产，并且用自己的劳动直接同作为资本的货币交换，因而不仅把自己的工资再生产出来，而且还直接为资本家创造剩余价值。他们的劳动是由有酬劳动加无酬的剩余劳动组成的。"①

要理解上面这段话，首先必须解决以下问题。

第一，什么是特殊的资本主义生产方式？

按照马克思对于资本主义生产方式发生过程的分析②，劳动对于资本的雇佣关系有两种形式：一种是劳动对资本的形式上的从属，另一种是劳动对资本的实际上的从属或特殊的资本主义生产方式。劳动对资本的形式上的从属是指，以前的生产方式本身还没有发生什么差别，从工艺上来看，劳动过程完全同以前一样，只不过现在是作为从属于资本的劳动过程罢了。劳动对资本的实际上的从属是指，一种在工艺方面和其他方面都是特殊的生产方式，一种在劳动过程的现实性质和现实条件上都发生了变化的生产方式——资本主义生产方式建立起来了。资本主义生产方式一经产生，劳动对资本的实际上的从属就发生了。

劳动对资本的形式上的从属是所有资本主义生产过程的一般形式，但是，它同时又是与发达的特殊资本主义生产方式并列的特殊形式。因为特殊资本主义生产方式包含劳动对资本的形式上的从属，而劳动对资本的形式上的从属则完全不一定要包括特殊资本主义生产方式。在劳动对资本的

---

① 《马克思恩格斯全集》第26卷，第一册，人民出版社，1972，第443~444页。
② 《马克思恩格斯全集》第49卷，人民出版社，1982，第78~99页。

实际上的从属的基础上，劳动对资本的形式上的从属的一般特征是始终存在的，这种一般特征就是劳动过程直接从属于资本，而不管劳动过程在工艺上以什么方式进行。

第二，必须把劳动过程和生产过程的概念区别开来。

资本主义生产过程包括劳动同货币交换、劳动把货币作为资本再生产出来、销售商品获得剩余价值三个环节。劳动过程仅仅是"劳动把货币作为资本再生产出来"这样一个环节。显然，劳动过程包括在生产过程中，是生产过程的一个组成部分：有什么样的生产过程就有什么样的劳动过程，劳动过程的社会规定性与生产过程的社会规定性完全一样。与劳动对资本的形式上的从属的生产过程对应的就是劳动对资本的形式上的从属的劳动过程；与劳动对资本的实际上的从属的生产过程对应的就是劳动对资本的实际上的从属的劳动过程或特殊的资本主义劳动过程（马克思又经常把它简称为资本主义劳动过程，就像马克思经常把特殊的资本主义生产方式简称为资本主义生产方式一样）。比起多环节的资本主义生产过程，马克思又经常把劳动过程称为"单纯的"劳动过程。

第三，无论是劳动对资本的形式上的从属还是劳动对资本的实际上的从属，如果从物质产品生产领域来考察的话，劳动过程的结果就总是商品（马克思又经常把它称为物质财富、物质产品），而且是商品资本。因此，从单纯的劳动过程的结果即商品资本（经常被不准确地称为商品、物质财富、物质产品）来看的生产劳动显然就等于生产商品的劳动，也就是马克思的第二种生产劳动。

按照我们上面的解释，马克思的这段重要的文字就很容易理解了。

无论是马克思的生产劳动与非生产劳动的第一种区分，还是马克思的生产劳动与非生产劳动的第二种区分，都是货币直接与活劳动交换，而不是货币与死劳动（劳动产品）交换，生产劳动与非生产劳动都是雇佣劳动。这是理解马克思生产劳动理论的一个关键。

对于这一点，马克思有一个非常明确的说明："那些不雇佣工人因而不是作为资本家来进行生产的独立的手工业者或农民的情况又怎样呢？他们可以是商品生产者，而我向他们购买商品，手工业者按订货供应商品，农民按自己资金的多少供应商品，这些情况并不会使问题有丝毫改变。在这种场合，他们是作为商品的卖者，而不是作为劳动的卖者同我发生一定的关系，所以，这种关系与资本和劳动之间的交换毫无共同之处。因此，在这里也就用不上生产劳动和非生产劳动的区分——这种区分的基础在于，劳动是同作为货币的货币相交换，还是同作为资本的货币相交换。因此，农民和手工业者虽然也是商品生产者，却既不属于生产劳动者的范畴，又不属于非生产劳动者的范畴。但是，他们是自己的生产不从属于资本主义生产方式的商品生产者。"①

马克思也谈到了在资本主义物质产品生产领域的前提下，第二种生产劳动的物质特征："在考察资本主义生产的本质关系时，可以假定（因为资本主义生产越来越接近这个情况；因为这是过程的基本方向，而且只有在这种情况下，劳动生产力的发展才达到最高峰），整个商品世界，物质生产即物质财富生产的一切领域，都（在形式上或者实际上）从属于资本主义生产方式。这个假定表示上述过程的极限，并且越来越接近于现实情况的正确表述。按照这个假定，一切从事商品生产的工人都是雇佣工人，而生产资料在所有物质生产领域中，都作为资本同他们相对立。在这种情况下，可以认为，生产工人即生产资本的工人的特点，是他们的劳动物化在商品中，物化在物质财富中。这样一来，生产劳动，除了它那个与劳动内容完全无关、不以劳动内容为转移的具有决定意义的特征之外，又得到了与这个特征不同的第二个定义，补充的定义。"②

生产资本的劳动是生产劳动，这是第一个生产劳动定义。但是，在整个物质产品生产领域都完全处于资本主义生产方式的前提条件下，那么，在物质产品生产领域里生产资本的劳动显然就是物化在商品中、物化在物质财富中的劳动，因此，也可以通过商品、物质财富这些反映劳动内容的概念来为第二种生产劳动下定义了。

那么，马克思为什么特别重视物质产品生产领域，为什么要在第一种生产劳动概念的基础上又提出第二种生产劳动概念？我们认为，一是资本主义生产关系一开始主要表现在物质产品生产领域。在马克思的时代，在非物质产品生产中，"资本主义生产只是在很有限的规模上被应用……资本主义生产在这个领域中的所有这些表现，同整个生产比起来是微不足道的，因此可以完全置之不理"③；二是按照马克思的历史唯物主义，"物质生活的生产方式制约着整个社会生活、政治生活和精神生活的过程"④，生产商品和物质产品（物质财富）对整个社会、历史具有基础性的重要作用。这就

①《马克思恩格斯全集》第26卷，第一册，人民出版社，1972，第439页。
②《马克思恩格斯全集》第26卷，第一册，人民出版社，1972，第442页。
③《马克思恩格斯全集》第26卷，第一册，人民出版社，1972，第442~443页。
④《马克思恩格斯全集》第13卷，人民出版社，1962，第8页。

是马克思为什么在提出第一种生产劳动概念以后还主张第二种生产劳动概念的原因所在。

2. 马克思在第 49 卷中关于生产劳动问题的论述

马克思指出:"从单纯的一般劳动过程的观点出发,实现在产品中的劳动,更确切些说,实现在**商品**中的劳动,对我们表现为生产劳动。但从资本主义生产过程的观点出发,则要加上更贴近的规定:生产劳动是直接增值资本的劳动或直接生产剩余价值的劳动。"①

这里的所谓"单纯的一般劳动过程"明显不是指脱离了一切社会生产关系、适合于一切社会形态的所谓"一般劳动过程"(马克思给这里的劳动过程、产品和商品都加上了黑体,这显然不是什么"一般劳动过程""一般产品"等;要不然,如何解释得通"更确切些说,实现在商品中的劳动"这句话呢),而是我们上一节提到的一般资本主义劳动过程。这种一般资本主义劳动过程或者是劳动对资本的形式上的从属的劳动过程,或者是劳动对资本的实际上的从属的劳动过程即特殊的资本主义劳动过程。

马克思紧接着所说的"资本主义劳动过程并不消除劳动过程的一般规定。劳动过程生产产品与商品。只要劳动物化在商品即使用价值与交换价值的统一中,这种劳动就始终是生产劳动"②这句话就完全证明了我们以上理解的正确性。这里的"资本主义劳动过程"指的就是特殊的资本主义劳动过程;这里的"劳动过程的一般规定"指的就是一般资本主义劳动过程。按照所谓的"一般生产劳动"概念来解释,马克思的这段话就无论如何都解释不通。正确理解马克思使用"劳动过程"一词的确切含义,是理解马克思生产劳动理论的关键。我们在本章第三节研究《资本论》中的生产劳动问题时,还会遇到如何正确理解"劳动过程"一词的问题。

从劳动过程的观点出发,生产劳动是生产商品的劳动,这是马克思的第二种生产劳动;从资本主义生产过程的观点出发的生产劳动,恰恰是第一种生产劳动在物质产品生产领域的表现。从劳动过程的观点出发的生产劳动和从资本主义生产过程的观点出发的生产劳动指的是完全相同的劳动。显然,把生产劳动定义为生产剩余价值的劳动与把生产劳动定义为生产商品的劳动相比,前一种定义是深层的、本质的定义,后一种定义是表层的、现象的定义,比起前一种定义,后一种定义当然是不太"切近的"。

---

① 《马克思恩格斯全集》第 49 卷,人民出版社,1982,第 99 页。
② 《马克思恩格斯全集》第 49 卷,人民出版社,1982,第 100 页。

资产阶级经济学家经常把反映资本主义生产关系的生产劳动与作为生产劳动的结果的产品或者使用价值混为一谈，他们用产品或者使用价值的特征来反映生产劳动的特征。马克思就曾经指出过这种情况："只有把生产的资本主义形式看做生产的绝对形式，从而看做生产的唯一自然形式的这种资产阶级狭隘性，才会混淆下述两个问题，一个是从资本观点来说什么是生产劳动与生产工人的问题，一个是什么是一般的生产劳动的问题；因而才会满足于同义反复的回答：凡是进行生产，以产品或某种使用价值为结果，总之，以某种成果为结果的一切劳动，都是生产劳动。"①

这段话的英语原文是："Only bourgeois narrowness, which considers the capitalist forms of production to be the latter's absolute forms – and therefore the eternal natural forms of production – is able to confuse the question of what *productive labour is* from the standpoint of capital with the question of what labour is productive in general, or what productive labour is in general, and therefore esteem itself very wise in giving the reply that all labour which produces anything at all, results in anything whatsoever, is *eo ipso* productive labour."②

在《马克思恩格斯全集》第26卷第一册附录中，马克思也说到了同样的意思："只有把生产的资本主义形式当做生产的绝对形式，因而当做生产的永恒的自然形式的资产阶级狭隘眼界，才会把从资本的观点来看什么是生产劳动的问题，同一般说来哪一种劳动是生产的或什么是生产劳动的问题混为一谈，并且因此自作聪明地回答说，凡是生产某种东西、取得某种结果的劳动，都是生产劳动。"③

这段话的英语原文是："Only bourgeois narrow – mindedness, which regards the capitalist forms of production as absolute forms – hence as eternal, natural forms of production – can confuse the question of what is *productive labour* from the standpoint of capital with the question of what labour is productive in general, or what is productive labour in general; and consequently fancy itself very wise in giving the answer that all labour which produces anything at all, which has any kind of result, is by that very fact productive labour."④

很明显，这两段中文是从马克思同一段德语文章的不同英语译文翻译

---

①　《马克思恩格斯全集》第49卷，人民出版社，1982，第100页。

②　《Marx & Engels Collected Works》Volume 34, Progress Publishers, Moscow, USSR.

③　《马克思恩格斯全集》第26卷，第一册，人民出版社，1972，第442页。

④　《Marx & Engels Collected Works》Volume 34, Progress Publishers, Moscow, USSR.

过来的，因此，如果从德语原文来翻译的话，他们的中文翻译应该是完全一致的。即使从英译中的角度看，《马克思恩格斯全集》第 49 卷的翻译都是不恰当的，比如把 "what labour is productive in general，or what productive labour is in general" 翻译为 "什么是一般的生产劳动的问题"，把 "esteem itself very wise" 翻译为 "同义反复" 等等都是有问题的。我们这里主要关心的是 "what labour is productive in general，or what productive labour is in general" 的翻译问题。正是由于把 "what labour is productive in general，or what productive labour is in general" 翻译为 "什么是一般的生产劳动的问题"，使得经济学家普遍认为马克思这里又提出了所谓的 "一般的生产劳动" 概念，并且认为马克思把一般生产劳动定义为 "凡是生产某种东西、取得某种结果的劳动"。这种观点是完全错误的，是把马克思强烈反对的观点强加到马克思的头上。马克思反反复复强调生产劳动完全是由劳动的社会关系决定的，他绝对不会由劳动的物质关系出发来决定生产劳动。经济学家普遍误解了马克思的生产劳动理论，把马克思强烈反对的东西当成了马克思自己的东西。

事实上，从英译中的角度看，《剩余价值理论》第一册附录中的中文翻译比较准确，它把 "what labour is productive in general，or what is productive labour in general" 翻译为 "一般说来哪一种劳动是生产的或什么是生产劳动"，把 "fancy itself very wise" 翻译为 "自作聪明" 都基本上是正确的。这里的关键是如何理解 in general。in general 是个修饰副词，翻译为形容词 "一般的" 显然不妥；而且 in general 只是一个普通的、大众的、传统的日常生活用语，反映的是普通人、大众、外行人心目中的想法和见解。因此，我们认为应该把 "what labour is productive in general，or what is productive labour in general" 翻译为 "在普通人看来（或者在传统上），哪一种劳动是生产的或什么是生产劳动"。因为，很清楚，这个生产劳动定义（"凡是生产某种东西、取得某种结果的劳动，都是生产劳动"）是非常空洞的，甚至就是同义反复，它显然没有资格成为反映社会经济关系的经济范畴。

即使如此，我们也要搞清楚这个生产劳动定义（"凡是生产某种东西、取得某种结果的劳动，都是生产劳动"）的确切含义是什么。这里的 "某种东西""某种结果" 到底是什么？这个生产劳动定义是只适用于物质生产领域还是适用于一切人类活动领域？非常幸运的是，马克思本人就回答了这个问题。

马克思明确指出："如果亚当·斯密完全自觉地、始终一贯地坚持他实质上已有的那种对剩余价值的分析，即认为剩余价值只有在资本同雇佣劳动的交换中才会创造出来，那么，他就会发现，只有同资本交换的劳动才是生产劳动，而同收入本身交换的劳动绝不是生产劳动。为了同生产劳动交换，收入必须先转化为资本。

"但亚当·斯密同时又从片面的传统观点出发，认为生产劳动就是一般直接生产物质财富的劳动；并且把自己的区分（根据资本同劳动交换还是收入同劳动交换作出的区分）同这种观点结合起来。所以在他看来，下面这样的定义是可能的：同资本交换的那种劳动始终是生产劳动（始终创造物质财富等等）；而同收入交换的那种劳动既可能是生产劳动，也可能是非生产劳动。"①

很清楚，这里的"片面的传统观点"——生产劳动就是一般直接生产物质财富的劳动，不就是马克思在第 49 卷中提到的"凡是生产某种东西、取得某种结果的劳动，都是生产劳动"吗？显而易见，这里的"某种东西""某种结果"实际上就是"物质财富（物质产品）"。这个片面的传统的生产劳动定义只是把物质产品生产领域从其他人类活动领域中区别出来了。

搞清楚了基本概念，我们就可以分析马克思的"只有把生产的资本主义形式当做生产的绝对形式，因而当做生产的永恒的自然形式的资产阶级狭隘眼界，才会把从资本的观点来看什么是生产劳动的问题，同一般说来哪一种劳动是生产的或什么是生产劳动的问题混为一谈，并且因此自作聪明地回答说，凡是生产某种东西、取得某种结果的劳动，都是生产劳动"这段话的精确含义了。

这里，马克思提到了两个生产劳动概念：一个是从资本的观点来看的生产劳动概念；一个是从传统的观点来看的生产劳动概念。从资本的观点来看的生产劳动，在这里（生产商品的场合、物质产品生产领域的场合），实际上就是马克思的第二种生产劳动概念；从传统的观点来看的生产劳动，就是生产物质财富（物质产品）的劳动。在资本主义生产方式是整个社会的绝对形式、永恒的自然形式的情况下，在整个物质产品生产领域里，生产资本的劳动也就等价于生产物质财富（物质产品）的劳动，从资本的观点来看的生产劳动与从传统的观点来看的生产劳动完全重合，你就是我，我就是你。这时，资产阶级经济学家很容易会以为生产资本的劳动和生产物质财富的劳动是一回事，甚至把生产物质财富看成是生产资本的劳动的

① 《马克思恩格斯全集》第 26 卷，第一册，人民出版社，1972，第 264~265 页。

本质特征；资产阶级经济学家就会把反映资本主义生产关系的生产劳动概念看成是只反映劳动的物质内容和物质规定性的一个自然范畴，这样就完全取消了作为经济范畴的生产劳动概念存在的意义。

马克思进一步分析了力图用劳动的物质内容来确定生产劳动和非生产劳动的这种错误做法，指出它有三个来源。

第一，"资本主义生产方式所特有的和从资本主义生产方式的本质中产生出来的拜物教观念：这种观念把经济的形式规定性，如商品、生产劳动等等，看成是这些形式规定性或范畴的物质承担者本身所固有的属性。"①

资本主义生产方式特有的拜物教观念把劳动的社会规定性看成是劳动的物质内容本身具有的性质，把劳动及其产品的社会属性和自然属性混为一谈，这导致资本主义生产关系的全面物化。马克思上边批判的把两种生产劳动概念混为一谈，就是抨击这个资本主义生产方式特有的异化现象。

第二，"就劳动过程本身来看，只有以产品（即物质产品，因为这里只涉及物质财富）为结果的劳动是生产的。"② 这里的"就劳动过程本身来看，只有以产品为结果的劳动是生产的"，明显是指马克思的第二种生产劳动概念。这里的"劳动过程"实际上是资本主义劳动过程；这里的产品（即物质产品、物质财富）实际上是商品，而且是在雇佣劳动基础上生产的商品，即商品资本。

第三，"在实际的再生产过程中——如果考察它的现实要素——就财富的形成等等来说，表现在再生产性物品中的劳动与仅仅表现在奢侈品中的劳动之间有很大差别。"③

进入再生产过程的产品要与生产劳动相结合，生产出新的产品；不进入再生产过程的奢侈品不与生产劳动相结合。进入再生产过程的产品和仅仅作为消费品的奢侈品之间在物质内容和劳动内容方面有很大差别。因此，用劳动的物质内容来确定生产劳动和非生产劳动也是可能的。

无论是马克思生产劳动和非生产劳动的第一个区别还是第二个区别，这里的生产劳动和非生产劳动都是雇佣劳动；只有在雇佣劳动的基础上，才有生产劳动和非生产劳动的区别问题。正如马克思指出的那样："生产劳动与非生产劳动之间的区别仅仅在于：劳动是与作为货币的货币相交换，

---

① 《马克思恩格斯全集》第 49 卷，人民出版社，1982，第 108 页。
② 《马克思恩格斯全集》第 49 卷，人民出版社，1982，第 108 页。
③ 《马克思恩格斯全集》第 49 卷，人民出版社，1982，第 108 页。

还是与作为资本的货币相交换。例如，在我购买独立劳动者、工匠等的商品的时候，就根本谈不上这个范畴，因为不是货币和任何种类的劳动直接相交换，而是货币和商品直接相交换。"① 马克思的这个说法不仅适应于生产劳动和非生产劳动的第一个区别，也适应于生产劳动和非生产劳动的第二个区别。

（三）《资本论》中有关生产劳动论述的辨析

在 1867 年正式开始出版的《资本论》中，马克思顺便提到了生产劳动问题，这主要反映在《资本论》的第一卷和第三卷中。在《资本论》第一卷中，马克思对他在生产劳动理论上的研究成果做了一个简单的总结，虽然只有寥寥数语，但却言简意赅、高度概括。要理解马克思在《资本论》第一卷中阐述的生产劳动理论，必须结合他关于生产劳动问题的大量论述，而不能孤立地、片面地、割裂地看待《资本论》第一卷中的阐述，不然会很容易造成误读，而实际上也确实造成了令人难以置信的天大的误解。

1. 马克思有所谓的"一般生产劳动"范畴吗？

研究马克思生产劳动理论的论者，无论是宽派、中派和窄派都认为：在《资本论》第一卷中，马克思研究了脱离一切社会关系、适用于一切社会经济形态的所谓一般生产劳动问题。他们认为，马克思从简单劳动过程的角度为生产劳动所下的定义，就是生产劳动一般的定义，这个定义对于任何社会形态都是适用的。这是马克思主义经济学界一直坚持的传统观点和权威观点。但是，这种传统观点和权威观点是完全错误的，这种一直统治政治经济学的错误观点导致了我国马克思主义经济学界对生产劳动理论的长期的、重大的误解以及多年来没完没了、但又没有结果的学术争论。

事实上，在《资本论》中，马克思是从两个方面来叙述他关于生产劳动问题的观点的：一是从资本主义劳动过程的角度，二是从资本主义剩余价值生产的角度。马克思首先在《资本论》第一卷的第三篇《绝对剩余价值的生产》中的第五章《劳动过程和价值增值过程》内的第一节《劳动过程》里讨论了从资本主义劳动过程方面考察的生产劳动问题，然后在《资本论》第一卷的第五篇《绝对剩余价值和相对剩余价值的生产》中的第十四章《绝对剩余价值和相对剩余价值》里讨论了从资本主义剩余价值生产的角度考察的生产劳动问题。从资本主义劳动过程的角度来看的生产劳动

---

① 《马克思恩格斯全集》第 49 卷，人民出版社，1982，第 109 页。

就是马克思的第二种生产劳动，而从资本主义剩余价值生产的角度来看的生产劳动就是马克思的第一种生产劳动。

马克思写道："劳动力的使用就是劳动本身。劳动力的买者消费劳动力，就是叫劳动力的卖者劳动。劳动力的卖者也就由此在实际上成为发挥作用的劳动力，成为工人，而在此以前，他只不过在可能性上是工人。为了把自己的劳动表现在商品中，他必须首先把它表现在使用价值中，表现在能满足某种需要的物中。因此，资本家要工人制造的是某种特殊的使用价值，是一定的物品。虽然使用价值或财物的生产是为了资本家，并且是在资本家的监督下进行的，但是这并不改变这种生产的一般性质。所以，劳动过程首先要撇开各种特定的社会形式来加以考察。"①

这段文章的英文原文是："The capitalist buys labour – power in order to use it; and labour – power in use is labour itself. The purchaser of labour – power consumes it by setting the seller of it to work. By working, the latter becomes actually, what before he only was potentially, labour – power in action, a labourer. In order that his labour may re – appear in a commodity, he must, before all things, expend it on something useful, on something capable of satisfying a want of some sort. Hence, what the capitalist sets the labourer to produce, is a particular use – value, a specified article. The fact that the production of use – values, or goods, is carried on under the control of a capitalist and on his behalf, does not alter the general character of that production. We shall, therefore, in the first place, have to consider the labour – process independently of the particular form it assumes under given social conditions."②

要特别注意这段话，尤其是我们加上重点号的这几句话。下面，我们对于这段话要做进一步的分析和研究。

第一，"这种生产"（that production）显然是指资本主义生产。那么什么是"这种生产的一般性质"（the general character of that production）呢？这就涉及劳动对资本的形式上的从属和劳动对资本的实际上的从属问题了。按照马克思的分析，劳动对资本的形式上的从属是所有资本主义生产过程的一般形式；但同时又是与劳动对资本的实际上的从属并列的特殊形式。劳动对资本的实际上的从属或特殊资本主义生产方式包含劳动对资本的形

---

① 《资本论》第一卷，上册，人民出版社，1975，第201页，重点号引者加。
② Karl Marx《Capital》Vol. Ⅰ, Progress Publishers, Moscow, USSR.

式上的从属，而劳动对资本的形式上的从属则不一定要包括劳动对资本的实际上的从属或特殊资本主义生产方式。在劳动对资本的实际上的从属或特殊资本主义生产方式的基础上，劳动对资本的形式上的从属的一般特征是始终存在的，这种一般特征就是劳动过程直接从属于资本，而不管劳动过程在工艺上以什么方式进行。因此，"这种生产的一般性质"实际上指的就是劳动对资本的形式上的从属。

第二，"所以，劳动过程首先要撇开各种特定的社会形式来加以考察"的英文原是："We shall, therefore, in the first place, have to consider the labour - process independently of the particular form it assumes under given social conditions."显然这个翻译是不太清楚的。正确的翻译应该是："所以，我们首先必须撇开资本主义生产（it）在给定的社会条件下所呈现出的特定形式（the particular form）来考察这种劳动过程（the labour - process）。"这也就是说，我们这里考察的劳动过程是要撇开劳动过程在给定的社会条件下所呈现出的特定的资本主义形式，也就是把劳动对资本的形式上的从属的劳动过程和劳动对资本的实际上的从属的劳动过程所呈现出的特定的资本主义形式统统撇开，抽象出一个共同的劳动过程，这当然就是劳动对资本的形式上的从属的劳动过程或者说是一般资本主义劳动过程。

第三，要特别注意的是，千万不能把"这种生产的一般性质"过度抽象为适用于一切社会形态的一般生产；也不能把"劳动过程要撇开各种特定的社会形式来加以考察"过度抽象为适用于一切社会形态的一般劳动过程。这是犯了过度抽象的逻辑错误。所谓"并不改变这种生产的一般性质"和"劳动过程要撇开各种特定的社会形式来加以考察"，正确的意义是指我们目前暂时不考虑"使用价值或财物的生产是为了资本家，并且是在资本家的监督下进行的"，目前暂时也不考虑"一个劳动者与其他劳动者的关系。一边是人及其劳动，另一边是自然及其物质，这就够了"[1]。我们目前暂时只考虑这种劳动作为人和自然之间的变换过程，而且只就一个劳动者的情况来进行分析。马克思在《资本论》第一卷的第五篇《绝对剩余价值和相对剩余价值的生产》中的第十四章《绝对剩余价值和相对剩余价值》里所说的"劳动过程最初是抽象的，撇开它的各种历史形式，作为人和自然之间的过程来考察的"[2] 这句话就表达了这样的意思；而紧接着所说的

---

① 《资本论》第一卷，上册，人民出版社，1975，第209页。
② 《资本论》第一卷，下册，人民出版社，1975，第555页。

"就劳动过程是纯粹个人的劳动过程来说，同一劳动者是把后来彼此分离开来的一切职能结合在一起的"① 也表达了同样的意思。马克思的以上这些论述完全证明了我们理解的正确性。

因此，在《资本论》第一卷的第三篇《绝对剩余价值的生产》中的第五章《劳动过程和价值增值过程》的第一节《劳动过程》里从第 201 页的"劳动首先是人和自然之间的过程"一直到第 209 页的"我们再回头来谈我们那位未来的资本家吧"这一大段文章里，马克思只是谈论了一般资本主义劳动过程。下面，马克思为一般资本主义劳动过程下了一个定义：

"劳动首先是人和自然之间的过程，是人以自身的活动来引起、调整和控制人和自然之间的物质变换的过程。人自身作为一种自然力与自然物质相对立。为了在对自身生活有用的形式上占有自然物质，人就使他身上的自然力——臂和腿、头和手运动起来。当他通过这种运动作用于他身外的自然并改变自然时，也就同时改变他自身的自然。他使自身的自然中沉睡着的潜力发挥出来，并且使这种力的活动受他自己控制。在这里，我们不谈最初的动物式的本能的劳动形式。现在，工人是作为他自己的劳动力的卖者出现在商品市场上。"②

我们加上重点号的这句话，实际上已经表明马克思这里所谈的这种劳动过程绝不是什么一般劳动过程，而是一般资本主义劳动过程。

在一般资本主义劳动过程中，"人的活动借助劳动资料使劳动对象发生预定的变化，过程消失在产品中，它的产品是使用价值，是经过形式变化而适合人的需要的自然物质，劳动与劳动对象结合在一起。劳动物化了，而对象被加工了。在劳动者方面曾以动的形式表现出来的东西，现在在产品方面作为静的属性，以存在的形式表现出来"③。

显然，一般资本主义劳动过程的许多规定也适合于物质产品生产领域的一般劳动过程的规定，这一点马克思也有明确的说明："劳动过程，就我们在上面把它描述为它的简单的抽象的要素来说，是制造使用价值的有目

---

① 《资本论》第一卷，下册，人民出版社，1975，第 555 页。

② 《资本论》第一卷，上册，人民出版社，1975，第 201～202 页，重点号引者加。劳动和劳动过程的概念有狭义和广义之分，这里定义的是只适用于物质产品生产领域的、狭义的劳动概念和劳动过程概念。马克思仅仅对物质产品生产领域里从事商品生产的劳动和劳动过程下了定义，这样的定义在一定意义上也适用于物质产品生产领域的一般劳动和一般劳动过程。对于广义的劳动概念和劳动过程概念，马克思并没有给出一个明确的定义。

③ 《资本论》第一卷，上册，人民出版社，1975，第 205 页。

的的活动，是为了人类的需要而占有自然物，是人和自然之间的物质变换的一般条件，是人类生活的永恒的自然条件。因此，它不以人类生活的任何形式为转移，倒不如说，它是人类生活的一切社会形式所共有的。"①

劳动过程的简单要素是：有目的的活动或者劳动本身，劳动对象和劳动资料。这种劳动过程的简单要素显然适合于一切劳动和劳动过程，它也是一般劳动和一般劳动过程的简单的抽象的要素。尽管有一些共同的特征，但是，一般资本主义劳动过程与一般劳动过程也有着本质上的区别，这一点马克思也有明确的说明："劳动过程，就它是资本家消费劳动力的过程来说，显示出两个特殊现象。工人在资本家的监督下劳动，他的劳动属于资本家……其次，产品是资本家的所有物，而不是直接生产者工人的所有物。"②

在一般资本主义劳动过程中，"如果整个过程从其结果的角度，从产品的角度加以考察，那么劳动资料和劳动对象表现为生产资料，劳动本身则表现为生产劳动。"③

这段文章的英文原文是："If we examine the whole process from the point of view of its result, the product, it is plain that both the instruments and the subject of labour, are means of production, and that the labour itself is productive labour."④

在同页的下边，马克思为这里的"生产劳动"一词加上了一个十分重要的下注（7）：

> "这个从简单劳动过程的观点得出的生产劳动的定义，对于资本主义生产过程是绝对不够的。"⑤

下注（7）的这段文章的英文原文是："This method of determining, from the standpoint of the labour – process alone, what is productive labour, is by no means directly applicable to the case of the capitalist process of production."⑥

---

① 《资本论》第一卷，上册，人民出版社，1975，第201～202页，重点号引者加。
② 《资本论》第一卷，上册，人民出版社，1975，第209～210页。
③ 《资本论》第一卷，上册，人民出版社，1975，第205页。
④ Karl Marx《Capital》Vol. I, Progress Publishers, Moscow, USSR.
⑤ 《资本论》第一卷，上册，人民出版社，1975，第205页。
⑥ Karl Marx《Capital》Vol. I, Progress Publishers, Moscow, USSR.

显然把这段英文翻译为"这个从简单劳动过程的观点得出的生产劳动的定义，对于资本主义生产过程是绝对不够的"是完全错误的，这是一个关键性的翻译错误。这段英文文章的正确翻译应该是"只从这种劳动过程的观点得出什么是生产劳动这种方法，绝不能直接地用到资本主义生产过程的场合"。这里把"the labour - process alone"翻译为"简单劳动过程"是一个严重的错误，使人们误以为还有什么复杂劳动过程。中国经济学家普遍把这里的"简单劳动过程"理解为脱离一切社会关系、适用于一切社会经济形态的所谓一般劳动过程，把所谓的马克思从简单劳动过程的角度为生产劳动所下的定义，认为就是一般生产劳动的定义，这个一般生产劳动对任何社会形态都是适用的，是脱离一切社会关系、适用于一切社会经济形态的。这种错误的思路显然与这个关键性的误译密切相关。

为了证明马克思这里提到的"劳动过程"就是资本主义劳动过程，我们还可以引用马克思在《资本论》第一卷的第三篇《绝对剩余价值的生产》中的第五章《劳动过程和价值增值过程》里的第二节《价值增值过程》中的有关论述。马克思指出："在商品生产中，使用价值绝不是本身受人喜爱的东西。在这里，所以要生产使用价值，是因为而且只是因为使用价值是交换价值的物质基质，是交换价值的承担者。我们的资本家所关心的是下述两点。第一，他要生产具有交换价值的使用价值，要生产用来出售的物品——商品。第二，他要使生产出来的商品的价值，大于生产该商品所需要的各种商品即生产资料和劳动力的价值总和。他不仅要生产使用价值，而且要生产商品，不仅要生产商品，而且要生产价值，不仅要生产价值，而且要生产剩余价值。既然这里谈的是商品生产，所以事实上直到现在我们显然只考察了过程的一个方面。正如商品本身是使用价值和价值的统一一样，商品生产过程必定是劳动过程和价值形成过程的统一。"① 又如，"我们看到，以前我们分析商品时所发现的创造使用价值的劳动和创造价值的同一个劳动之间的区别，现在表现为生产过程的不同方面的区别了。作为劳动过程和价值形成过程的统一，生产过程是商品生产过程；作为劳动过程和价值增值过程的统一，生产过程是资本主义生产过程，是商品生产的资本主义形式。"② 不用多加解说就会明白，马克思下注（7）提到的"劳动过程"就是资本主义劳动过程。

---

① 《资本论》第一卷，上册，人民出版社，1975，第 211 页。
② 《资本论》第一卷，上册，人民出版社，1975，第 222～223 页。

　　马克思这段文章的意思显然是说，不能把从这种劳动过程的角度确定什么是生产劳动的方法用到资本主义生产过程。为什么不能用到资本主义生产过程的场合？一方面，这里考察的资本主义劳动过程只是一个人的劳动过程，"是纯粹个人的劳动过程，同一劳动者是把后来彼此分离开来的一切职能结合在一起的"①；而在与特殊资本主义生产过程对应的特殊资本主义劳动过程中，劳动过程表现为总体工人的劳动过程，是有分工和协作的劳动过程，在这种情况下，每个人单独都不是产品的生产者，只有总体工人才是产品的生产者。另一方面，资本主义生产的目的是剩余价值，生产商品只是获得剩余价值的手段之一，因此只从生产商品的角度为生产劳动下定义是不够的，必须从生产剩余价值的角度为生产劳动下定义。

　　在《资本论》第一卷的第五篇《绝对剩余价值和相对剩余价值的生产》中的第十四章《绝对剩余价值和相对剩余价值》里，马克思果然谈到了与特殊资本主义生产过程相适应的这两方面的生产劳动问题。

　　一方面，特殊资本主义劳动过程是建立在分工和协作的基础上的社会化劳动过程，必须考虑劳动者之间的分工协作关系。在特殊资本主义劳动过程中，"产品从个体生产者的直接产品转化为社会产品，转化为总体工人即结合劳动人员的共同产品。总体工人的各个成员较直接地或者较间接地作用于劳动对象。因此，随着劳动过程本身的协作性质的发展，生产劳动和它的承担者即生产工人的概念也就必然扩大。为了从事生产劳动，现在不一定要亲自动手；只要成为总体工人的一个器官，完成他所属的某一种职能就够了。上面从物质生产性质本身中得出的关于生产劳动的最初的定义，对于作为整体来看的总体工人始终是正确的。但是，对于总体工人中的每一单个成员来说，就不再适用了"②。

　　这段文章的英文原文是："The product ceases to be the direct product of

　　① 《资本论》第一卷，下册，人民出版社，1975，第555页。
　　② 《资本论》第一卷，下册，人民出版社，1975，第556页。马克思的这段话在《资本论》法文版中是这样的："但是，一旦个人的产品转化为社会的产品，转化为集体劳动者的产品，而这一集体劳动者的不同成员以极其不同的程度参与材料的加工，或近或远，或者甚至根本不接触材料，生产劳动、生产劳动者的定义就必然获得更广泛的意义。要成为生产的，不再有必要亲自动手；只要成为集体劳动者的一个器官或者完成其某一种职能就够了。从物质生产性质本身中产生出来的关于生产劳动的最初的定义，对于被看做一个人的集体劳动者来说，始终是正确的，但是对于集体劳动者的每一单个成员来说，就不再适用了"（《马克思恩格斯全集》第49卷，人民出版社，第204页）。

the individual, and becomes a social product, produced in common by a collective labourer, i. e., by a combination of workmen, each of whom takes only a part, greater or less, in the manipulation of the subject of their labour. As the co – operative character of the labour – process becomes more and more marked, so, as a necessary consequence, does our notion of productive labour, and of its agent the productive labourer, become extended. In order to labour productively, it is no longer necessary for you to do manual work yourself; enough, if you are an organ of the collective labourer, and perform one of its subordinate functions. The first definition given above of productive labour, a definition deduced from the very nature of the production of material objects, still remains correct for the collective labourer, considered as a whole. But it no longer holds good for each member taken individually. "①

　　显然，把 "The first definition given above of productive labour, a definition deduced from the very nature of the production of material objects, still remains correct for the collective labourer, considered as a whole" 翻译为 "上面从物质生产性质本身中得出的关于生产劳动的最初的定义，对于作为整体来看的总体工人始终是正确的" 是不够精确的。正确的翻译应该是："上面从物质产品生产的性质本身中得出的关于生产劳动的最初的定义，对于作为整体来看的总体工人始终是正确的。" 千万要注意：不能把物质产品生产（the production of material objects）和物质生产（material production）混为一谈。物质产品，又称物质财富，只是物质生产的组成部分②。

　　在《资本论》第一卷的第三篇《绝对剩余价值的生产》中的第五章《劳动过程和价值增值过程》内的第一节《劳动过程》里，马克思谈论的是从一般资本主义劳动过程的角度看的生产劳动问题。在《资本论》第一卷的第五篇《绝对剩余价值和相对剩余价值的生产》中的第十四章《绝对剩

① Karl Marx《Capital》Vol. Ⅰ, Progress Publishers, Moscow, USSR.
② 马克思明确指出，物质财富是物质生产的组成部分（《马克思恩格斯全集》第26卷，第一册，人民出版社，第 295 页）。物质生产领域不等于物质产品生产领域，物质产品生产领域只是物质生产领域的一部分。马克思指出："除了采掘工业、农业和加工工业以外，还存在着第四个物质生产领域，这个领域在自己的发展中，也经历了几个不同的生产阶段：手工业生产阶段、工场手工业生产阶段、机器生产阶段。这就是运输业，不论它是客运还是货运。在这里，生产劳动对资本家的关系，也就是说，雇佣工人对资本家的关系，同其他物质生产领域是完全一样的。"（《马克思恩格斯全集》第26卷，第一册，人民出版社，第 444 页）显然，运输业属于物质生产领域，但却不属于物质产品生产领域。

余价值和相对剩余价值》里，马克思谈论的是从与特殊资本主义生产方式对应的特殊资本主义劳动过程的角度看的生产劳动问题，也就是从劳动对资本的实际上的从属或特殊的资本主义生产方式下的劳动过程的角度看的生产劳动问题。在特殊资本主义劳动过程中，单个工人再也不能说哪个产品是他生产的，只有总体工人才是产品的生产者。因此，生产劳动概念对于作为整体来看的总体工人才是正确的，对总体工人中的每一单个成员来说，就不再适用了。

这里出现的"从物质生产性质本身中得出的关于生产劳动的最初的定义"，使几乎所有研究马克思生产劳动理论的经济学家误以为马克思从简单劳动过程出发的生产劳动定义是生产劳动的一般定义，是撇开了一切社会生产关系、适用于一切社会经济形态的一般生产劳动定义。并且，他们还认为，这里的"物质生产"一词表明马克思把一般生产劳动严格限定在物质生产领域，只有物质生产领域的劳动才能构成一般生产劳动，这是中国经济学界在生产劳动理论方面坚持"窄派"观点的学者的一贯主张。但是，不幸的是，这是一个重大的理论错误，也是一个长期禁锢中国经济学家的政治经济学教条，这使我们几十年来一直误解了马克思的生产劳动理论。

实际上，这里的所谓"从物质产品生产的性质本身中得出的"生产劳动概念，实际上就是"从劳动过程的观点得出的"生产劳动概念，也就是马克思的第二种生产劳动定义，即生产商品的劳动是生产劳动。"从物质生产性质本身的角度"看的生产劳动、"从单纯的劳动过程本身的角度"看的生产劳动和"从生产商品的角度"看的生产劳动，实际上说的都是一回事，反映的都是物质产品生产领域的资本主义生产关系，也就是马克思的第二种生产劳动定义。

2. 生产劳动概念缩小必须按照内涵来理解

资本主义生产的实质是剩余价值生产，只有为资本家生产出剩余价值，才能进行资本主义生产。是否生产商品、是否生产物质产品，对资本家来说是无所谓的。正如马克思紧接着上一段话又指出的那样："但是，另一方面，生产劳动的概念缩小了。资本主义生产不仅是商品的生产，它实质上是剩余价值的生产。工人不是为自己生产，而是为资本生产。因此，工人单是进行生产已经不够了。他必须生产剩余价值。只有为资本家生产剩余价值或者为资本的自行增值服务的工人，才是生产工人。"①

这里特别要注意"生产劳动的概念缩小了"这句话，对于这句话的误解，也是导致我们长期不能正确理解马克思生产劳动理论的重要原因。"概念缩小"是什么意思呢？资本主义生产不仅是商品的生产，它实质上是剩余价值的生产，生产商品只是获得剩余价值的一个手段。为了获得剩余价值，资本家不一定要从事商品（物质产品，物质财富）生产，商品（物质产品，物质财富）只是剩余价值的特殊的体现形式，资本家完全可以从事非物质产品生产。马克思的第二种生产劳动定义是生产商品的劳动，这里的商品实际上是在资本主义生产方式条件下生产的商品，也就是商品资本。第二种生产劳动概念的内涵包括：一是资本主义生产方式下的劳动；二是生产商品（物质产品，物质财富）的劳动；三是生产剩余价值的劳动。

如果我们把生产劳动概念的内涵限定为包括：一是资本主义生产方式下的劳动；二是生产剩余价值的劳动。这样定义的生产劳动概念的内涵显然要比马克思的第二种生产劳动概念的内涵，是缩小了而不是扩大了。因此，"生产劳动的概念缩小了"这句话必须按照内涵缩小而不是外延缩小来理解，这是破解马克思生产劳动之谜的钥匙。"生产劳动的概念缩小了"这句话实际上是马克思就他的第二种生产劳动定义（生产商品的劳动是生产劳动）和他的第一种生产劳动定义（生产资本的劳动是生产劳动）之间的逻辑关系所做的判断。

生产劳动概念的内涵缩小，生产劳动概念的外延就必然扩大。只有这样，我们才能理解马克思紧接着所说的"如果可以在物质生产领域以外举一个例子，那么，一个教员只有当他不仅训练孩子的头脑，而且还为校董的发财致富劳碌时，他才是生产工人。校董不把他的资本投入香肠工厂，而投入教育工厂，这并不使事情有任何改变"②。

这段话的英文是："If we may take an example from outside the sphere of production of material objects, a schoolmaster is a productive labourer when, in

---

① 《资本论》第一卷，下册，人民出版社，1975，第556页。英文是"On the other hand, however, our notion of productive labour becomes narrowed. Capitalist production is not merely the production of commodities, it is essentially the production of surplus - value. The labourer produces, not for himself, but for capital. It no longer suffices, therefore, that he should simply produce. He must produce surplus - value. That labourer alone is productive, who produces surplus - value for the capitalist, and thus works for the self - expansion of capital (Karl Marx 《Capital》 Vol. I, Progress Publishers, Moscow, USSR)."

② 《资本论》第一卷，下册，人民出版社，1975，第556页。

addition to belabouring the heads of his scholars, he works like a horse to enrich the school proprietor. That the latter has laid out his capital in a teaching factory, instead of in a sausage factory, does not alter the relation. "①

这句话里面把 "If we may take an example from outside the sphere of production of material objects" 翻译为 "如果可以在物质生产领域以外举一个例子" 是不正确的，正确的翻译应该是 "如果可以在物质产品生产领域以外举一个例子"，这个道理我们上面已经阐述过了，这里就不重复了。

马克思这里举出的例子明白无误地证明：生产劳动概念的外延（内涵）是扩大了（缩小了）。生产剩余价值不仅可以在物质产品生产领域进行，也可以在物质产品生产领域以外进行，比如这里的教育工厂。生产劳动的本质特征是劳动的社会关系，劳动的任何物质内容都不会使劳动成为生产劳动，即使是第二种生产劳动（生产商品的劳动是生产劳动）也不能脱离劳动的社会关系来界定。"因此，生产工人的概念决不只包含活动和效果之间的关系，工人和劳动产品之间的关系，而且还包含一种特殊社会的、历史地产生的生产关系。这种生产关系把工人变成资本增值的直接手段。"②

生产剩余价值是资本主义生产方式下的生产劳动的本质特征，"古典政治经济学一直把剩余价值的生产看做生产工人的决定性的特征。因此，由于古典政治经济学对剩余价值性质的看法的改变，它对生产工人所下的定义也就有所变化。例如，重农学派认为，只有农业劳动才是生产劳动，因为只有农业劳动才提供剩余价值。在重农学派看来，剩余价值只存在于地租形式中"③。资本主义生产方式下的生产劳动的范围随着对剩余价值认识不同而改变。重农学派认为，只有农业生产领域的劳动才可能成为资本主义生产方式下的生产劳动。亚当·斯密认为，只有物质产品领域的劳动才可能成为资本主义生产方式下的生产劳动。而马克思进一步认为，生产剩余价值的劳动不限于物质产品生产领域，非物质产品生产领域的劳动也能够生产剩余价值，任何人类活动领域的劳动都可能成为资本主义生产方式下的生产劳动，这就是马克思提出第一种生产劳动概念的重大的经济学意义所在。

综上可知，在《资本论》中，马克思是从两个不同的角度来考察生产

① Karl Marx《Capital》Vol. Ⅰ, Progress Publishers, Moscow, USSR.

② 《资本论》第一卷，下册，人民出版社，1975，第556页。

③ 《资本论》第一卷，下册，人民出版社，1975，第556~557页。

劳动问题的：一是从劳动过程的角度、从商品的角度看的生产劳动；一是从剩余价值的角度、从资本的角度看的生产劳动。从前一个方面看的生产劳动，"生产商品的劳动是生产劳动"即马克思的第二种生产劳动；从后一个方面看的生产劳动，"生产资本的劳动是生产劳动"即马克思的第一种生产劳动。马克思的第二种生产劳动是马克思的第一种生产劳动在物质产品生产领域里的限定。比起马克思的第二种生产劳动，从内涵上讲，马克思的第一种生产劳动的概念缩小了；但是，从外延上讲，马克思的第一种生产劳动的概念扩大了。

从以上这些论述中，我们完全可以得出如下的确凿结论：一是在马克思那里，没有所谓的一般生产劳动范畴存在的余地，马克思并没有提出，也没有采纳适合一切社会形态的一般生产劳动定义；二是马克思只研究了资本主义社会的生产劳动和非生产劳动的区分问题，这种区分的前提和基础是雇佣劳动，马克思把雇佣劳动区分为生产性雇佣劳动（生产劳动）和非生产性雇佣劳动（非生产劳动）两大类。

我们认为，国内外经济理论界关于马克思生产劳动理论之所以争论不断，关键是误解了亚当·斯密的生产劳动理论，亚当·斯密的两个生产劳动定义分别是：第一个生产劳动定义是在资本主义物质产品生产领域生产资本的劳动；第二个生产劳动定义是在资本主义物质产品生产领域生产商品的劳动。同样的，马克思的生产劳动理论是在批判、继承和发展亚当·斯密生产劳动见解的基础上得到的。事实上，国内外经济理论界也误解了马克思的生产劳动理论，事实上马克思的两个生产劳动定义分别是：第一个生产劳动定义是在资本主义生产方式下生产资本的劳动，也即资本主义劳动；第二个生产劳动定义是在资本主义物质产品生产领域生产资本的劳动，也即物质产品生产领域中的资本主义劳动。

马克思没有所谓的"一般生产劳动"范畴，这是国内外经济理论界强加给马克思的，这是一个令人难以置信的误读。与亚当·斯密一样，马克思的生产劳动和非生产劳动划分的前提和基础是雇佣劳动，无论是生产劳动还是非生产劳动都是雇佣劳动，生产劳动和非生产劳动划分的前提和基础是劳动的买卖而不是产品的买卖。

综上可知，我们关于马克思生产劳动理论体系的观点可以表示为如下的等式：

雇佣劳动 = 第一种生产劳动 + 第一种非生产劳动

雇佣劳动 = 第二种生产劳动 + 第二种非生产劳动

也可以表示为如下的图式：

第二种生产劳动		第二种非生产劳动	
第一种生产劳动			第一种非生产劳动
雇佣劳动			

图 2 - 1　马克思生产劳动理论体系

第三章 社会主义所有制、股份制 及国有企业改革

褚志远

从基本经济制度来说，所有制及其结构具有决定性的意义；从主要经济体制来说，实践证明，计划经济体制在国内虽然不会造成贫富差距，但却会形成普遍贫穷，同时与发达国家的差距却拉大了。无论是企业改革还是价格改革的单项推进，都是不能满足发展与改革的协调进步的[①]。何炼成教授关于所有制和国有企业改革的经济思想，主要是 20 世纪 80 年代中期提出的所有制结构的"飞机模式"和 20 世纪 90 年代初提出的"非国有化"方案[②]。所有制结构的"飞机模式"是何炼成教授在 1987 年全国高校社会主义经济理论讨论会上首先提出来的。进入 20 世纪 90 年代以后，面对国有企业改革步履维艰，国有企业效益不断下降，国有资产严重流失，现代企业制度试点缓慢等现象，何炼成教授适时提出了"非国有化"改革方案。同时，他提出了"配套渐进滚动式"改革思路，指出推行股份制在当前或今后一段时期内具有同等重要的意义，同时以价格改革、培育市场为中心积极为股份制的推行创造条件。将国有企业推向市场是一项复杂的系统工程，在推向市场的过程中要力争做好各项改革的相互配套，力求国有企业经营机制转轨的"社会成本"和"社会代价"最小。

一 所有制改革

何炼成教授认为，社会主义初级阶段所有制改革的核心问题，是在保证公有制控制力的前提下，努力寻找公有制的有效实现形式。他得出这一论断的理论和现实依据可以概括为：一是马克思唯物史观关于生产力决定

---

① 何炼成：《也谈分配与所有制的关系》，《开放导报》2007 年第 6 期。
② 何炼成：《调整和完善所有制结构，加快推进国有企业改革》，《人文杂志》1997 年第 6 期。

生产关系的基本原理；二是我国处于社会主义初级阶段的现实；三是邓小平关于中国特色社会主义的理论；四是关于社会主义市场经济的理论与实践；五是马克思主义关于国家所有制的理论和社会主义国家的实践；六是马克思主义关于所有制和产权的理论；七是邓小平关于社会主义的本质和"三个有利于"的标准；八是关于建立现代企业制度的理论与实践；九是社会主义市场经济下的法学理论与创新；十是江泽民关于努力寻找社会主义公有制的实现形式的决策①。

（一）所有制结构调整

所有制结构的"飞机模式"：在我国现阶段生产力还不发达的情况下，国家所有制的比重不宜太大，集体所有制的比重不能太小，还应当允许私有制一定的发展。三种所有制的关系，应当是以国有制为主导（好比飞机头）、集体经济为主体（好比机身）、私有经济为重要补充（好比机翼）。现阶段，三者的结构比例保持在 30：40：30 为宜，因此又被称为"343"模式。为了逐步实现这一模式，何炼成教授提出一系列对策：首先，大力发展非国有经济，以相对缩小国有制的比重，扩大非国有制的比重。具体地说，就是要将全部小型国有企业和一部分中型国有企业，通过多种实现形式改造成为集体企业和私人企业，从而使国有制降到 30% 左右，非国有制增至 70% 左右。其次，深化对国有大企业和部分中型企业的改革，主要是通过股份化将其改造成为混合所有制经济。再次，对一些关系国家经济命脉的大中型企业，可通过公司化将其改造成为国家控股公司和企业集团。最后，对某些特殊行业和企业，如军工、航天、黄金、制币、稀有金属、石油等，仍采取国有甚至国营的形式。在整个所有制结构中为国有经济定位，构建"以国有经济为主导，以集团经济为主体，私人经济占一定比重"的所有制结构新格局。

具体实施方案是：第一，大大压缩国有企业的比重，从当时的 90% 降到 30%；第二，大大提高集体所有制的比例，从当时的不到 20% 提高到 40% 以上，特别是大力发展乡镇企业、股份制企业和股份合作企业；第三，适当发展私有制企业，特别是私营企业，以不超过 30% 为宜；第四，全部国有小企业和半数以上的国有中型企业从国有企业中退出，改造成为多种形式的集体企业和 30% 左右的私有企业；第五，除国防、航空航天、能源、

---

① 何炼成：《努力寻找公有制的实现形式》，《中国改革》1997 年第 9 期。

交通电信、主要公用产业、国家金融外贸、环保和特大型企业以外，其余应改为多种形式的公司企业或股份公司企业，少数也可改为私营企业和三资企业。

对于有人质疑"飞机模式"是宣扬"资产阶级新自由主义"这一现象，何炼成教授抗辩：私有并不等于资本主义，主张扩大私有制，但仍坚持公有制占主体地位；在社会主义初级阶段，私有制的存在是不可避免的，也是必要的和有利的，在一定时期和一定范围内，还应当允许其有一定的发展；关于所有制结构问题，以公有制为主体，并不等于从数量上要占70%以上，主要是看公有制经济的质量及其调控的能力。国有制应起主导作用，但主导不等于主体，主导是指地位和作用，主体是指所占数量的比重，两者不能混为一谈。

（二）非国有化改革

何炼成教授不主张私有化，因为私有化既不符合人类社会历史发展的规律，也不符合我国的基本国情。一方面，非国有化不等于私有化，前者要求从私有制向公有制发展而不是相反，要求坚持社会主义方向，坚持公有制、按劳分配和共同富裕。另一方面，非国有化和私有化，是两个不同层次的范畴，非国有化的对称是国有化，私有化的对称是公有化。因此，非国有化不等于私有化（因为合作制、集体所有制并不是私有制），国有化也不等于公有化（如资本主义制度下的国有化）[1]。

1. 非国有化的含义

非国有化包含两层含义：一是将一部分国有企业变为非国有企业，二是废除国家所有制形式。其理由为：第一，根据我国现阶段生产力发展的状况，公有化的程度不宜太高，大多数企业以采取集体与合作形式为宜；第二，不能抽象地谈论哪种公有制形式优越不优越，衡量的标准应当是对生产力发展的适应程度，而不在于公有制形式的高低；第三，马克思和恩格斯当时很少谈到国家所有制形式，只是在《共产党宣言》等早期文献中提及，并未把它当做最高级、最优越的形式；第四，苏联以及其他社会主义国家的实践证明，国家所有制在社会主义工业化过程中起过积极的促进作用，它与计划经济体制是紧密相连的，但当转到市场经济体制时，就显得不那么适应而且矛盾很大；第五，苏联以及其他社会主义国家的实践证

---

① 何炼成：《关于深化国有企业改革的系统思考》，《经济学家》1996 年第 3 期。

明，国家所有制很容易滋生腐败现象，因为国家所有制一般都是以政府有关部门为代表，实际上变成政府部门所有制，这些部门的官员就很容易以权谋私，采取权钱交易，进行寻租活动，成为滋生腐败现象的经济基础。

何炼成教授认为，马克思所说的全社会所有制是指全民所有制，不是指国家所有制。后来斯大林把这两者混为一谈，甚至认为国家所有制是最高级、最优越的所有制，实践中是把国家所有制变成政府所有制，甚至成为少数官僚阶层的所有制。当然，我们也不能全盘否定国有制，在社会主义的初级阶段或在实行计划经济体制下，采取国有制是不可避免的，而且曾起过积极的重大作用。但是，当转变到社会主义市场经济体制下时，国有制就显得不那么适应了，甚至矛盾重重了，这也正是我国国有制改革喊了十几年至今仍未取得突破性进展的根本原因。在这个难题面前，确实有人提出了私有化的主张。对此，何炼成教授进行了驳斥，并接受了董辅礽先生将国有制改为人民所有制的意见，即坚持全民所有制的内容，改变其国家所有的形式，把国家所有制与全民所有制区别开来。

2. 非国有化改革措施

（1）基本思想

何炼成教授的"非国有化"改革思路：第一，加快国有企业建立现代企业制度的试点，扩大试点的范围；第二，加快转变政府的职能，大力精简国家机构；第三，废除政府职能部门与各国有企业的直接隶属关系；第四，中央将所属大部分企业下放给地方政府，国家从宏观上调控和收税即可；第五，彻底实行私人住房的商品化和私有化，促进房地产业、建筑建材业的迅速发展，培植新的经济增长点；第六，既要保护公有财产，又要保护公民私有财产不受侵犯；第七，国有企业改革的目标，应当是最终改变国有制的形式，将其改变为真正的全民所有制。

（2）非国有化改革方案

关于改变国家所有制形式以后，原来的全民所有制采取什么形式的问题，何炼成教授认为，应当改变为人民代表大会所有制，在各级人民代表大会常务委员会下面，设立人民资产管理委员会来管理，在其下面建立若干公司，负责人民资产的保值增值和投资经营等任务。具体措施可以分三个步骤：首先，将一部分国有企业变为非国有企业，主要是指国有中小企业，特别是小企业；其次，将大部分国有大中型企业变为股份有限公司，使其由国有企业变为混合所有制企业，其余小部分大中型企业变为有限责任公司；最后，将国家所有制形式改变为人民所有制形式，与政府机关完全脱钩,改属全国人民代表大会管理。

"非国有化"的实施方案:一是对大中型企业进行股份制改造,建立各种类型的股份制企业,实现所有制的多元化,使国有企业成为混合所有制企业;二是在大中型企业建立现代企业制度,使企业真正成为自主经营、自负盈亏、自我发展、自我约束的现代企业,实现产权清晰、权责明确、政企分开、管理科学的基本特征;三是除国防、公用产业、环保以及制币、采金和稀有战略矿藏的开发以外,其他所有经营性的企业可以采取社会所有制和人民所有制形式,由全国人大代表人民来充当所有权的代表,在其下设人民资产管理委员会进行管理;四是转变政府的职能,大力精简国家机构,坚决撤销过去直接管理企业的部委厅局,或将其改组成为行业管理的社会组织和中介机构;五是根据改革开放以来实行的"国有不一定国营"的原则,妥善处理中央与地方的关系,中央所属企业应大部分下放给地方管理,由地方占有、使用和支配,国家从宏观上调控和征收资源税即可;六是大力加速城镇居民住房体制的改革,彻底实行私人住房的私有化和商品化;七是国家法律既要强调公有财产神圣不受侵犯,也要明确规定保护城乡居民依法取得的私有财产不受侵犯,切实贯彻法律至上、权利本位、私法优先的原则。

(三) 增强国有资本经营效率

资本是商品经济的范畴,存在的根本原因依然是商品经济内在矛盾的运动,在我国社会主义市场经济条件下也不例外。资本形态经历了以下四种形式:单个资本或个别资本、共有资本、群体资本、社会资本。资本制度的发展,主要有以下三种形式:古典资本制度、法人资本制度、现代资本制度。资本运营制度,包括相互制衡的四个方面,即资本所有制度、资本产权制度、资本委托代理制度、资本收益分配制度。

何炼成教授首先梳理了资本的基本理论:第一,资本是能够带来剩余价值的价值,具有二重性即增值性和法权性。资本的法权关系随商品经济的发展而演化,它是构建资本制度的基础。第二,资本是一个渐入佳境的创新过程,从简单的个别资本形态发展到复杂的群体资本形态,以至自身的异化形式……第三,作为资本法权体现的资本制度,经历了古典资本制度、法人资本制度和现代资本制度。在每一种资本制度下,资本的运营体制都可以分为资本所有制度、产权制度、委托代理制度和收益分配制度。第四,国有资本不完全等同于股份资本,它仍然属于资本的范畴。国有资本制度不能仅在法人资本制度基础上建立，应以现代资本制度为基础，在资本所有层面、产权层面、管理层面重塑国有资本制度。

在此基础上，他认为建立现代企业制度的本质，就是重塑国有资本制度。包括：国有资本二重性中法权性应如何理解；国有资本完全不等同于股份资本，股份资本只是国有资本的一种初级表现形式；运用现代资本制度，建立国有资本制度，真正实现资本制度创新。

（四）积极发展私营经济

1. 正确认识和对待私有制

根据社会主义市场经济方向正确认识当代中国私营经济。应当认识到，我国现阶段的私营经济仍是一种资本主义性质的经济，但它与资本主义国家中的资本主义经济是有区别的。从我国社会主义初级阶段私营经济的地位看，当前应当大力发展私营经济。私营经济的积极作用居主体地位，消极作用起次要作用。我国私营经济的地位：与公有制经济相比，私营经济只能居于辅助和补充的地位。在私有制经济中，私营经济应当比个体经济占有更大、更重要的地位。私营经济的发展对建立社会主义市场经济体制和运行机制具有重要的借鉴意义。私营经济有产权的明确，能自主经营、自负盈亏、自我改造、自我发展。

关于发展私有制，何炼成教授认为：首先，必须把所有制的高级形式与其优越性区别开来，社会主义公有制较之私有制是一种高级形式，但不等于说它在任何时间、地点和条件下都比私有制优越；其次，在我国社会主义初级阶段，由于生产力发展水平不高并且极端不平衡，因此公有化程度不可能太高，过去我们搞"一大二公三纯"的教训，必须永远记取；最后，在社会主义市场经济条件下，要求市场主体多元化与之相适应，单一的公有制主体是不可能促进市场经济大发展的，国有制的比重过大更是阻碍市场经济发展的，也就是说没有私有制的一定发展是不行的。

2. 中国私有经济发展的支持条件

由于各国国情不同、初始发展条件不同和经济环境的差异，中国私有经济发展在显示出市场经济一般规律的同时，也表现出一系列特殊性，其中包括政府和国有经济成分对私有经济发展的积极促动因素。目前在中国市场经济条件下，存在政府对私有经济发展的支持关系，也存在国有经济对私有经济的支持关系。

中国私有经济发展是在计划经济体制向社会主义市场经济体制的转变

过程中实现的，经济环境不稳定势必导致私有企业发展缺乏稳定的决策支点和合理预期，与国外同类企业的发展相比存在着更多的不确定性。从总趋势看，渐进发展社会主义市场经济的大方向是清晰的、坚定不移的，而经济环境欠稳定，经济政策辩论为私有经济按照自身逻辑发展提供了允许"试错""错了重来"的发展机遇，在相当程度上增加了以效率为中心的企业制度创新的自由度。

国内市场的巨大需求是私有经济发展的难得机遇。中国是在商品供给相对短缺、人民生活必需品比较匮乏的情况下踏上改革、强国之路的，巨大的市场需求给国内各类企业带来了巨大的商业机会，国有企业由于众所周知的原因在利用这个机会方面远远落在了私有企业后面。整个私有经济在"乘虚而入"的过程中向政府和公众最清楚地表明了自身存在的合理性及发展前景。

何炼成教授强调，中国私有经济迅速发展所带来的经济成果无疑是巨大的，它有力地证明了市场经济体制在资源配置效率方面的优越性，这是理解中国私有经济发展机制的大前提。但是，中国私有经济能以爆发式为向前推进所依据的支点并非只有市场化经营机制一项，支持中国私有经济发展的因素很多，看不到或否定这些因素既不符合事实，恐怕也不利于正确地引导我国私有经济持续发展。

二 股份制与国有企业改革

我国的国有企业改革，如果从党的十二届三中全会《关于经济体制改革的决定》（1984）算起，到现在已经近 30 年了。从 1985 年开始，何炼成教授关注并参与了经济学界为此进行的几次大讨论，形成了一系列观点鲜明、思想超前的改革主张①，内容包括国有企业的地位和比重，国有企业的非国有化，国有企业改革的基本方向，现代企业的财产组织形式，现代企业的领导体制与组织结构等方面②。

（一）国有企业困境与破解路径

何炼成教授认为，从整体上看，国有企业面临着一系列深层矛盾：在

---

① 何炼成：《国企改革中的学术争鸣》，《中国经济问题》2006 年第 1 期。
② 何炼成：《深化国有企业改革的理论思考》，《当代经济研究》1995 年第 5 期。

产权关系方面，存在着明晰产权关系与产权关系难以明晰的矛盾；在公司治理结构方面，存在着"新三会"与"新四会"的矛盾，以及由此引起的党管干部与现代企业家队伍形成的矛盾；在改制方面，存在着规范化改制与"翻牌公司"的矛盾；在经营机制方面，存在着能自主经营而不能自负盈亏的矛盾；在引进市场竞争机制方面，存在着"三公"原则与实际中难以坚持"三公"原则的矛盾；在国有资产评估中，存在着高估国有资产与低估国有资产的矛盾；在剥离企业负担方面，存在着既要减轻企业负担，又要减轻政府负担的矛盾；在工人地位方面，存在着"主人翁"与"主人空"的矛盾；在资产的归属方面，存在着"化公为私"与"化私为公"的矛盾；在资产重组中，存在着正常的企业资产重组与假破产、甩包袱的矛盾；在发展速度上，存在着非国有企业蓬勃发展与国有企业半死不活的矛盾；在债权债务方面，存在着旧债务收不回与新债务不断增加的矛盾；在产品销售方面，存在着产品卖不出去与继续生产卖不出去的产品的矛盾；在管理方面，存在着管理科学化、现代化的要求与管理人员素质低下的矛盾；在工作环境方面，存在着厂长（经理）想干一番事业与环境不允许干一番事业的矛盾；在就业方面，存在着转变就业机制与保证充分就业的矛盾；在资本供求方面，存在着社会资本过剩与国有企业资本不足的矛盾；在企业与政府的关系方面，存在着企业只能承担义务而没有权利的矛盾；在市场主体方面，国有企业与其他企业之间存在着不平等性；在企业发展方面，存在着企业的长期发展目标与领导者短期行为的矛盾。

造成国有企业困境的原因主要有两个方面：

一是定位方面，对国有企业在国民经济中的地位认识不明确，也就是对国有经济在所有制结构总体格局中所处的地位的认识不明确，对国有企业功能的认识不明确，对国有企业在安排劳动者就业方面的作用认识不明确。在养活富余人员、维持社会稳定方面，国有企业的确发挥了很大的作用，但是从经济效益来看，国有企业需要重新定位[①]。

二是经营和运营体制方面，国有企业的机制是一种"只能竞争、不能淘汰"的机制，劣势企业不能淘汰，优势企业就很难发展，企业的整体素质就很难提高；计划经济的影子依然存在，不能适应现代的市场机制。另外，在国有企业与政府关系上，何炼成教授认为，从严格意义上说，国有企业不是真正的企业，而是政府的一个组成部分，它是政企不分的。同非

[①] 何炼成、白永秀：《明确国企职能，推进国企改革》，《经济与管理研究》1998 年第 2 期。

国有企业相比，国有企业具有政企统一的优势，它可以办其他企业不能办的事情。

何炼成教授指出，国企改革的方向应当严格区分企业的性质，比如哪些企业应有政府的性质，哪些企业应改革为真正的企业，只有这样才能推动国企改革的顺利发展。国有企业走出困境的基本思路：从多层次、多角度解放思想、更新观念；抓住企业改革的实质，重新定位国有企业；区分两类企业的不同性质与职能，实行"抓重放轻"，完善运行机制；把深化国有企业改革与发展非公有制经济相结合，支持非公有制经济的二次创业；走出认识误区，正确对待下岗①。

（二）国有企业市场化

在国民经济市场化改革的大背景下，何炼成教授对将国有企业推向市场进行了系统思考，其基本经济思想是：

第一，国有企业活力不足的问题主要表现为有形资产流失严重和资产经营效率低下。

第二，国有企业改革的基本方向是：在坚持生产资料全民所有制的前提下，把国有企业推向市场。既要坚持国有企业的公有制性质，又要把国有企业推向市场。坚持国有企业的公有制性质与将企业推向市场是可以兼容的，它要求党政分开、政企分开和所有权与经营权分离，其中最为关键的是努力实现经营权的独立化。解决的主要问题是，坚持国家所有权的主体地位和企业的自主经营问题。

第三，国有企业改革的目标模式是股份制。作为国有企业改革目标模式的股份制，应采取"国家－职工股份制"形式。国有企业所有权组织结构的改革，旨在通过国有股份代表的人格化，形成以赢利为目标，所有者与经营者相互制约，责、权、利关系明确，利益与风险对称的企业经营机制。完善的市场体系和健全的市场机制对股份制企业来说是不可缺少的，自主经营和国家实施对经营者的有效监督是相辅相成的。

第四，"配套渐进滚动式改革"。"配套"是指"所有制－企业改革""价格－市场改革"与国家宏观调控方式的转变及三者之间的配套；"渐进"是指"所有制－企业改革""价格－市场改革"以及宏观调控方式的转变，都不可能实行"休克疗法"和一步到位，而是表现为一个渐进的过程；"滚

---

① 何炼成、白永秀：《国有企业面临的深层矛盾及其出路》，《经济学动态》1999 年第 1 期。

动式"是指上述三个方面的改革应同步分阶段推进，在改革大目标明确的前提下，把总目标、长远目标分解为小目标、短期目标，一个阶段一个重点，通过几个阶段性改革成果的叠加实现改革的最终目标[①]。

关于国企改革的设想：按照国有企业的性质将现有的、为数众多的国有企业一分为二，垄断部门的国有企业通过改革仍为国有企业，把竞争性部门的国有企业改革为非国有企业，从而使各类企业各具特色、各司其职。

（三）国有资产股份化

非国有化改革后的国有资本经营包括三个层面：

第一，控制经营。所谓"控制"就是做到四个"未必"，即控制国民经济未必要占优势比例；控制重要行业未必一定要垄断；控制企业未必独资；控制企业未必控股。

第二，宏观经营。一是宏观控制，慎重决策，减少盲目投资和重复投资；二是规范地方政府行为，引导企业资本投向，走出模仿型经济的误区；三是加强宏观调控，打破地区、部门界限，推动资本跨地区、跨部门流动。

第三，微观经营。一是注重经营方式改革，灵活选择资本经营方式；二是规范资产重组，推进结构调整，提高规模效益，实现优势企业低成本扩张，盘活国有存量资产；三是实施大集团战略，提高规模经济效益；四是正确认识和妥善处理国有企业的债务负担问题[②]。

为什么改革开放以来，我国国有企业会出现效率很低和负债很高甚至一度出现全面亏损的现象，何炼成教授认为主要是在经济体制和具体制度与规制中存在问题。国有企业有形资产的流失与经济效益的低下，根本在于缺乏动力机制与约束机制。"激励兼容"机制是一种把动力机制与约束机制统一起来的经济利益机制。实行股份制可以形成一种新的国有企业的运行机制。

关于股份制，何炼成教授认为：第一，股份制是一种财产组织形式和资本经营方式，它本身既不姓公也不姓私，既不姓资也不姓社；第二，现代股份制是在资本主义市场经济下产生和发展起来的，它是资本主义信用制度发展的产物，促进了资本主义经济的巨大发展；第三，资本主义企业

---

① 何炼成、左中海：《关于如何将国有企业推向市场的系统思考》，《学术研究》1992 年第5 期。

② 何炼成、郝云宏：《国有资本经营若干问题研究》，《经济学家》1998 年第 2 期。

的发展，先后经过个体私营企业、多人合伙企业和股份制企业三种形式，而股份制企业是现代企业的组织形式，它大大促进了现代资本主义经济的发展；第四，在我国社会主义市场经济条件下，股份制也是我国现代企业的一般组织形式，对社会主义公有制企业来说则是一种主要的实现形式；第五，根据我国近 20 年来试行股份制的结果，企业实行股份制一般都比未实行股份制时要好得多，预计今后将越来越好。

股份制的性质取决于投资者的性质。在我国股份制的发展中，应把公有制经济和以公有制经济为主体的股份制作为重点。这样，既可以保持公有制经济在整个国民经济中的主体地位，又可以实现国有企业经营机制的转变，把国有企业推向市场，还可以集中大量社会游资，把它们用于扩大再生产，以利于国民经济发展。

股份制最基本的特征是：一个企业有多个资产所有者（股东），利润以股息形式按股分配，决策权由承担经营风险的普通股股东掌握。股份制的功能和效应：①按股分息刺激积累。②一个企业可有多个股东，利于企业集资和横向融资，并能使产业结构自动调整。③对我国国有企业来说，搞股份制必然利税分流、照章纳税、照章分利，也必然实现所有权和经营权的分离，实现国家与企业分配关系的规范化和预算硬化。④通过股东行为强化所有权对经营管理的监督、激励和提高对收益的保证。资产所有者对企业经营和预算的约束既严格，又具有伸缩性①。

股份制公司分为内部股份制公司、不上市股份制公司和上市公司三种类型。我国国有企业股份制改造的战略是：起步时主要推行初级股份制，即建立内部股份公司，然后让能够发行股票的内部公司自然地向不上市公司过渡，并让其中的佼佼者成为上市公司。

国有企业股份制改革应采取"国家－职工股份制"形式。承认企业自有资金的存在，但不作为独立股份投入，比较可行的办法是把由企业自有资金转化而来的企业股在国家与职工之间分割，取消企业股，最终形成"国家－职工股份制"。这一点符合马克思"重建个人所有制"的设想。内部股份化改革要重视和处理好三个问题：一是国有股的建立、国有股东的权责利的界定、国有资产收益和增值的保障；二是企业股份的建立及其权责利界定；三是从承包制到股份制过渡时面临的财政体制和企业领导体制的变革。

---

① 何炼成：《关于国有企业股份化改革的几个问题》，《求索》1992 年第 3 期。

何炼成教授主张：把国有企业做大做强，数量上应大力压缩，压到1000 家就足够了，国家直接控制和掌握的不要超过 100 家，其余的交给各省市区去经营，产权全部下放给各股份制企业，真正实行现代企业制度，实现国有企业的真正改革。

（四）国有企业治理制度化

现代国有企业的核心问题在于产权模糊，中国特色社会主义经济制度决定了企业管理必须建立现代企业制度问题。根据马克思关于所有制问题的理论，结合我国经济体制改革的实践，何炼成教授认为产权宜界定为占有权。因为只有这样，才能正确理解人类社会经济关系发展的历史和现状，也才能正确认识和解决我国现阶段国有企业的产权问题。

产权是指对财产的占有权、使用权、处分权与相应收益权的总概括。在法人公司制企业中，凡属企业的财产（包括有形资产和无形资产）都归法人占有、使用与处分，并取得相应的收益。只有实现了这一条，法人企业才谈得上自主经营、自负盈亏、自我发展、自我约束，才能使法人成为真正的法人，企业成为真正的企业[①]。

一方面，不能把股份制与私有化混为一谈，似乎股份制就等于私有化。另一方面，不能说公有制的产权是明晰的，股份制的产权是模糊的，这与情理不合，也与事实不符。随着国有企业逐渐迈向现代企业制度模式，必须处理好"新三会"与"老三会"的关系，其中主要是企业中的党委会与工会的关系。

在实际生活中，在国有企业所有权主体的多元化和所有权的分散化方面，国家只需掌握 30% 多，甚至 20% 多的财产所有权就可以保证国有企业的公有制性质。在国家拥有主体部分所有权条件下，或在实行了国家控股的股份制制度企业中，国家作为企业生产资料主体所有权代表或股东之一，是与多元所有权主体共负盈亏的，而且国家还是盈亏责任的主要承担者。国有企业所有权组织结构的改革，就是要通过国有股份代表的人格化，形成以赢利为目标，所有者与经营者相互制约，责权利关系明确，利益与风险对称的企业经营机制。

深化国有企业的体制改革，必须实行三个层次的两权分离：第一是所

---

① 何炼成：《关于建立现代企业制度的几个理论问题》，《技术经济与管理研究》1995 年第6 期。

有权与产权的分离，所有权属国家，产权属企业；第二是所有权与经营管理权的分离，即应由企业自主经营管理；第三是企业内部实行产权与经营管理权的适当分离。

加强国企的经营管理：一是改革国有企业内部的组织领导体制；二是继续"破三铁"，切实转换国有企业的劳动、人事、分配机制；三是把面向市场作为国有企业加强经营管理的首要任务；四是善于吸收古今中外企业经营管理的经验，结合我国现阶段国有企业的外部环境和内部状况创造性地加以运用和发展；五是善于吸收古今中外的优秀文化与经营管理之道，结合我国现阶段社会主义市场经济体制下国有企业的实际，建立社会主义企业文化，使之成为国有企业经营管理的灵魂。

创造深化国有企业改革的外部环境：关键是实行政企分开，搞好企业内部经营管理，逐步建立社会保障体系。

根据学术界关于国有企业治理结构的研究，何炼成教授从问题、争论及演化趋势三个方面进行了梳理，并将有关学术研究总结为两大流派——产权改革核心派与公平竞争市场派。前者认为，只有改变低效的产权安排，国有企业的许多弊端才能消除，也只有将国有企业的治理结构置于有效的产权安排之上，治理效率才能提高。后者认为，国有企业改革的关键应是取消其政策性负担，减轻社会和历史负担，使得国有企业能与其他企业在同一起跑线上竞争，这样，国有企业的利润便可用做反映经营者绩效的充分信息，从而解决非对称性信息问题。两派分歧的根本原因：前者将产权制度与治理结构紧紧连在一起，认为有效的治理结构只能建立在既定的或有效的产权制度之上；后者则认为有效的治理结构可以建立在不同的产权制度之上，与特定的产权制度并无必然联系。基于这种情况，何炼成教授认为产权制度与治理结构既有十分密切的内在联系，但又不能等同。不能离开治理结构改革孤立地强调产权改革，因为即使私有企业的产权很清晰、明确，但若治理结构不合理，企业效率也难以提高。可行的方法是解决好国有企业的数量和分布问题，将国有企业从不该进入或进入太多的领域退出来，对剩下的国有企业再分门别类地进行研究，其治理模式也应多元化，适合不同企业的自身特点。①

---

① 何炼成、赵增耀：《国有企业的治理结构：问题、争论及演化趋势》，《学术研究》2000 年第 4 期。

(五) 理性对待国有企业经营者的收入[①]

1. 国有企业经营者收入分配问题

国有企业经营者(特别是 CEO 等高层管理人士)属于高收入阶层,收入大大高于我国现阶段的低收入阶层,也远高于中等收入阶层。我国国有企业收入的分配和再分配问题虽然要受国家政策的调控,但国企经营者活动的空间还是很大的。关于国企经营者的身份问题,何教授认为,从表象来说,他(她)们是一种"经济人",即要实现企业资产的保值增值,争取利润最大化。但是从本质上看,他(她)们首先是一种"社会人",是公有资产的"代理人",是从事国有资产保值增值的"公务员"。同其他的公务员没有本质上的区别,只不过是分管的业务不同而已。

2. 国有企业收入分配制度改革

第一,对以上人员实行统一的收入分配制度,贯彻按劳分配为主体、多种分配方式并存的分配制度。

第二,党、政、军机构人员的工资待遇,应随着物价的上涨有所提高,坚持定期提级制度。但应大力精简机构、裁汰冗员,坚决惩治以权谋私、以权寻租、腐败堕落等违法行为。

第三,对国有企事业单位的公务员,包括国有企业的经营者和员工,在新中国成立初期主要是采用当时苏联的工资制度,即工人采用"八级工资制"。根据工人参加国企工作的年限与劳动技术水平,分为八个等级的基本工资,又根据地区和工种的区别确定不同的津贴和激励标准。国有企业中的经营管理人员和科技人员,则与国家机关和事业单位人员一样,根据公职人员的工作年限、学历水平和职务高低,分别制定不同系列、不同职业的工资待遇水平,虽保持一定差距但很合理,大家都比较满意。现在仍应恢复这种长期行之有效的制度。

第四,国有企业实行市场化改革,采取股份制形式,建立现代企业制度,这也就要相应地改革国有企业的工资等分配制度。实行市场化改革,主要是以"权"和"利"为标准,采用西方发达国家垄断企业的一套分配制度。实践证明,这种制度有激励企业经营者积极促进生产的作用,但也形成了唯利是图、腐败成风等不良影响,这是值得深思和加以改进的。

第五,关于国有企业经营者是由政府选择还是市场选择,其收入是由

[①] 何炼成:《也谈国有企业经营者的收入理性问题》,《中国经济问题》2008 年第 3 期。

政府确定还是市场确定的问题，何炼成教授认为，他（她）们首先是"公务员"，然后才是"经济人"。因此，国有企业经营者应由政府按"公务员"的要求来选择，其收入主要是由政府确定。

根据中国特色社会主义经济理论的基本原理，必须坚决改革我国垄断行业和企业的收入分配制度，坚决废除国有垄断行业和企业收入分配中的特权；国家银行不要再包垄断行业的债务偿还，国家财政也不要再拨款去填补国有企业经营中的亏损；而且应当恢复国家财政对国有垄断行业和企业征收营业税、资源税以及土地使用税的做法。特别是要坚决废除这些垄断行业的高工资、高津贴以及"期权"和"MBO"等制度。

（六）中国企业家队伍建设

1. 企业家的地位及中国企业家的特殊含义

企业家在企业生产经营中的地位：一是企业家处于企业的决策中心和企业的经营管理的神经中枢；二是企业家处于企业的中心地位；三是企业家是企业的灵魂；四是企业家是企业生产经营活动的组织者、领军者、指挥者、协调者，也是企业职工群体的领头羊。

企业家在社会发展中也处于重要的地位，对于社会的创新发展有着重要的作用。从特殊意义上看企业家的地位：从国有企业看，一个好的厂长（经理）是国有企业解困与发展的前提条件；从民营企业看，企业家队伍形成是民营企业二次创收的前提条件。

中国现代企业家是具有风险意识、创新精神、政治远见、战略头脑、全面高超的管理艺术与协调艺术的，并具有适应外部环境变化的应变能力与决策能力的，且能在企业转机建制中作出创造性业绩、有别于原国有企业厂长（经理）的企业高层领导人。而当今的中国现代企业家，至少还存在两方面的缺陷：一方面，未能反映出中国企业家的特点。因为它既未涵盖中国经济转轨对企业家的要求，又未涵盖处于改革年代的中国企业生产经营的特点；另一方面，未能反映知识经济时代的特征，尤其未反映出经济时代的到来对企业家提出的要求。要准确理解中国现代企业家的概念，还要认识到我国国有企业的厂长（经理）不等于企业家，主要存在形成的机制、身份地位、独立与创新程度、承担的风险、报酬机制等差异。[①]

中国现代企业家的本质：一是要有风险意识；二是要有创新精神与创

---

① 何炼成、白永秀：《中国现代企业家概念新释》，《经济学动态》1999 年第 12 期。

新才能；三是要有政治远见；四是要有战略头脑；五是要有全面的、高超的管理艺术与协调艺术；六是要有适应外部环境变化的应变能力与决策能力；七是要在转机建制中作出创造性业绩。

现阶段的国有企业的厂长（经理）不等于企业家：第一，企业家是在市场经济竞争中，通过优胜劣汰形成的；国有企业的厂长（经理）是由上级任命的。第二，企业家是专门从事企业生产经营管理的人，而国有企业的厂长（经理）是一种职务，实际上是变相的政府官员，这些人未职业化，既可以"当官"，又可以搞企业。第三，企业家必须独立地、创造性地组织和管理企业，并具有创新精神与创新能力，而国有企业的厂长（经理）缺乏独立性、创造性，更缺乏创新性，要听命于上级主管部门的支配。第四，企业家是能够独立承担风险的专门经营者，而国有企业的厂长（经理）不能独立承担风险，既不能负盈，也不能负亏。第五，企业家是一种稀缺资源，企业家是人力资本，因而在市场竞争中依据供求关系获取丰厚的报酬；而国有企业的厂长（经理）并不是稀缺资源，人力资本的地位也未确立，工资并不是在市场竞争中形成的，而是由国家规定的，报酬也很低。

2. 中国企业家队伍的培育

衡量中国现代企业家是否形成的标准包括三个方面：第一，是否以经营企业为职业；第二，企业家机制是否市场化与社会化；第三，是否具有独立地组织和管理企业的权力及独立承担经济的责任。中国企业家成长中存在的问题是：

第一，企业家素质较低，主要表现为知识贫乏、能力较差、市场经验缺乏、精神素质差、观念陈旧和思维素质差。

第二，成长环境差，主要表现为：观念环境是传统的；体制环境是计划经济的；培养模式是沿用过去的"接班人"模式。

第三，企业家机制尚未形成，主要表现为：企业家选拔机制尚未形成；企业家激励机制尚未形成；监督机制尚未建立。

为培育中国现代企业家队伍，首先，应转变观念，提高认识，为现代企业家成长提供思想保障；其次，实行企业内外部制度创新，为企业家成长提供制度保障；最后，完善选拔、激励、监督三大机制，为企业家成长提供机制保障。

小结：

何炼成教授提出的"飞机模式"和"非国有化方案"，二十多年来一直受到一些人的指责，甚至被戴上"私有化"的帽子①。虽然他进行过一些答辩，但是仍不足以服人。但是，党的十五大以来的经济发展实践表明，"飞机模式"所提出的所有制结构比例关系已基本实现，"非国有化方案"所提出的构想也将逐步成为现实。当然其中有些对策可能流入空想，但绝不是像某些人所断言的那样这是"私有化方案"。实践是检验真理的唯一标准。何炼成教授关于所有制和国有企业改革的论断经得起实践的检验，并通过了实践的检验，成为其经济思想的重要组成部分。

---

① 何炼成：《再论国有制和国有企业改革》，《当代经济科学》1996 年第 6 期。

第四章　何炼成市场经济思想

董秘刚　姬艳洁

　　从俄国十月革命算起，社会主义的经济思想传入中国几近百年，而中国从事社会主义经济建设之实践亦历经半个多世纪。在此期间，马克思主义经济学说从传播变为行动，从理论变为实践并不断得到丰富、发展和创新，从理论上将马克思主义中国化并添加了一系列中国特色。在社会主义经济体制方面，我国创造性地提出并实行了社会主义市场经济体制，将社会主义公有制同市场经济体制很好地结合起来，从而否定了传统马克思主义认为社会主义制度与市场经济是水火不容的观点，也否定了西方经济学家认为市场经济是资本主义私有制的专利的传统偏见。因此，我国实行社会主义市场经济体制的成功，是对社会主义市场经济理论的巨大创新。

　　作为一位知名的马克思主义经济学家，何炼成教授始终认为马克思主义的一般原理应该同中国经济建设的具体实践相结合，并坚持历史唯物主义与辩证唯物主义相结合的科学分析方法。他从我国实际国情出发，以自身敏锐的观察能力和独到的分析能力，将理论分析与改革实践活动有机结合，把他对马克思商品经济的独到见解，贯穿到我国社会主义商品经济的分析之中。何炼成教授的社会主义市场经济思想理论研究，发端于其1978年发表的《论社会主义社会的商品制度》一文。他还注重对社会主义商品经济和价值规律问题的研究，在其《试论社会主义制度下价值规律的作用》一文中，强调了价值决定规律在社会主义制度下的重大意义和作用，认为社会主义生产和流通过程中必须充分利用价值规律。社会主义市场经济条件下所有制及其改革问题，也是他所关注的研究重点问题之一。另外，何炼成教授对市场经济的调节手段、计划与市场的统一以及社会主义市场经济新秩序的建立等一系列问题的探讨和研究，丰富和完善了其有关社会主义市场经济的思想理论体系。

一 社会主义市场经济的起因

中国人民在中国共产党的领导下，经过新民主主义革命和社会主义革命，建立了社会主义制度，从新中国成立到三大改造的完成，从实行计划经济到十一届三中全会确立改革开放政策，如今正在为把我国建设成为具有高度物质文明和精神文明的社会主义强国而奋斗，社会主义经济建设成为重中之重。我国正处于并将长期处于社会主义初级阶段，所建立的是有中国特色的社会主义市场经济体制。

社会主义经济在世界上许多国家的产生和建立说明它在人类历史上的出现是有其客观必然性的，是不以人们的意志为转移的。社会主义经济的产生，是生产力发展到一定阶段之必然。马克思和恩格斯在他们当时的历史条件下认为，社会主义制度下不存在商品生产和商品交换，一旦社会占有了生产资料，商品生产就将被消除。但后来世界上建立社会主义制度的国家都没有经过发达的市场经济阶段，而且劳动力也并没有形成一个社会劳动力，生产资料所有制还是以公有制为主体、多种所有制经济共同发展的形态，因此市场经济不但仍然需要存在，而且必须充分发展。党的十一届三中全会以后，全党的工作重点转移到社会主义现代化建设上来，做出了改革开放的新决策，如何认识我国社会主义经济性质便成为理论界所面临的重大问题，其核心是我国是否存在商品经济。对这些问题能否予以正确解答，关乎我国社会主义经济建设能否有相应的理论支持。

（一）社会主义商品经济存在的原因

随着社会主义经济建设的不断完善，何炼成教授对中国社会主义经济是商品经济存在的原因的分析，也逐渐从不成熟的思想萌芽最终成长为一个完善的思想体系。

何炼成教授在《经济研究》1978 年第 6 期上发表的《论社会主义社会的商品制度》一文是对社会主义市场经济研究的开始。在这篇文章中，他对我国实行商品经济的原因作了如下分析："我国社会主义公有制，还不是单一的全民所有制，还存在着劳动群众集体所有制。这样，全民所有制的生产资料和劳动产品，属于代表劳动人民的国家所有，国家可以进行计划调拨，统一分配；而集体所有制的生产资料和劳动产品，是属于同一个计提范围内的劳动群众共同占有。国家对集体所有制的生产资料和劳动产品不能任意调拨，更不能无偿占有；同时，各集体所有制单位彼此之间，也不能无偿地互相转让各自的生产资料和产品。但是，社会主义国民经济是一个整体，工业、农业和其他部门是相互依存、紧密联系的，要实现工农业之间、各部门之间的经济联系，就必须采取商品制度，实行等价交换。可见，两种公有制并存是社会主义社会还必须实行商品制度的主要原因。"同时他还指出，"在社会主义发展的一定阶段，还保留着个体经济，如社员家庭副业……社员之间互通有无、调剂余缺，都必须采取商品买卖才能做到……总之，在社会主义社会一个相当长的时间内，仍然必须实行商品制度，这是不可避免的客观必然性"①。

他在文中强调："社会主义商品制度和资本主义商品制度的本质特征根本不同，绝不能混为一谈。而'四人帮'及其御用写作班子……否认不同商品制度的特性，然后又把资本主义商品制度的特性，说成是一般商品制度的共性，强加在社会主义商品制度的身上，来混淆社会主义商品制度和资本主义商品制度的本质特征。"这篇文章旨在批判"四人帮"的"左"的谬论，但也仍然带着"左"的观点，如他在文中写道："社会主义商品制度存在着跟旧社会没有多少差别的一面，而且还有生产资本主义的可能性。"这篇文章虽然存在着不足，但是他对商品经济存在原因的分析，标志着他对社会主义商品经济思想研究的开始。

何炼成教授还从公有制企业的商品交换角度进行了分析，从而论证了社会主义商品经济存在的另一原因，即所有权和经营管理权的分离。他在1985年发表的《学习计划商品经济理论做好审计监督工作》一文中明确写道："不同的全民企业或集体企业，它的经营权不一样，它的所有权和经营权是相对分离的。因此，国有企业之间，国有企业与集体企业之间的交换，只能是商品的交换。"②

随着社会的不断向前发展和经济建设的不断深入，我国的形势发生了巨大变化，阶级斗争早已不是国家的主要矛盾。历时六年之后，何炼成教授认识到自己先前研究的不足，为此他于1985年重新发表《再论社会主义商品经济》一文。这篇文章纠正了之前的错误看法，体现了他在社会主义市场经济理论思想上又取得了新的进展。"长期以来，我们虽然承认社会主义社会存在商品生产和商品交换，但不承认社会主义经济是商品经济。究

---

① 何炼成：《论社会主义社会的商品制度》，《经济研究》1978年第6期。
② 何炼成：《何炼成选集》，山西经济出版社，1992，第264~265页。

其原因，似乎是在于把商品经济与资本主义经济混为一谈。不错，资本主义经济必然是商品经济，但不能反过来说，商品经济就必然是资本主义经济。""否认社会主义经济是商品经济，往往是与对商品经济的一般特征认识片面有关，把商品经济的一般特征当成了资本主义经济的特征，因而把社会主义商品经济说成是资本主义商品经济。"① 何炼成教授对自己之前不成熟的分析做出更正，这体现了他严谨的治学作风和追求真理的可贵精神。也正是他这种敢于自我批判的精神，使得他的市场经济思想没有只停留在一个点上，而是最终形成了一个完整的富有真知灼见的理论体系。

在当时，对社会主义商品经济存在的原因主要有两种说法，一种认为是社会分工引起的，还有一种认为是由于存在着具有独立经济利益的不同经济实体。何炼成教授在此基础上，经过长时期的思考和研究探讨，对社会主义商品经济存在的原因有了更成熟的见解。他在我国学术界率先提出：要分析社会主义商品经济存在的原因，主要应该从社会主义生产方式的本质中去寻求答案。也就是说，应该从社会主义经济中劳动者与生产资料相结合的方式来论证社会主义商品经济存在的原因。

他在文中写道："除了社会分工的这个一般前提和基础之外，主要还是应该从社会主义生产方式的本质中去寻找。马克思指出，生产方式的本质，归根到底取决于劳动者和生产资料相结合的方式和方法。'不论生产的社会形式如何，劳动者和生产资料始终是生产的因素。凡要进行生产就必须使他们结合起来。实行这种结合的特殊方式和方法，使社会结构区分为各个不同的经济时期。'马克思这段话虽然是针对小商品生产方式和资本主义商品生产方式的区别而言的，但是对社会主义商品生产方式也是基本适用的。不过在当时的历史条件下，马克思认为社会主义将是'一个自由人联合体，他们用公共的生产资料进行劳动，而且自觉地把他们许多的个人劳动当做一个社会劳动力来使用'。因此，劳动者和生产资料的结合是直接的社会劳动力和全社会公共的生产资料的结合。正是在这种设想下，马克思当时预言，社会主义制度下将不存在商品生产和商品交换，商品经济已经消亡。"②

然而，后来的社会主义建设实践也超出了马克思的预料，当时所设想的劳动者与生产资料的结合，同后来的社会主义实践有所不同。"所有走上社会主义道路的国家都没有实现直接的社会劳动力和全社会公共的生产资

---

① 何炼成：《再论社会主义商品经济》，《经济研究》1985 年第 5 期。
② 何炼成：《何炼成选集》，山西经济出版社，1992，第 141 ~ 142 页。

料的结合，而是不同程度的社会劳动力和多种形式的生产资料所有制的结合。"① 也就是社会主义经济是商品经济，是公有制基础上的商品经济。社会主义仍然存在着社会分工，这是商品经济的一般基础和前提条件。还有就是社会主义社会生产力的发展状况决定了劳动者还存在着多种经济形式和多种经营方式。"正是这个社会主义生产方式的本质，从总体上决定了社会主义商品经济存在的客观必然性。"② 这篇文章论证了商品经济的共性与社会主义商品经济的特性，标志着他关于社会主义商品经济思想的进一步完善和成熟。

1989 年发表在《求索》上的《对有计划商品经济几个理论问题的探讨》一文，标志着何炼成教授关于社会主义商品经济存在原因思想的最终完善。何炼成教授认为以社会主义全民所有制的内部关系为出发点的分析方法，比原先从社会分工以及从两种公有制形式的存在来分析是一个巨大的进步，但仍然存在着不足："一是虽说明了全民所有制内部存在商品关系的原因，但仍不能从总体上说明整个社会主义经济的商品性；二是这些论证最后都是归纳为经济利益的分配的问题，从而陷入分配方式决定生产方式的悖论；三是从方法论来说，这些论述均未抓住社会主义生产方式的本质，即未从社会主义经济中劳动者和生产资料相结合的方式上来说明社会主义商品经济存在的客观必然性问题。"③ 因而这些论断很难经得起仔细的推敲，很难令人信服。

他在该文中总结道："所有走上社会主义道路的国家没有实现劳动者与生产资料在全社会范围内单一的直接结合，而是不同程度的社会劳动力和多种形式的生产资料所有制的多元多层次的结合。正是这个社会主义生产方式的本质，从总体上决定了社会主义商品经济存在的客观必然性……由于社会主义全民所有制经济存在着国家和企业两个相对独立的经济层次，全民所有制的生产资料和所有权与经营管理权的分离，使全民企业中劳动者的劳动还存在着质的差别，还带有一定的个人性质。因此，在全民所有制经济中劳动者与生产资料的结合，仍然是一种复杂的多层次的结合，它涉及国家、企业、个人以及其他方面的利益关系，这种关系仍然必须通过商品生产方式来调节，这也就决定了全民所有制经济内部商品关系存在的

---

① 何炼成：《何炼成选集》，山西经济出版社，1992，第 142 页。
② 何炼成：《何炼成选集》，山西经济出版社，1992，第 142 页。
③ 何炼成：《对有计划商品经济几个理论问题的探讨》，《求索》1989 年第 1 期。

客观必然性。"① 这篇文章给出的结论是：商品经济是社会主义社会生产方式本身内在的客观必然产物，并不是资本主义制度所特有的，也不是社会发展过程中遗留下的旧东西。何炼成在批驳商品经济外来论和嫁接论的基础上，科学地回答了社会主义制度同商品经济兼容的问题，这一思想成为他研究市场经济思想的一个重要组成部分，并为其他方面的思想研究做了基础铺垫。

我国社会主义商品经济有着它存在的历史客观必然性。随着改革实践的推进，他吸取了历史的经验教训，剖析了商品经济的不可逾越性。"从自然经济到商品经济，再到产品经济，这是人类社会发展的规律。你想不经过商品经济的发展，由自然经济一下跳到产品经济，那是不行的，中国历史证明了不行，外国历史证明了也不行。"②

从我国社会主义初级阶段的基本经济特征看，"社会主义初级阶段的生产力水平和社会主义社会的性质，要求建立以公有制为主体、多种所有制经济共同发展的经济结构。在我国现阶段，这个特征表现得更为突出，我国现在不仅存在着占主体地位的全民所有制和集体所有制，而且存在着日益发展的个体经济、私营经济……社会分工的存在和发展，多种所有制和经营方式的存在，决定了要以等价补偿形式为中介进行生产要素的社会组合的必要性。换句话说，就是要通过商品买卖来实现这种社会组合，即采取商品经济的形式"③。

何炼成在其著作《市场经济理论与实践》一书中，总结了自己关于社会主义商品经济存在的客观必然性原因的观点：第一，"社会主义社会仍然存在着商品经济的一般基础和前提条件——社会分工"。为了进行交换，个别劳动就必须转化为社会必要劳动，在存在着不同经济利益的条件下社会必要劳动就形成价值的实体，从而劳动产品就成为商品。第二，社会主义社会生产力的发展状况，决定了劳动者和生产资料在具体结合上存在着多种经济形式和多种经营方式……只有采取商品经济形式，坚持等价交换原则，才是他们愿意接受的形式。这是社会主义社会存在商品经济的直接原因和决定条件。第三，因为社会主义全民所有制还是不成熟和不完善的全社会所有制……社会必须赋予企业以经营管理权，企业之间相互交换自己

---

① 何炼成：《对有计划商品经济几个理论问题的探讨》，《求索》1989 年第 1 期。
② 何炼成：《何炼成选集》，山西经济出版社，1992，第 263 页。
③ 何炼成、何钟：《社会主义初级阶段与保险体制改革》，《陕西保险》1988 年第 3 期。

的产品和劳务，必须采取商品经济原则，实行等价交换。第四，因为我国必然要和世界上其他国家有经济往来，这些经济往来必然只能通过采取商品经济的形式来实现①。

（二） 商品经济的一般属性和特殊属性

我国改革开放初期，在理论界讨论社会主义经济是不是商品经济的同时，还有一些问题也亟待讨论和解决。有人就提出疑问，既然社会主义经济是商品经济，资本主义经济也是商品经济，两个社会性质完全不同的社会都实行的是商品经济是否相互矛盾，商品经济的性质应如何理解？

何炼成教授凭借着其对马克思经典理论和经济思想的深入理解，很好地解决了这一问题。他敏锐地意识到商品经济同自然经济、产品经济相比具有一般的特性，同社会主义、资本主义制度相比具有特殊的一面。就像在生产劳动研究领域采取的方法一样，何炼成对市场经济特性的研究也充满了辩证法，即一般和特殊，因而可把社会主义商品经济理论划分为商品经济一般理论和商品经济特殊理论。所谓商品经济一般理论就是关于商品经济共性的理论，是研究与自然经济相对的商品经济的一般特征。而商品经济特殊理论是关于商品经济特殊性的理论，是研究与资本主义商品经济比较而言的社会主义商品经济的特征。这一思想使他的市场经济理论不仅能够反映商品经济的一般特性，而且能够正确反映我国社会主义商品经济的性质，即特殊性，因而更符合中国实际国情。这一划分也是何炼成教授对我国社会主义商品经济理论的重要贡献。

20 世纪 70 年代末，何炼成教授就在理论界率先提出这一理论，并且后来的实践也证明了该理论的正确性。这一理论也成为何炼成教授对社会主义商品经济理论进行研究的基石。他在《论社会主义社会的商品制度》一文中首次提出独到见解："马克思主义政治经济学告诉我们，商品制度和任何客观事物一样，有它的共性和特性。它的共性是：商品是使用价值和价值的对立统一物，商品交换以货币为媒介，按照等价交换原则来进行；货币是作为一般等价物的商品，是社会劳动的一般体现。但是，商品和货币并不是简单的物品，商品货币交换并不是简单的物与物之间的关系，而是人与人之间的经济关系。商品制度本身也不是孤立存在的，它总是和一定的生产方式相联系的。在不同的生产方式下，商品制度所反映的人与人之

---

① 何炼成：《试论社会主义制度下的生产劳动与非生产劳动》，《经济研究》1963 年第 2 期。

间的关系的性质也不同，这就决定了商品制度的特性。"在此剖析的基础上，他指出："在社会主义社会，由于'所有制变更了'，使商品制度借以存在的基础发生了根本变革，这就决定了社会主义商品经济制度和资本主义商品经济制度有根本不同的性质和特征。"① 但受当时所处的历史背景的限制，他的一些观点难免带有"左"的色彩，如他认为"社会主义商品生产不是为了利润""劳动力不再当做商品出卖"等。

何炼成教授后来专门在《再论社会主义商品经济》一文中对上述观点加以纠正，把社会主义商品经济与资本主义商品经济区分开来，指出："我认为该文对社会主义商品制度的一般属性和特殊性的分析还是基本正确的，只是没有明确指出，所谓'一般属性'是指与自然经济相对而言的社会主义商品经济的特征，而'特殊属性'则是指与资本主义商品经济比较而言的社会主义商品经济的特征。"② 何炼成教授在分析社会主义商品经济的特性时，是与资本主义商品经济相比较而言的，他自己后来总结说："资本主义经济必然是商品经济，但不能反过来说，商品经济就必然是资本主义经济。"社会主义商品经济同资本主义商品经济相比具有自己的特点："社会主义经济是在公有制基础上的有计划的商品经济，它同资本主义经济的区别在于所有制不同，在于是否存在剥削，在于劳动人民是否当家做主，在于能否在全社会的规模上自觉地运用价值规律，还在于商品关系的范围不同……归结起来，社会主义商品经济的特点就是两条：一是以公有制为基础；二是有计划的运动形式。"③

何炼成教授在之前初步论述的基础上，再结合学术界关于商品经济和市场经济之间关系的有关探讨，最终得出了他对此问题更深层次的观点。何炼成教授在 1989 年发表的《对有计划商品经济几个理论问题的探讨》中，对商品经济的共性和社会主义商品经济的特性以谁为主这个问题给出了自己的分析。有的研究者强调前者，有的强调后者，并在实践中表现出两种不同的改革模式。何炼成认为："应是具体问题具体分析。如果从共性和特性的一般关系来说，不存在何者为主的问题。如果从阐明社会主义商品经济的本质来说，当然应当强调社会主义商品经济的特性。但从我国 30 多年来的实践来看……必须强调商品经济的共性。"④ 他的这一论述对目前

---

① 何炼成：《论社会主义商品制度》，《经济研究》1978 年第 6 期。
② 何炼成：《再论社会主义商品经济》，《经济研究》1985 年第 5 期。
③ 何炼成：《再论社会主义商品经济》，《经济研究》1985 年第 5 期。
④ 何炼成：《对有计划商品经济几个理论问题的探讨》，《求索》1989 年第 1 期。

正确认识市场经济，仍具有重要的理论和现实意义。1987 年，他在《西北大学学报》上发表《有计划的商品经济理论与西北经济发展战略》一文，后来又发表了《计划商品经济理论与我国经济发展战略》和《对有计划商品经济几个理论问题的探讨》两篇文章，对这一理论做了全面系统的总结。与此同时，他将这一理论运用到改革实践的诸多方面，诸如税收改革、审计监督、陕西经济发展、合作经济、西北经济发展等，并使该理论在具体分析过程中得到完善。

随后，何炼成教授在他的《中国市场经济理论与实践》一书中，整理了他之前关于商品经济一般与特殊问题的看法，并且根据马克思和恩格斯对商品经济的产生和发展及其对简单商品经济和资本主义商品经济的论述，总结了我国商品经济的一般理论和特殊理论。

社会主义商品经济的一般理论：①两重性，即商品经济是具有使用价值和价值两种属性的经济，凡是商品都是使用价值与价值的对立统一物，二者缺一不可，否则就不能成为商品。对商品生产者而言，只有让渡了商品的使用价值，才能得到商品的价值。这种规律对任何市场经济都是适用的，社会主义市场经济也不例外。②交换性，商品经济就是交换经济。因为商品是为了交换的劳动产品。要是不为了交换，也没有通过交换，产品就不能成为商品。③市场性，即凡是商品经济都是市场经济。凡是商品都是为了交换，交换必须通过市场进行买卖。从这个意义上说，商品经济就是市场经济，社会主义商品经济当然也是市场经济。④等价性，即要求按照价值规律进行等价交换。市场经济的基本规律是价值规律，按照这一规律要求用社会必要劳动时间来决定商品的价值量，并根据等价交换的原则进行交换。这种交换的等价性也就是交换双方的平等性。⑤自主性，即商品生产者和经营者自主决定生产和经营。每一个商品生产者和经营者都有自由处理自己商品的权利，应当能够自主经营、自负盈亏，具有自我发展和自我改造的能力。交换双方都是自由的，在法律地位上也是平等的。⑥利益性，即商品经济主体各自具体的物质利益，也就是商品的生产者和经营者必须使生产和经营的成本得到补偿，并取得一定的利润。⑦竞争性，商品经济的一般规律是竞争。竞争是市场经济的共同属性，是形成商品社会价值的客观途径，是商品价值实现的客观要求，是实现价值规律调节作用的客观形式，竞争规律是市场经济的一般规律。⑧开放性，商品经济的交换性和市场性决定了市场经济是一种开放型的经济，这与自然经济的封闭性形成鲜明的对比。⑨动态性，即商品经济是一种远离平衡状态的自组织的动态经济，它经常处于发展变化之中，与自然经济的静态性形成鲜明对比。⑩系统性，商品经济是社会生产发展在一定阶段上的社会生产关系体系，它包括商品的生产、分配、交换和消费四个相互制约、相互联系的环节①。

所谓商品经济特殊理论，是指商品经济的特殊性的理论。人类社会已经历了三种商品经济，即简单商品经济、资本主义商品经济和社会主义商品经济，各自表现出其特殊性。何炼成教授说，应该以各自的特殊性区分这三种商品经济。社会主义商品经济的特殊理论：①以社会主义生产资料共有为基础。②不体现剥削关系。③劳动人民当家做主。④根本目的是为了满足人民的需要。⑤能在全社会的规模上自觉地运用价值规律。⑥商品关系的范围受到一定的限制。⑦竞争的目的、性质、范围、手段与资本主义商品经济中的竞争不同。⑧能保持国民经济有计划、按比例地发展，不会产生周期性的经济危机。⑨基本矛盾是生产与需要之间的矛盾。⑩发展的结果不是引导到资本主义制度，而是使社会主义制度不断巩固和发展，人民的需要不断提高，为将来过渡到共产主义逐步创造条件②。在此社会经济发展背景下，何炼成教授还指出，以上特殊属性仅仅是针对纯粹社会主义商品经济而言的，但是在我国社会主义的初级阶段，这还决定了我国社会主义初级阶段商品经济特殊属性的复杂性。

（三）社会主义商品经济是市场经济

市场经济这一概念最早是在西方经济学著作中出现的，后来广泛流行于资本主义国家。20世纪70~80年代，在苏联、东欧等社会主义各国的经济学著作中也开始运用这一概念。到了20世纪80~90年代，市场经济这一概念也频繁地出现在中国经济学的文献和理论著作中。所谓社会主义市场经济并不是说市场经济本身就姓"社"，而是说在社会主义经济制度下实行市场的体制与运行机制。社会主义商品经济同资本主义商品经济存在着本质区别，社会主义市场经济反映的是社会主义的特点。像是借以存在的所有制基础不同，社会主义商品经济是以公有制为基础的，没有体现剥削关系，而资本主义商品经济是以私有制为基础的。生产目的也不同，社会主义商品生产的目的是为了满足人们不断增长的物质文化需要，能在全社会

---

① 何炼成：《中国市场经济理论与实践》，西北大学出版社，1992，第12~19页。
② 何炼成：《中国市场经济理论与实践》，西北大学出版社，1992，第19~20页。

的规模上自觉地运用价值规律，而资本主义商品生产的目的是为了追求剩余价值。

早在 20 世纪 80 年代初，何炼成教授在探讨社会主义商品经济特性时，就准确地把握到"商品经济是一种交换经济，是一种市场经济"。他在《再论社会主义商品经济》这篇文章中论证道："商品经济既然是一种交换经济，这里的所谓交换，是指通过买卖的交换，而要买卖就必须通过市场。"①他引用列宁的话来进一步提供佐证，"商品经济出现时，国内市场就出现了"②。

与此同时，有些人认为市场经济是资本主义特有的经济范畴，社会主义不能采用。社会主义只是商品经济，绝不能搞市场经济。鉴于此，何炼成教授对一些不能正确认识市场经济的观点进行了批评："长期以来我们把市场经济当成资本主义经济的代名词，至今还有人认为商品经济不等于市场经济，说什么如果我们把市场经济等同于商品经济，那势必得出计划经济同商品经济是两种对立的经济方式的结论。显然，这还是把市场经济看成是资本主义经济。试问：商品经济不和市场相联系，还能继续存在吗？"③在何炼成教授看来，商品经济就是市场经济，二者是同一经济内容的不同表述。商品经济是相对自然经济、产品经济而言的，是直接以交换为目的的经济形势，包括商品生产和商品交换。而市场经济则是相对于计划经济而言的，是一种经济体系，在这种体系下产品和服务的生产及销售完全由自由市场的自由价格机制所引导。市场经济不等于资本主义，它对社会主义也是适用的，市场经济与不同社会形态结合会表现出不同的社会经济形态。市场经济等于商品经济，发展市场经济就是发展商品经济。在现实生活中，"社会主义经济就是社会主义市场经济"这一说法就相当于"社会主义经济就是社会主义商品经济"。

随着社会的不断发展，何炼成教授也在不停地修正和完善他之前有关市场经济的一系列问题的理论叙述。在他《简论我国的社会主义市场经济》和《关于市场经济的若干问题》两篇文章中，又详细地论述了几个关于市场经济的问题的观点，第一个问题便是什么叫市场经济。何炼成教授认为，要理解什么是市场经济，首先需要理解什么是市场。"狭义的市场是指商品

---

① 何炼成：《再论社会主义商品经济》，《经济研究》1985 年第 5 期。
② 何炼成：《再论社会主义商品经济》，《经济研究》1985 年第 5 期。
③ 何炼成：《再论社会主义商品经济》，《经济研究》1985 年第 5 期。

交换的场所，广义的市场是指商品关系的总和……因此，从狭义上说，所谓市场经济也就是存在着商品生产和交换的商品经济，市场经济与商品经济的含义一样；而从广义上说，市场经济则仅指比较发达的商品经济，即建立在社会化大生产的基础上，通过市场机制来配置社会资源的商品经济。广义的市场经济，是在资本主义制度取得统治地位以后才开始形成的。因此，人们误以为市场经济是资本主义的专利品，把市场经济与资本主义画等号。"何炼成教授说，市场经济不姓"资"，也不姓"社"，它是商品经济发展到一定阶段的必然产物，可以说是姓"商"。"作为一种商品交换关系的总和，资源配置的方式和财产组织的形式，它并不是资本主义的专利品，社会主义也可以而且必须利用它。"[1]

何炼成教授在《社会主义市场经济学》一书中分析了商品经济与市场经济的统一性。市场经济的产生有两个基本条件：第一，市场经济产生的一般基础是社会分工。在此条件下，不同生产者生产不同产品，而他们都需要对方的产品来满足自己生产和生活的需要，便产生了相互交换产品的行为。第二，市场经济产生的必要条件是生产资料和产品属于不同的所有者，因此要得到别人的产品就必须用自己生产的产品去进行交换。他指出："商品经济是市场经济形成和发展的基础，没有商品经济也就不会有市场经济。市场经济是在商品经济高速发展的基础上形成的，并反过来促进商品经济的进一步发展。"两者的差异性表现在，"商品经济的内涵是为市场而生产产品，是在市场上交换产品，是相对于自然经济、产品经济而言的；市场经济的内涵是，它是商品经济运行的载体，是资源配置的一种机制，它是相对于计划经济而言的……总之，市场经济本质上就是商品经济，两者无本质区别"[2]。

党的十七大报告指出，改革开放以来我们取得的一切成绩和进步的根本原因，归结起来就是开辟了中国特色的社会主义道路，形成了中国特色社会主义理论体系，特别是对处于社会主义初级阶段的当代中国来说，市场经济还必须大发展。何炼成教授在 2008 年发表的《试论中国特色经济理论体系》一文中认为，与传统的市场经济相比，当代市场经济具有以下特点：第一，我国现阶段的商品市场经济是建立在以公有制为主体，多种经济成分共同发展的经济基础上的。这也就决定了它的目的不是单纯为了追

---

[1] 何炼成：《简论我国的社会主义市场经济》，《人文杂志》1992 年第 6 期。
[2] 何炼成：《社会主义市场经济学》，西北大学出版社，1993，第 24 页。

求利润最大化，而是为了满足人民日益增长的物质与文化的需要，实现人民共同富裕的目标。第二，我国现阶段的商品市场经济，是建立在以按劳分配为主体、按劳分配与按要素分配相结合的分配制度的基础上的，仍存在资本市场、产权市场、劳动力市场等商品市场经济范畴。第三，我国现阶段的商品市场经济，仍然遵循商品市场的价值规律，同时也必须加强国家对商品生产和流通的宏观调控，要把看不见的手和看得见的手结合起来。第四，我国现阶段的商品市场经济，必须根据社会主义的核心价值观和意识形态，大力发展有利于国计民生的商品市场，特别是文化市场，逐步整顿和规范灰色市场，坚决取缔毒品、赌博和性交易等市场。第五，根据我国现阶段的商品市场经济状况，当前应当大力发展资本市场，特别是证券市场，同时建立公平、公正、公开的劳动力市场，坚决整顿房地产市场，制止必需消费品价格不断上涨的趋势。第六，拓展对外开放的广度和深度，提高开放型经济水平。坚持对外开放的基本国策，把引进来和走出去更好地结合起来，扩大开放领域，优化开放结构，提高开放质量，完善内外联动、互利互赢、安全高效的开放型经济体系，形成经济全球化条件下参与国际经济合作的竞争优势①。

（四）价值规律在社会主义商品经济中的作用

何炼成教授在《社会主义商品经济论》一书中详细阐述了实行市场定价体制的原因。这首先是由社会主义经济的商品性质决定的。商品经济发展的规律要求价格在市场中形成。因为我国实行社会主义商品经济，因此要遵循商品经济的基本规律，也就是要遵循价值规律的要求，实行市场原则。"价值规律是通过市场机制调节社会生产、流通和消费的。而市场机制的作用是以价格根据市场供求关系的变化上下波动，向生产者、经营者和消费者发出信号，使他们做出有利的、合理化的选择。"其次，若从价格本身的含义来分析，也只有实行市场定价体系才能理顺价格关系，改变价格扭曲的不健康状态。"价格是商品价值的货币表现，是商品交换发展到一定阶段的产物，是在商品交换中即在市场上由买卖双方讨价还价形成的。有买卖、有价格，有市场才有价格。价格体现的是参加市场交换的买者与卖者的经济利益关系。价格是在剧烈的市场竞争中变动起伏的。"当商品供给大于需求时，卖者的竞争则比较激烈，买者占有一定降低价格的优势；反

---

① 何炼成：《试论中国特色经济理论体系》，《延安大学学报》2008 年第 4 期。

之，商品供不应求时，竞争主要在买者中展开，卖者则占有一定提高价格的优势。由于商品的社会劳动消耗和供求关系是经常变化的，价格也会随之经常变化。但是，"行政定价体制不可能很好地反映数以万计的商品的社会劳动消耗和供求关系的变化，只能使价格关系僵化，比价、差价不合理，并且长期得不到纠正。因此，要理顺过去由于实行行政定价体制被扭曲了的价格关系，必须还价格的本来面目，让价格回到市场交换中去，逐步放开价格，实行市场定价体系"①。何炼成教授在《关于市场经济的若干问题》一文中说到："过去我们是计划价格，由国家按计划制定价格。现在要由市场来决定价格。过去用计划制定价格，使价格极不反映价值，也不反映供求关系，使价格被扭曲了。价值规律随供求关系在变化，价格也随供求关系在变动，而计划制定价格不变。现在我们要放开价格，不是不管了……一般地讲价格由市场调节，但政府必须要进行调控。"②

还要明确，价值规律在社会主义经济中不再是一种统治人们的异己力量，而是人们可以自觉地利用价值规律，作为有计划地调节经济的一个重要杠杆，来为社会主义经济服务。不能把价值规律仅看做是资本主义的经济规律，认为价值规律作用的结果必然会引导到资本主义。不利用其为社会主义建设服务，不按价值规律办事的都是错误的观点。历史的经验教训已经明白地说明，不按价值规律办事时，社会主义经济的发展就会受到阻碍，反之就会比较顺利。价值规律在社会主义经济中的作用不可小视，按照价值规律的要求，根据各个时期和不同产品的具体情况，规定合理价格作为实现国家计划的工具，还能推动企业提高生产技术，改善管理水平，促进生产发展，提高经济效益。宏观经济管理和微观经济管理，社会生产和社会需求也都不能脱离价值规律。

（五）生产劳动与非生产劳动

在社会主义市场经济的一系列问题的讨论中，还有一个问题相当重要，那就是对社会主义制度下生产劳动的概念的讨论。从 20 世纪 60 年代开始，关于这个问题的讨论就围绕生产劳动和物质产品的关系，形成了窄派、宽派、中派这三种不同的概念。"窄派认为只有生产物质产品的劳动才是生产劳动；宽派认为，凡是反映一定生产目的的社会形成的劳动，就是生产劳

---

① 何炼成：《社会主义商品经济论》，西北大学出版社，1989，第 68 页。
② 何炼成：《关于市场经济若干问题》，《经济与管理论坛》1993 年第 2 期。

动；中派则认为，生产劳动有两种概念，即从生产力角度考察，适用于一切社会形式的生产劳动的一般概念，以及从生产关系角度考察，适用于某一社会形式的生产劳动的特殊概念。"何炼成教授在 20 世纪 60 年代和 80 年代曾先后"六论"社会主义制度下的生产劳动与非生产劳动，在与别人的探讨中不断完善自己的理论。

早在 20 世纪 60 年代，何炼成教授发表在《经济研究》上的《试论社会主义制度下的生产劳动与非生产劳动》一文，就首次对我国经济学界关于社会主义制度下的生产劳动概念提出了质疑。他认为过去传统的解释并不符合马克思论述的原意，并提出应该把生产劳动一般定义与生产劳动特殊定义加以区分。他以生产劳动一般定义为基本出发点，对社会主义制度下生产劳动和非生产劳动进行了划分。"反映社会主义经济关系特殊性的生产劳动的具体定义应当是：'凡是能直接满足整个社会的物质和文化需要的劳动，就是生产劳动；只是间接有助于社会的物质文化需要的满足或不能满足社会需要的劳动，就是非生产劳动。'"①

何炼成教授还就"只有物质生产部门的劳动者直接创造具体的使用价值和国民收入的劳动才算是生产劳动，而提供特殊使用价值的服务部门的劳动不算生产劳动"这一观点做出了分析，他认为此观点的根本错误在于，"没有把生产劳动一般的普遍定义和社会主义制度下生产劳动的特殊性的具体定义区分开来，而是用前者来完全替代后者"。他以马克思主义的基本原理和科学方法为指导，从社会生产和再生产两个方面，即"一方面，从简单劳动过程的本性出发，来考察一般意义的生产劳动与非生产劳动；另一方面，从具体的生产方式的本质出发，即从不同生产方式的基本经济规律出发"②，来区分特殊意义的生产劳动与非生产劳动。他认为在分析社会主义制度下生产劳动和非生产劳动的特殊性时，必须要从社会主义经济关系的本质、社会主义生产目的和基本经济规律出发来考察分析。

社会主义生产劳动，不仅包括创造精神产品和提供某种服务来满足人们文化需要的劳动，而且也包括科教文卫部门的劳动。针对这一个观点，经济学术界在 20 世纪 60 年代初期进行了一场讨论。何炼成教授于 1965 年发表的《再论社会主义制度下的生产劳动与非生产劳动》一文就明确表达了自己的观点，他认为，"对物质资料的生产不能狭义地去理解……如果把

---

① 何炼成：《试论社会主义制度下的生产劳动与非生产劳动》，《经济研究》1963 年第 2 期。
② 何炼成：《试论社会主义制度下的生产劳动与非生产劳动》，《经济研究》1963 年第 2 期。

生产劳动简单理解为直接生产物质资料的劳动，还是不够的"。他在文中说道："之所以把社会主义制度下教师、演员和医生的服务列入社会主义生产劳动的范围，其着眼点并不是他们从事于或创造了某种意识形态，而是他们在社会主义公有制条件下提供了某种服务，某种特殊的使用价值，可以用来直接满足整个社会日益增长的物质和文化需要，从而体现了社会主义生产关系的实质。"① 关于流通领域的劳动性质问题，他过去一直认为除了生产过程在流通领域的继续（如运输、保管、包装、加工）之外，流通领域的其他劳动均属于非生产性的劳动，货币、金融、资本的流通更是如此。现在看来，这些问题都值得进一步研究。

何炼成教授又进一步强调，社会主义社会中的生产劳动与非生产劳动的区分实质上是社会主义社会中的物质生产部门和非物质生产部门的区分问题，而物质生产部门与非物质生产部门划分的基本出发点是社会生产和再生产。20世纪60年代初，何炼成教授对物质生产资料领域部门进行了划分。他在1983年的《四论社会主义制度下的生产劳动与非生产劳动》一文中，再次提出了这个划分。据此，"可以确定，属于物质生产领域的部门有：农业（包括农、林、牧、副、渔等业）；工业（包括采掘和加工工业）；建筑业（包括生产性建筑和非生产性建筑）；运输业（包括货运和客运）；邮电业（包括为生产服务部门和为非生产服务部门及居民生活服务部门）；生产性商业（包括公共饮食和商品的必要的包装、分类、保管、运输、加工等过程）；为生产过程直接服务的科学研究部门；其他生产部门（如出版业、电影制造业、某些修理服务业、社员家庭副业等等）。以上这些部门均直接从事生产劳动，都体现了人与自然之间的物质变化过程，结果都会创造一个自然物质，并由抽象劳动物化在其内，从而参加社会总产品和国民收入的创造。因此，这些劳动都属于一般意义上的生产劳动，这些部门都属于物质生产领域。而不属于以上部门的就是属于非物质生产的领域"②。这是何炼成教授从简单劳动过程的角度对物质生产部门与非物质生产部门的基本划分。

（六）社会主义所有制及其改革问题

在我国社会主义市场经济建设的过程中，对所有制及其问题的认识过

---

① 何炼成：《再论社会主义制度下的生产劳动与非生产劳动》，《经济研究》1965年第1期。
② 何炼成：《何炼成选集》，山西经济出版社，1992，第63页。

程，也经历了一个动态发展的阶段。改革开放以来，尤其是在党的十七大报告中，创造性地提出了中国特色的社会主义分配理论，即坚持按劳分配为主体，多种分配方式并存的分配制度，健全劳动、资本、技术、管理等生产要素按贡献参与分配的制度，初次分配和再次分配都要处理好效率和公平的关系，再次分配更加注重公平。这一分配制度体现了中国社会主义特色。何炼成教授也较关注社会主义所有制及其改革这一重点问题，并且他承担了宋涛教授主持的《马克思主义经济理论在当代的发展》这一国家重点课题中的第二子课题，即关于社会主义所有制及其改革等问题的研究分析。他在《论社会主义所有制及其改革》一文中，结合我国社会主义初级阶段的国情，说明了我国的所有制特征，即所有制的多样性。"在公有制为主体的前提下还有私有制；在公有制中既有全民公有，还有集体共有；在全民公有制中既有中央企业，还有地方企业；在私有制中既有个体所有制，又有剥削雇佣劳动的私营企业，还有国家资本主义性质的'三资'企业；此外，还有各种形式的混合所有制（或联合所有制），等等。"[1] 但市场经济与公有制能否相容，公有制如何与市场经济不发生矛盾而统一起来？何炼成教授说："我们要论证，在当代市场经济条件下，如何把公有制与市场经济统一起来，那就必须要改组我们的所有制，不改组是不行的。"[2]

1988 年何炼成教授发表了《初级阶段，商品经济与所有制改革》一文，他认为，以社会主义有计划的商品经济理论为理论基础，我国所有制改革目标模式应该是"以全民所有制为主导，集体所有制为主体，个体经济、私营经济和国家资本主义经济为两翼的多元多层次的所有制结构"[3]，也就是他所提出的"飞机模式"。在这个模式中，何炼成认为集体经济、个体经济、私营经济和国家资本主义经济基本不存在所有制改革问题，主要进行引导监督以便充分发挥它们的积极作用。而全民所有制则需要改革。"比较妥善的办法应当是调整全民所有制企业的生产方式，即调整物质资料生产过程中生产要素的结合方式。"[4] 以此来解决企业、职工吃大锅饭，企业自主权，职工与企业关系等问题。

其实，早在 1986 年年底，何炼成教授便提出了我国所有制结构的"飞机模式"，"国有制好比飞机头，头不宜太大，占 30% 就可以起主导作用；

① 何炼成：《何炼成选集》，山西经济出版社，1992，第 433 页。
② 何炼成：《关于市场经济的若干问题》，《经济与管理》1993 年第 2 期。
③ 何炼成：《何炼成选集》，山西经济出版社，1992，第 464 页。
④ 何炼成：《何炼成选集》，山西经济出版社，1992，第 464 页。

集体所有制经济好比飞机机身，是用来载人和装货物的，应当是主体，数量至少占40%；个体私营经济好比飞机翅膀，没有它就不可能起飞，至少应占30%，因此我称之为'343模型'"。在当时提出这个观点是需要很大的勇气和理论创新能力的。

随着社会主义经济建设稳步推进，我国实行股份制的条件也日趋成熟，应当毫不犹豫地、积极慎重地推行股份制，特别是在国有企业中推行股份制。何炼成教授于1989年发表的《关于社会主义股份制的若干重要理论问题》一文就详细说明了我国推行股份制的客观必然性、必要性和可能性。他认为，股份制作为一种财产组织形式和经营体制，不仅适用于集体所有制经济，而且也适用于全民所有制经济；不仅适用于全民中小企业，而且也适用于大多数全民大型企业，应当逐步创造条件，使承包制逐步向股份制过渡。

以按劳分配为主体，其他分配形式为补充的分配制度是有中国特色的社会主义经济的第二个基本要求。这种分配制度是与以社会主义公有制为主体，允许和鼓励其他经济成分适当发展的第一个基本要求相适应的，也是符合大力发展社会主义商品经济的要求的。应当深化分配体制改革，以促进社会主义商品经济的迅速发展。社会主义制度下劳动力的个人所有制是要实行按劳分配的直接原因。何炼成教授认为按劳分配中的"劳"是根据劳动的效果来进行分配的，因为只有这样才能充分发挥劳动者的积极性和创造性，才能创造出比资本主义制度下更高的劳动生产率，推动社会生产的高速发展，为将来过渡到按需分配奠定物质基础。在《论中国特色社会主义经济》一文中，何炼成教授就中国特色的社会主义分配论和当时的国情，更全面地阐述了自己的看法。第一，关于公有制为主体的多种经济成分：①这里所说的公有制是生产资料的公有制。②以公有制为主体并不是以全民所有制为主体，因为除了全民所有制外，还有集体所有制等多种形式，全民所有制处于主导地位，并不是在数量上占多数。③在20世纪90年代的生产力水平下，何炼成教授在1986年就提出了缩小我国全民所有制的比重，增加集体所有制比重，并具体提出全民、集体、私有三者的比例以3:4:3为宜。④降低全民所有制并不是把大部分全民所有制退到集体所有制，更不是化公为私。⑤全民所有制应采取在人民代表会议常务委员会下设全民资产管理局，实现政企分开和两权分离的做法。⑥全民所有制应采取实行股份制的经营方式和组织形式。⑦大力发展多种形式的集体经济，适当发展多种形式的私有经济。⑧反对脱离生产力发展水平搞单一公有制，反对不能搞私有化。第二，关于按劳分配为主体的多种分配形式。①按劳分配的目的是充分发挥劳动者的积极性，以分配人们的劳动成果为最佳选择。②在社会主义公有企业和事业中应基本上贯彻按劳分配原则。③除以按劳分配为主体外，还必然会存在一些非按劳分配方式。④买卖股票是一种风险收入，社会主义商品经济条件下加强股票市场管理可以为社会主义经济建设服务。⑤通过分配方式的改革使一部分人和一部分地区先富起来，然后逐步实现共同富裕。⑥分配问题中防止平均主义[①]。

二 市场与计划

以党的十一届三中全会为标志，我国从全局上对计划与市场的关系开始有了新的认识，提出了有计划的商品经济，从社会主义只能实行计划经济的传统观念一步一步地转向了社会主义市场经济观念。最终，党的十四大确立了社会主义市场经济理论，并在此理论基础上把建立社会主义市场经济体制作为中国经济体制改革的目标。改革开放后，我国社会主义市场经济理论的发展也是一个循序渐进的发展和完善的过程，何炼成教授也相应地完善了自己关于社会主义市场经济中计划与市场内在统一关系的理论分析。

何炼成教授在 20 世纪 80 年代末，撰写了《我国社会主义初级阶段商品经济的特征》一文，为的就是明确我国社会主义经济建设是建立在一个怎样的现实基础之上的。只有明确了我国实际国情，经济建设的开展和构建才能朝正确的方向迈进。他总结道，我国社会主义初级阶段商品经济的特征：一是生产力水平还不够高，我国的商品经济是建立在生产力还不发达和不平衡的基础之上的；二是我国社会主义初级阶段的商品经济是建立在以公有制为主体，多种所有制经济并存的基础之上的；三是社会主义初级阶段的商品经济存在着多样的目的；四是以公有制为基础，为全社会自觉运用价值规律进行国民经济计划提供了可能性；五是我国的商品经济不是漫无目的的，一切都商品化；六是以按劳分配为主体，按劳分配与按要素分配相结合，多种分配方式共存的分配制度。

党的十三大报告对我国社会主义初级阶段经济体制的性质和特征有了比较全面的认识，并指出社会主义有计划的商品经济的体制，应该是计划

---

① 何炼成：《论中国特色社会主义经济》，《经济评论》1992 年第 5 期。

与市场的内在统一的体制。何炼成教授也在《政治经济学理论和我国社会主义实践》一文中指出，价值规律与有计划按比例的发展规律并不是截然对立、水火不相容的。实行社会主义市场经济体制，把社会主义制度与市场经济体制结合起来，从而打破了过去认为市场经济与社会主义制度根本不相容的成见，在很大程度上发展了马克思列宁主义关于什么是社会主义的理论。在实际工作中，把社会主义经济的计划性与市场的作用对立起来，只强调集中统一的计划领导，而忽视利用价值规律来进行市场调节，结果出现了生产与需要脱节，计划价格脱离实际，资金分配上的供给制，企业结构上的自给自足倾向等一系列问题。他认为在社会市场经济条件下，计划与市场都不是万能的，各自都具有不可替代的调节功能，存在着一定程度上的计划失灵和市场失灵，单纯地依靠计划和单纯地依靠市场都不可能使国民经济实现有效运行。市场机制可能会促成企业走向垄断，而且随着市场的自由发展也会出现投机行为，企业可能担心风险过大而不敢投资项目等问题。高度集中的计划又会导致管理体制缺乏灵活性，而且也不能消除风险和不确定性，也会导致权力贪污腐化等问题出现。

社会主义制度与市场经济体制相结合离不开"计划"和"市场"这两种调节经济活动的手段，其目的都是为了实现资源的优化配置。我国搞市场经济，应当是现代市场经济，而现代市场经济的根本特点就是通过市场来配置资源。经济体制并不决定一个社会的性质，资本主义可以实行"计划"，社会主义也可以搞"市场"。"资本主义有计划，社会主义有市场"是对计划与市场相结合成为国际性潮流的一种科学概括。何炼成指出："在社会主义市场经济中，计划与市场的关系式：市场是第一性的，是客观的，是计划付诸实施的基础；计划是第二性的，是主观的，是调控市场的主观行为。市场和计划的结合点是价值规律的自觉运用。"① 为了清晰地说明问题，何炼成对计划与市场的含义作了界定，"我们这里所说的计划与市场，是指社会主义国民经济的计划调节与市场调节这两种形式和手段"。

关于市场在经济运行中的作用，何炼成还进一步指出，市场是实现微观经济运行与宏观经济运行相协调的中介。"一方面，市场是企业经济活动的舞台。在有计划的商品经济中，企业作为商品生产者和经营者进入市场，通过市场建立社会联系……企业的生产、交换的全过程便都包含在市场机制中。另一方面，市场又是国家实现宏观计划控制的传导体。在新的运行

---

① 何炼成：《中国市场经济理论与实践》，西北大学出版社，1992，第77页。

机制中，国家的计划调控是以市场机制为其直接调节对象的，通过经济参数对市场进行调节，作用于企业活动的环境，促使企业根据市场信号做出决策以适应计划目标。可见，在有计划的商品经济的运行中，市场机制全面地调节着社会经济生活的各个方面，调节着微观经济和宏观经济的总体运行，是联结各个行为主体的纽带。国家对市场进行参数调节，市场信号引导企业的经济活动，实际上便形成了以市场为中介和轴心的经济运行机制。"[①]

既然社会主义市场经济离不开计划与市场已达到共识，那如何处理计划与市场的关系，一时又成为困惑理论界的难题。正确认识和处理计划与市场的关系是经济体制改革中必须解决的重要问题。

何炼成教授于1988年发表了《试论新的经济运行机制》一文，文中说道，正确认识和处理计划与市场的关系是我国经济体制改革中必须要解决的重要问题。他说党的十三大报告就是进一步明确了社会主义有计划的商品经济的体制，即计划与市场的内在统一。所以社会主义商品经济不像资本主义的商品经济，它是有计划的商品经济。既然是计划与市场的统一，那么就有人提出，市场和计划谁是"主"、谁是"辅"，商品经济引入计划会不会改变经济性质等问题。何炼成教授就针对这些疑问，给出了自己的理解。他强调社会主义经济是计划经济和商品经济的统一。他认为"社会主义初级阶段的经济关系，是商品经济关系和计划经济关系的有机结合。这种结合既不存在孰主孰辅的主从关系，也不是计划经济与商品经济的简单相加，而是在生产资料公有制基础上两者相互作用所形成的新的经济形态……因此，就其本质而言，社会主义有计划的商品经济，可以看做是受计划调节和制约的商品经济"[②]。

如何正确认识和处理计划与市场的关系，是确立社会主义市场经济体制中的核心问题。关于这个问题曾有过很多种提法，例如，有人提出的是计划经济为主，市场调节为辅。何炼成教授认为这种提法不是很明确，前者是经济制度，后者是调节方式，这两个是不同层次的经济范畴，从逻辑上不能构成主辅关系，这种说法的实质是把计划和市场看做两种根本不同性质的东西。他在《试论新的经济运行机制》中指出："公有制的主体地位决定了有计划的经济关系必然贯穿于社会经济的全过程，国民经济运行的

---

①　何炼成、郝仁平：《试论新的经济运行机制》，《改革与战略》1988 年第 3 期。
②　何炼成、郝仁平：《试论新的经济运行机制》，《改革与战略》1988 年第 3 期。

基本特点表现为计划性。不过，这种计划性是以商品经济为依托，并且是利用市场机制而发挥作用的。"① 其实，计划的商品经济体制实际上就是计划和市场的内在统一体制。一方面有计划的商品经济的运行必须以市场为依托，另一方面社会主义商品经济也不排斥来自以国家计划为主体的计划调节。何炼成教授还指出，这种计划和市场的作用范围都是覆盖全社会的，"现阶段我国经济中的计划与市场不仅相互依存，而且相互制约、相互转化……市场机制是商品经济运行的主体，所有的经济活动都离不开市场机制；计划机制作为自觉实现经济平衡并为市场机制运行导向的有计划的联系，不是独立于市场机制运行的范围之外的，而是渗入市场机制的运行过程之中的……这时计划与市场机制融为一体，形成了统一的有计划的商品运行机制"②。可见，在有计划的商品经济运行中，计划和市场不存在主次之分，从总体上说二者是一种内在的全面的结合，它们作用的范围是覆盖全社会的。

何炼成教授在 1990 年发表的《中国计划体制改革的目标模式》一文中再次详细地说明了计划与市场是指社会主义国民经济的计划调节与市场调节这两种形式和手段。同时还对比了几种不同的市场与计划的结合论，并阐述了自己的观点。

他认为计划调节与市场调节是两种不同的调节手段，它们之间存在着差异性。以市场为基础的资源配置方式，与集中计划经济下的资源配置方式不同，它可以在保留市场调节基础上引入计划调节，从而实现计划与市场的结合。"所谓计划调节，是指人们运用经济中的控制系统对经济系统进行控制；所谓市场调节，是指人们运用价值规律使经济系统实现平衡的运动。"③ 第一，计划调节与市场调节产生的客观经济条件不同。"计划调节是社会化大生产条件下的要求……而市场调节产生的客观经济条件则是商品经济的存在，而不论什么样的商品经济。" 第二，计划调节与市场调节起作用的形式也是不同的。"计划调节主要是通过国民经济必要的行政法律手段来发生作用，而市场调节则主要是通过市场竞争和价格波动来实现的。" 第三，行动的主体不同。"计划调节的行动主体是社会经济大系统中的控制系统或控制机构，在当前的情况下是社会主义国家有关机构；而市场调节的

---

① 何炼成、郝仁平：《试论新的经济运行机制》，《改革与战略》1988 年第 3 期。
② 何炼成、郝仁平：《试论新的经济运行机制》，《改革与战略》1988 年第 3 期。
③ 何炼成：《何炼成选集》，山西经济出版社，1992，第 183～184 页。

行动主体则是参加市场活动的部门、企业和个人。"第四，调节的后果不同。"计划调节侧重于控制，而控制要求统一性；市场调节要通过竞争，而竞争要求灵活性。"但是，在社会主义有计划的商品经济条件下，计划调节和市场调节"有必要也有可能结合起来"。之所以说有必要是因为，"首先是由有计划的商品经济的内容决定的……其次是由计划和市场调节的内在联系决定的……最后也是由我国现阶段国民经济总量循环的客观要求所决定的。"之所以说有可能是因为，"社会主义有计划的商品经济是以生产资料公有制为基础，国家、集体、企业、个人的根本利益是一致的，他们之间的矛盾是可以通过协调得到解决的。因此，计划调节与市场调节的最终目标是一致的，即按照整个社会和人民的需要，在各部门之间分配社会总劳动"[1]。

就如何结合的问题，学术界曾先后提出了关于市场与计划不同的相结合的类型，主要有以下四种类型：一是"板块式"结合论，即把国民经济分成两块，一大块实行计划调节，市场机制基本不起作用；另外实行市场调节，计划调节几乎不起作用。但这种提法割裂了计划与市场。二是"双轨式"结合论，主要表现在价格"双轨制"上。三是"利用式"结合论，它是指计划调节对价值规律的利用，国家通过政府购买、税利率的调整等经济手段落实计划意图，实现计划目标。要建立计划与市场内在统一的体制，必须把宏观计划调控建立在商品交换和价值规律的基础上。四是最后提出的"渗透式"结合论，即"计划调节的一块应考虑市场机制的要求和作用，注意利用价格、信贷利率等经济杠杆；市场调节的一块要加强计划指导，克服盲目性等消极现象"[2]。何炼成教授指出，"渗透式"结合论比"板块式"结合论前进了一步，计划机制和市场机制已由外部结合变为内部结合，但是这种观点仍然割裂了社会整体的经济运行。二次调节论、胶体结合论、双重覆盖论等片面的观点还是割裂了两者的差别与联系。

何炼成最后得出，以市场机制为基础的资源配置方式替代集中计划资源配置方式才是计划与市场相结合的正确之路，我国的经济体制改革才可以说是建立了社会主义市场经济体制的改革。以市场机制为基础的资源配置方式，与集中计划经济下的资源配置方式不同，它可以在保留市场调节的基础上引入计划调节，从而实现计划与市场的结合。何炼成教授指出，

---

① 何炼成：《何炼成选集》，山西经济出版社，1992，第182~190页。

② 何炼成：《何炼成选集》，山西经济出版社，1992，第172页。

计划与市场的结合程度，取决于有计划按比例的发展规律和价值规律等客观规律发生作用的合力方向及其大小强弱，并具体化为指令性计划调节、指导性计划调节、完全市场调节等方式。

关于市场和计划的内在统一问题，何炼成教授随后在他的著作《社会主义市场经济学》中有了更多的看法和分析。

首先，关于计划调节的理解。何炼成教授在书中明确提出："计划调节不等于计划。计划是指经济计划，首先是指全国范围的、全局性的经济计划，它是国家为了发展国民经济而制定的经济活动的规划和方案。计划调节要以经济计划为前提，不存在经济计划的地方不可能实行计划调节。所谓计划调节，就是自觉地、有计划地按照社会需要将社会总劳动时间（包括物化劳动时间和活劳动时间）按比例地分配于不同的经济部门，实现资源的合理配置，实现国民经济按比例发展。"① 也就是说，计划调节既可以在以生产资料公有制为基础、实行计划经济体制的国家实行，也可以在以生产资料私有制为基础、实行市场经济的国家推行。社会主义商品经济是计划与市场的内在统一。而这里的计划和市场是指对国民经济的计划调节和市场调节这两种形式和手段。计划与市场结合最有效的方式是有机结合，也就是以市场调节为基础，而且在国家对经济的宏观调控指导下进行，指导性计划主要依靠杠杆和法律手段来指导企业的经济活动，并且自觉运用价值规律。

其次，市场经济需要计划调节的必要性。市场经济本身就有计划性的要求，这并不是说市场自身就会产生出计划性来，而是说市场经济的有效运转离不开计划性。计划调节是很有必要的，而且还有不可替代的积极作用。一是计划调节有利于资本形成。资本不足或者说资本积累的速度不足以满足经济发展的需要，这是经济发展的一个重要障碍。所以说，国家运用财政政策和货币政策进行强制储蓄自然就成为一种必要的手段。二是市场经济的有效运行离不开政府计划在社会经营资本方面的投资。由于公共基础设施和服务事业有着较大的固定成本和较小的边际成本，因此"社会经营资本"意味着其本身是不盈利或者很少盈利的。因此，客观上就要求政府来进行投资。三是对刚刚兴起的一些产业，保护"幼稚工业"和实现对外贸易的控制在一定的客观程度上也要求政府计划干预。四是在市场不完善、市场机制不健全的情况下，为了弥补市场不完善所造成的资源配置

① 何炼成：《社会主义市场经济学》，西北大学出版社，1993，第53页。

效率低下、比例失调和结构不合理等问题，从客观上来说计划调节更为必要。在他看来，计划与市场只作为调节经济运行的形式与手段，不是某种特定的生产方式或经济制度①。

再次，关于建立计划与市场相结合的经济体制与运行机制主要从以下6个方面进行简要分析：①所谓计划与市场都是指经济手段，根本不涉及基本经济制度问题。②商品经济是一种交换经济，而交换必须通过市场，因而商品经济也是市场经济。计划经济只是说明社会主义经济的运作有必要也有可能采取计划的形式，但并不是一种经济制度。③计划与市场的结合：设立计划与市场在内的同一体制，必须把计划工作建立在商品交换和价值规律的基础上。④国家调节市场，市场引导企业。国家运用经济手段、法律手段和必要的行政手段来调节市场供求关系，以便创造良好的经济环境和社会环境来引导企业作出正确的经济经营决策，即由原来的"国家－企业"转变为"国家－市场－企业"。⑤以市场为向导。⑥克服过分集中，管理过死，也要反对过于分散和削弱宏观调控。

最后，以市场调节为基础的经济运行机制的确立，关键是培育市场主体。就我国实际来说，它包括两个内容：一是将国有企业推向市场；二是正确处理国有企业与非国有企业、公有制企业与非公有制企业之间的关系，建立合理的所有制结构。将国有企业推向市场是建立社会主义市场经济体制的必然选择，把企业的产品销售、价格形成，企业要素配置与调整，对企业的评价和判断推向市场。实际上就是通过进一步深化企业改革，促进企业转变经营机制，改变原来传统体制下国家对国有企业管得过多过死的局面，从根本上切断国有企业对国家的依赖，由市场直接调节企业。非国有经济的自身优势因为经营体制与政策等因素的影响难以得到充分的发挥，所以经济秩序的构建还必须以合理的所有制结构的建立为前提，实现所有权主体的多元化，积极创造条件使国有经济与非国有经济、公有经济与非公有经济平等竞争②。

三　市场体系

社会主义市场经济离不开市场体系构建的问题。前面已经分析过，我

---

① 何炼成：《社会主义市场经济学》，西北大学出版社，1993，第55页。
② 何炼成：《中国市场经济发展的无序与有序》，西北大学出版社，1993，第203页。

国现阶段的运行机制是"国家调节市场，市场引导企业"，其中关键是市场。国家调节市场应以市场调节为主，坚决实行政企分开，做到"小政府，大市场"，把企业推向市场，真正做到优胜劣汰。而市场引导企业的"前提是先要建立和培育社会主义市场体系。而我们现在的市场很不完全，存在的主要是消费品市场，生产资料市场正在形成之中，资金、劳务、技术、信息市场刚刚开始。因此，我们当务之急是要尽快建立社会主义市场体系"。另外，何炼成教授还指出："社会主义市场体系必须是竞争的和开放的，这种竞争必须是在平等基础上和没有人为的垄断条件下进行的。"①

（一）劳动力市场与资本市场

市场体系包括消费品市场、生产资料市场等。何炼成教授认为，消费品市场在我国已经存在并正在不断趋于完善，而生产资料市场（即西方学者所指的要素市场）却刚刚开始形成，并受到很大阻力。没有完善健全的生产资料市场，社会主义市场经济体制就难以确立。鉴于此，他对我国的生产要素市场作了重点分析，尤其是关于劳动力市场和资本市场的论述，是独树一帜的。随着市场化改革的推进，劳动力商品成为我国经济学界讨论的一个热门话题，在讨论中意见分歧很大。

起初，多数学者坚持传统的观点，认为社会主义公有制企业中的劳动力不是商品，只有少数学者坚持认为不仅私营企业中的雇佣劳动力是商品，而且全民企业和集体企业中的劳动力也是商品。还有的学者提出了一些比较折中的看法，即从总体上来说劳动力不是商品，但从特定意义上来说劳动力却具有商品属性；有的说形式上是商品，但实质上不是商品等等。何炼成教授认为"在社会主义条件下，劳动力是劳动的能力，是个静态的东西，劳动力可以成为商品进入市场。劳动是动态的东西，不能成为商品进入市场"。而且他认为对马克思的"劳动力成为商品，资本主义就出现"这一理解不能生搬硬套，"因为劳动力成为商品，可能成为资本，不等于就有剥削"②。

何炼成教授的观点是，在社会主义市场经济条件下，全民企业和集体企业的劳动力也是商品。他的分析出发点是马克思关于劳动力商品的论述，即劳动力成为商品的条件：一方面，工人是自由人，能够把自己的劳动力

① 何炼成：《略论社会主义商品经济新秩序》，《经济研究》1988 年第 12 期。
② 何炼成：《关于市场经济的若干问题》，《经济与管理》1993 年第 2 期。

当做商品来支配；另一方面，他没有别的商品可以出卖。他认为，在社会主义市场经济中，这两个条件也是满足的：其一，职工是自己劳动的所有者；其二，生产资料存在多种形式，因此，劳动力不可能只存在于一种公有制形式。"就是在生产资料公有制企业中，劳动力也可能而且有必要采取职工个人所有制的形式。马克思在预言社会主义全民所有制条件下实行按劳分配原则时，其前提条件也是承认劳动能力是劳动者的'天然特权'。"①

　　既然理论上承认劳动力是商品，那么职工在企业中的主人翁地位这一说法又如何理解？何炼成教授认为，两者丝毫不存在矛盾。因为"这是两个不同的问题。一者是指劳动者在社会主义国家中所处的社会和政治地位问题，而另一者则是指职工与企业之间的经济关系问题。所以，这两者完全可以而且应当结合起来……生产资料公有制是一个群体概念，劳动力个人所有制是一个个体概念，在群体和个体之间完全可以构成商品交换关系"②。在《对有计划商品经济几个理论问题的探讨》一文中他还指出，"社会主义企业属于全民或集体所有，劳动者当然也有一份，但个人并不能代表全民或集体；而劳动者的劳动力在社会主义初级阶段仍然是归劳动者个人所有。因此，这种企业和劳动者的关系，是群体和个人的关系，这种关系完全可以构成商品关系，即企业购买个人的劳动力，劳动力作为商品来出卖。这里丝毫不存在矛盾"③。

　　有人认为，劳动力成为商品就必然存在剥削关系，这同社会主义生产方式是格格不入的。针对这一说法，何炼成指出："在社会主义企业中，劳动力虽然也是商品，但是劳动者创造的剩余价值并不是被少数人无偿占有的，而是大部分上交国家和集体，少部分留给企业的。这些上交和企业留利，最终都是直接或间接地为全体人民或集体劳动者服务的，这里并不存在剥削关系。"④

　　与劳动力市场建设同等重要的是资本市场的建立，这无疑有助于深化改革。何炼成教授总结道，古代市场经济搞的是第一产业，近代市场经济搞的是第二产业，现代市场经济搞的是第三产业，资本市场的发展状况是现代市场经济的重要标志。我国就是要建设现代市场经济，若资本市场很少，说明还没有进入。资本市场的发育是和改革开放的实践捆绑在一起的，

---

① 何炼成：《资本论教学与研究》，西北大学出版社，1994，第105页。

② 何炼成：《资本论教学与研究》，西北大学出版社，1994，第105页。

③ 何炼成：《对有计划商品经济几个理论问题的探讨》，《求索》1989年第1期。

④ 何炼成：《资本论教学与研究》，西北大学出版社，1994，第105页。

他在《试论社会主义市场经济下的资本与资本经营》一文中，详细列举了马克思关于资本与资本经营的理论，并且对该理论在社会主义市场经济条件下的适用性加以分析，为我国社会主义市场条件下的资本经营提供了理论根据。马克思的资本与资本经营理论在社会主义市场经济下的适用性表现为：①社会主义市场经济下的资本，仍然是带来剩余价值的价值，必须坚决克服计划经济体制下国有企业不计盈亏的状况，要求企业资本保值增值。②社会主义市场经济下的资本是社会主义条件下国家与企业和个人之间的关系，而不是资本主义条件下资本家对工人的剥削关系。③社会主义企业中货币变为资本的关键也是劳动力成为商品，这种商品不是卖给私人，而是卖给劳动者自己也有份的公有企业，因而并不体现剥削与被剥削的关系。④社会主义市场经济下的资本按其与价值增值的关系可分为不变资本与可变资本；按其价值转移的方式，可分为固定资本与流动资本。⑤社会主义市场经济下的资本积累，是社会主义扩大再生产的主要源泉。资本的积累和集中，仍是社会主义资本积累的主要形式。⑥社会主义市场经济下的资本，必须经常处于运动之中，才能不断地吸收活劳动，创造新价值，实现价值增值。为此，必须使资本进入市场，建立和发展资本市场。⑦社会主义市场经济下的资本，也可以分为工、农、交、建等行业的生产资本和商品货币流通领域中的资本。⑧社会主义市场经济下的资本，也有向金融资本发展的趋势，金融资本将成为社会主义市场经济发展的主要内容，逐步实现资本的社会化和国际化①。

何炼成教授指出，当年他建议陕西省搞股市，但却反应平平。市场经济观念淡薄是自身经济发展落后的关键，因此，发育资本市场有着重要的意义。首先，有利于改革传统投资体制，实现三个转变，即赢利性投资活动决策主体，由以政府为主转为以民间为主；投资资本的主要来源，由财政拨款转向由银行贷款和直接融资；投资风险由国家承担转向由银行贷款和最终的投资人共同承担。其次，有利于促进企业经营机制的转换。把银行与企业的关系建立在资本商品化的基础上。"银行根据资本市场的变化进行资本融通活动，企业根据商品市场的变化组织生产经营。通过双方选择，各自形成对自己有利的交易条件，从而使双方的自主意识和利润动机得到最大限度的满足。"最后，有利于促使专业银行向商业银行转变。"因为只有银行和企业双方都建立新体制，成为硬预算约束的经济实体，它们之间

---

① 何炼成：《试论社会主义市场经济下的资本与资本经营》，《西北大学学报》1997 年第 2 期。

的债权债务关系才有可能从过去的依附关系，转向独立的借贷关系。"① 实现资本经营也有着现实意义：第一，是实现增长方式由粗放型向集约型转变的必然要求；第二，资本经营为开放式的经营模式，并以资本的增值为目的，强调对企业资本和社会资本的合理运作和优化组合，使国有资本通过积累和积聚得到迅速成长；第三，资本经营有利于国有企业走上良性发展的轨道；第四，资本经营有利于现代企业制度的建立②。

从社会主义市场经济条件下资本的确立、资本运营到资本市场的建立，何炼成教授以全新的理论体系创造性地总结出符合我国国情的社会主义资本市场理论。

（二）完善社会主义市场体系

社会主义市场经济中的市场，是由商品市场、资金市场和劳动力市场等所构成的完整统一的市场。目前我国的市场体系还不够健全，在这种不健全的情况下，各种市场调节机制之间容易割裂并相互抵触，导致市场调节功能无法正常发挥。因此，必须完善市场体系。何炼成教授在《中国市场经济理论与实践》一书中阐述了以下三点内容：

第一，完善商品市场，发展生产资料市场。"企业只有在市场上自由采购到所需的各种生产要素，才能够组织生产，参与市场竞争，获得市场利润。在经济资源的有效配置过程中，只有将所有的物力资源进入市场，才能够得到合理配置和使用。在商品市场上，是通过有效的竞争，以价格制度来分配各种商品的。因此，一方面，商品流向经济效益好的企业和急需使用该商品的个人。另一方面，由于获得的商品是通过竞争，支付了代价而获得的，从而提高了商品的使用效率。"

第二，"资金市场是资金运动的场所。在市场经济条件下，资金市场在整个市场体系中处于主导地位。没有一个发育成熟的资金市场，生产资料市场和劳动力市场就不可能真正建立和完善起来，企业就不可能真正具备对资金筹集和运用的权力，也就没有对生产要素的选择和运用权力，闲散资金也不可能被有效地吸收和利用。另外，在宏观经济管理中，资金市场是贯彻国家宏观决策、实现国家宏观调节的最重要的场所。因此，必须对资金市场给予充分重视，促使其逐步发育和完善，并带动整个市场体系的

---

① 何炼成：《试论社会主义市场经济下的资本与资本经营》，《西北大学学报》1997 年第 2 期。
② 何炼成：《试论社会主义市场经济下的资本与资本经营》，《西北大学学报》1997 年第 2 期。

建立和完善。"

第三，"劳动力市场是劳动力流动的场所。劳动力流动的必然性在于实现劳动者与生产资料的有效结合。一方面，劳动力市场通过劳动力供求关系的变化，及时合理地调节不同企业劳动者的收入差异，促使劳动者从其自身物质利益出发，流向最能发挥其劳动潜力和效益的企业，给劳动者自由选择职业的权利；另一方面，通过劳动力市场，企业能及时变动劳动力和生产资料之间的比例，以提高劳动生产率，从而达到充分有效地配置和使用劳动力资源的目的。"①

四　市场经济秩序

任何事物的正常运行都离不开相关准则对其的约束，市场经济想要良好健康的运行也离不开自身市场秩序的规范。何炼成教授在他的《中国市场经济发展的无序与有序》一书的开头中便写道："所谓秩序，中文的含义就是次序，含有整齐、守则之意。在这里，可以引申为按照客观规律所形成的制度、体制、法规、行为规则和准则。因此，所谓市场经济秩序，就是按照市场经济发展的客观规律和要求，所形成的市场经济制度、体制、法规、行为准则、思想观念等一系列的秩序。"他在总体把握中国市场经济理论脉络的基础上，对市场化改革以来所出现的社会经济无序化现象进行了由表及里的剖析，在我国学术界首次论证了商品经济新秩序理论。

（一）中国市场经济秩序混乱的表现

何炼成教授在他 1989 年发表的《略论社会主义商品经济新秩序》一文中认为，我国市场化改革中的无序问题"不是由商品经济的发展带来的，更不是什么'资本主义'泛滥的结果，而主要还是由产品经济的旧秩序造成的，也来自封建宗法的旧思想和旧作风"②。产品经济的旧秩序主要表现为：企业处于自我封闭状态，"大而全""小而全"的结构状况未得到根本改变，企业之间的横向联系很差，缺乏社会分工和相互之间的协作；党、政、企不分，"条块"分割比较严重；公有经济中分配的主要倾向仍然是吃"大锅饭"；社会主义市场体系尚未形成，新的市场秩序尚未建立，价格体

---

① 何炼成：《中国市场经济理论与实践》，西北大学出版社，1992 年第 1 版，第 275～276 页。
② 何炼成：《略论社会主义商品经济新秩序》，《经济研究》1988 年第 12 期。

系混乱，缺乏公平竞争的市场环境；以权谋私、"官倒""私倒"等腐败现象和封建宗法的关系网盛行；法律不全，法律不严，以权压法；产品经济的价值观念和道德规范缺乏；小生产的狭隘眼界和保守习气仍然存在等等。这也是何炼成教授在当时的国情下，提出的我国在建设社会主义市场经济新秩序任务中所面临的主要问题和阻力。

社会主义经济建设随着时间的推进和社会的进步，所遇到的困难和问题也随之相应地发生着变化。随后，何炼成教授再次根据经济建设的具体情况，更新和完善了他对市场混乱表现的看法。在《中国市场经济发展的无序与有序》一书中，他再一次总结了我国市场经济混乱的表现：

第一，经济政策失调是导致市场经济秩序混乱的直接原因。在市场经济运行条件下，经济运行可在"看不见的手"的调节下达到一定的有序性。但是随着市场经济的高度发展，市场经济内在的程序原则受到了"经营者特殊利益膨胀和社会分工复杂化矛盾的冲击"，而出现了金融危机、经济萧条等现象。所以要由国家宏观调控这只"看得见的手"来适当地干预经济活动。经济政策的科学化才是良好的经济运行秩序的保证。但是因为在经济政策制定中，经济政策制定得不科学、不配套和不连贯都可能对经济的运行产生不良影响。而在经济政策的实施过程中也会遇到各种各样的问题，导致经济政策失调。对经济政策实施效果监督的不及时、不彻底和不全面，也使得经济政策干预经济运行的效果不佳。

第二，经济发展战略失误加速了市场经济秩序的混乱。"现实中，社会主义国家政治上高度集权的格局，尤其是在党政不分的体制下，经济发展战略就成了执政党在党的代表大会上发布施政纲领的一种形式。这种形式的指导思想一旦被党的代表会议通过，立即就会变成一种极度刚性的集政治、经济政策乃至文化、科技政策于一身的方针、路线被强制贯彻下去……当这种指导思想偏离科学的方向时，在现实中的表现就不是一种促进经济有序发展的正效应。"何炼成教授就"产品经济型赶超战略"和"区域倾斜战略"所产生的负效应做出分析，旨在对其做进一步的完善。

第三，市场经济秩序混乱的阶段必然性是因为双重体制的摩擦和冲突。"1979 年以前，中国是高度集中的单一的计划经济。实行改革开放以后，逐步确立了社会主义市场经济的体制改革方向，并按照渐进的方式全面推进传统体制向新体制的转化。""双重体制并存的结果，不仅使得旧的传统体制和导入市场的体制都不能充分地发挥有效配置资源的作用，而且还使它们各自的缺陷叠加在一起。在市场机制残缺不全的同时，原来强有力的计划调控也失去了积极作用，以致形成经济调控机制的真空状态。"

第四，市场经济秩序混乱的根源则是因为体制改革的不协调性。何炼成总结了改革不协调的四个方面：①对外开放特区、沿海地区和内陆地区各省之间改革的不协调，地区结构失衡。②不同经济部门、不同企业、不同产品改革呈现出的不协调。③体制的诸要素及各政策手段之间改革的不协调。④政治体制改革落后，与经济体制改革之间的不协调①。

何炼成教授不仅详细地说明了上述影响市场经济秩序的经济因素，还就影响市场经济秩序的非经济因素作出了简要的分析。何炼成教授主要从中国传统文化，党风、政风，法制建设，工商行政管理，社会进度等方面的因素出发，分析与市场经济秩序的整合问题。可以说，这些分析为我国解决经济建设中遇到的问题与阻力提供了正确的方向和良好的理论基础，符合时代发展的实际。

如今，社会主义经济建设中仍然存在着诸多亟待解决的问题。就具体的市场经济秩序问题来说，何炼成教授对贫富差距扩大问题、收入分配问题和国有企业垄断问题等都作出了自己的分析。何炼成在《也谈分配与所有制的关系——与刘国光学部委员商榷》（《开放导报》2007年第6期）一文中就贫富差距扩大、所有制变化估计、"私有化"倾向、"公有经济低效率"等问题提出了自己不同的看法。他认为我国贫富差距扩大的主要原因应该突出制度上的原因。在《也谈"分配不公的主要矛盾、根源和解决途径"》一文中，何炼成指出国有垄断行业和企业的分配成为众矢之的的原因是"违反了社会主义按劳分配原则，不公平、不公正。国有企业无偿地占用国家资源。垄断企业不仅不给国家上缴资源利用税，有事还要向国家财政要求补贴……国家应改变这种不合理的分配制度，否则将造成不应有的突发事件，影响国家和社会的安全与和谐发展"②。

（二）社会主义商品经济新秩序

何炼成教授早在1989年发表的《对有计划商品经济几个理论问题的探讨》一文中就对为什么要建立社会主义商品经济的新秩序以及如何建立等问题作了探讨和分析。何为社会主义商品经济新秩序？秩序可引申为按照

---

① 何炼成：《中国市场经济发展的无序与有序》，西北大学出版社，1993，第141~164页。
② 何炼成：《也谈"分配不公的主要矛盾、根源和解决途径"》，《经济学动态》2011年第2期。

客观经济规律所形成的制度、法规、行为规范和准则等，他认为："所谓社会主义商品经济新秩序，就是按照社会主义商品经济的客观要求所形成的各种制度、体制、法规、行为准则、思想观念等一系列的秩序。"①

他指出，把秩序仅仅归结为法律和法规，或把社会主义商品经济新秩序只看成是运行的新规则都是不合适的。我国现阶段所要建立的社会主义商品经济新秩序的基本内容可以概括为以下 10 个方面：①坚持以社会主义公有制为主体的多种经济成分和按劳分配为主体的多种分配形式，这是与以资本主义私有制为基础的市场经济、市场秩序的根本区别。②坚持计划与市场内在统一的体制。③企业真正成为独立的经济实体，实行自主经营、自负盈亏。④真正实现等价交换、平等竞争。⑤实行"国家调节市场，市场引导企业"的经济运行机制。⑥企业之间建立横向经济联合，积极发展企业群体和企业集团。⑦建立消费品和生产资料以及资本、劳动力、技术、信息、房地产等的生产要素市场，形成社会主义市场体系。⑧实行以间接管理为主的宏观经济调节体系。⑨实行对外开放，发展对外经济技术交流和合作。⑩建立社会主义民主政治，健全经济立法和司法，树立社会主义商品经济观念②。这就是何炼成市场化改革的基本思路，是他对社会主义市场经济建设蓝图的构架。

何炼成认为"市场经济发展秩序就是特定生产方式中保证市场经济正常发展和有效运行的机制和规则"，并总结其包含了以下三个方面的内容：

第一，市场经济主体行为的秩序。主体自身行为及其相互关系构成主体行为秩序，它包括：①劳动者个人行为秩序。在市场经济中，劳动者是自身劳动力的所有者，是生产者和消费者的统一体。作为生产者，其行为规则必然是以尽可能少的劳动支出，获得尽可能多的个人收入；作为消费者，则以尽可能少的货币支出获取最大的效用。②企业行为秩序。企业行为的理性化和规范化，应当以利润最大化为目标，以尽可能少的投入取得尽可能多的有效产出。③政府行为秩序。市场经济条件下的政府行为，应当以承认并不损害企业行为和劳动者的个人行为为前提，以国民经济协调发展为目标，以尽可能少的政府支出保证其职能的正常发挥。也就是说，政府应该是廉洁的、有效的。

第二，市场经济客体机制的秩序。市场经济客体机制，是指客体诸要

---

① 何炼成：《略论社会主义商品经济新秩序》，《经济研究》1988 年第 12 期。

② 何炼成：《略论社会主义商品经济新秩序》，《经济研究》1988 年第 12 期。

素的内在联系和相互转化过程。这种秩序主要包括以下四方面内容：①商品化程度。凡有产权存在的地方，包括产权在内都应当使其成为商品，并按照市场经济原则在市场上进行流通。②货币化水平。货币化过程也就是非货币经济部门逐步缩小的过程，是以货币支付商品和劳务的数量占商品总额的比重逐步提高的过程。③资本化（或资金化）范围。所谓资本化，是指资本形成范围的普遍化，也就是指"货币－资本"的转化机制。④资本（或资金）人格化过程。所谓资本人格化，是指资本最终所有权主体的一元化和经济利益的独立化。以上四个方面的市场经济客体机制秩序的完善程度，既是市场经济发展状况的标志，又是建立市场经济发展秩序的物质基础及其有机组成部分。

第三，市场规则秩序。市场秩序化的关键是必须遵循共同的市场竞争的合理准则，主要是：①自主原则；②等价原则；③公平原则；④信用原则。

以上三个方面的秩序，既相互区别，又相互联系。其中主体行为秩序构成市场经济发展秩序的"肌肉系统"，客体机制构成市场经济发展秩序的"骨骼系统"，而市场规则则是市场经济发展秩序的"神经系统"。这三个系统的相互作用，共同构成了市场经济发展秩序的整体。

（三）市场经济秩序的构建

关于如何从无序走向有序，如何建立社会主义市场经济新秩序，何炼成教授指出，建立社会主义商品经济新秩序是一项复杂的系统工程，绝不是由政府颁布几个相关的法令法规就可以解决问题的，也不能单纯地认为这仅仅是立法、司法和工商行政管理部门的事。他强调指出："建立社会主义商品经济新秩序的内容，不仅是制定有关法律的问题，而且主要是建立社会主义商品经济关系和体制的问题。"① 为此他认为，社会主义商品经济新秩序基本内容的关键是建立"国家调节市场，市场引导企业"的新的经济运行机制及其行为规范。

何炼成教授认为，在"国家－企业"模式下，企业虽然不用自负盈亏，但同样也是没有独立自主的权利。因此，在这种同社会生产发展不相适应的僵化体制下，企业和职工的积极性、创造性被压抑，国民经济的发展也缺乏活力。所以，与这套旧模式相适应的旧秩序也急需改革。

---

① 何炼成：《对有计划商品经济几个理论问题的探讨》，《求索》1989 年第 1 期。

在吸取中国改革实践和其他社会主义国家改革的经验教训的基础上，何炼成教授提出了"国家调节市场，市场引导企业"这一个经济运行模式，即"国家－市场－企业"这一模式。市场作为一个中介环节参与进来，使企业作为生产者和经营者要真正地在市场中进行竞争。这样一来，企业必须自负盈亏，从而大大地提高了自身的活力。"国家调节市场，市场引导企业"的运行机制包括了三个层次：国家、市场、企业。国家调节市场是为了要为市场创造一个稳定的经济环境，同时也能引导企业经济活动的方向，实现预定的宏观经济目标。市场引导企业是说，企业经营活动的重大决策是直接受市场竞争和价格的变化影响的。同时，企业也必须对市场变化做出相应的反应，接受市场引导。这种新秩序主要包括两点内容：①"国家调节市场"的新秩序就是"建立国家如何运用经济、法律和行政手段的新秩序"。②"市场引导企业"的新秩序主要包括，市场如何引导和企业如何接受的秩序。

他认为，我国进行经济体制改革，首先要改革僵化的经济体制和运行机制，改为国家运用经济手段、法律手段和必要的行政手段，来调节市场供求关系，以便创造适宜的经济和社会环境，来引导企业正确地进行经营决策，即由原来的"国家－企业"转变为"国家－市场－企业"。"其中，企业是有计划的商品经济运行的基础环节，是国家经济运行的主导环节；市场则是联结企业和国家的枢纽，是实现微观经济运行和宏观经济运行的中心环节。"① 他同时强调指出，作为一个系统，不应将其仅理解为单向的、直线式的过程，即国家计划→经济参数→市场→企业，而应突出双向的多层面的信息沟通与结合，使其既在总体上保证国民经济运行的统一性、协调性、稳定性，又在微观上保证各个企业生产经营的多样性、灵活性、进取性。何炼成教授还提出，这一目标机制的建立，必须经过一个长期的渐进过程，不能操之过急。当务之急是抓好国家、市场、企业这三个环节的建设及其配套改革。

市场经济新秩序的构建，不是一朝一夕就能完成的。"这项系统工程必须包括生产力、生产关系和上层建筑三个层次，缺一不可。大力发展生产力，是建立社会主义商品经济新秩序的根本目的和物质基础。逐步建立起有计划的商品经济新体制和'国家调节市场，市场引导企业'的新的经济运行机制，是建立社会主义商品经济新秩序的基本核心内容。而建设社会

---

① 何炼成：《试论新经济运行机制》，《改革与战略》1988 年第 3 期。

主义民主政治，加强社会主义法制的立法和司法工作，树立社会主义商品经济思想意识，是建立社会主义商品经济新秩序的重要保证。"①

之后，何炼成教授又根据我国经济发展水平还不够高、不够平衡，经济结构失衡，国有企业效益低下这一现实情况，指出实现市场经济的有序发展还面临着双重任务。"一方面，经济自身的不发达客观上限制了市场经济运行秩序的形成，因缺乏赖以存在的物质基础，即使最大限度地推进商品化、货币化进程，培育市场主体，完善市场体系，也未能摆脱经济发展水平所提供的边界。"他分析了我国国有企业发展过程中面临的种种问题，如难以推向市场，经济效率低下等，这些问题破坏了社会生产和生活秩序，引起了社会的普遍关注。"另一方面，市场经济运行秩序的混乱又进一步阻碍着市场经济发展。"主要表现在企业不能自负盈亏，内在动力不足；市场信号失真，生产要素不能流通，优胜劣汰机制远未形成；经济结构失衡长期得不到纠正，微观经济效率的低下与宏观经济比例失调等。上述经济发展与经济运行，发展模式与体制模式的相互制约关系表明，我国面临构建发展秩序与运行秩序的双重任务，重点在构建发展秩序，难点在构建运行秩序。

（四）我国的经济发展战略选择

1987年，何炼成教授发表了《计划商品经济理论与我国经济发展战略》一文，文中提出了如何利用商品经济理论来制定我国的经济发展战略。他认为当时"七五"规划提出的把改革放在首位，实现总供给和总需求平衡，正确处理数量和质量、速度和效益的关系，加强社会主义精神文明建设，这四条原则就是战略原则。

社会主义经济建设并不是一成不变的，何炼成教授也不断完善和总结着自己的理论成果。在随后的《中国市场经济理论与实践》一书中，他又详细地谈到我国经济发展战略的选择问题。他为我国经济发展战略作了历史性的回顾，并在此基础上总结出以高速为主要特征的"赶超战略"是我国经济发展的必然选择。现如今，我国在经济高速发展的基础上要实施"科学发展观"，坚持以人为本，树立全面、协调、可持续的发展观，促进经济社会和人的全面发展，"赶超战略"依然适合我国经济发展需要。"赶超战略"与社会主义市场经济体制的结合是我国经济发展战略的现实选择。

---

① 何炼成：《略论社会主义商品经济新秩序》，《经济研究》1988年第12期。

我国实现市场经济型的赶超战略，无疑包括全面深化经济体制改革和谋求快速发展经济两大任务。具体来说市场经济赶超战略有六个方面的特点：

"第一，以社会主义市场经济新体制为前提，就是要市场在社会主义国家宏观调控下对资源配置起基础性作用，是经济活动遵循价值规律的要求，以适应供求关系的变化；通过价格机制和竞争机制的功能，把资源配置到效益较好的环节中去，并给企业以压力和动力，实现优胜劣汰；凭借市场对各种经济信号反应比较灵敏的优点，促进生产和需求的及时协调。第二，以提高人民的物质文化生活水平为最高目标……在生产发展的基础上不断提高人民的生活水平，这既有利于人的全面发展，又有利于调动劳动者的积极性，从而促进生产的进一步发展，最终形成生产与消费的良性循环：先把面包做大，再合理分配面包，促使面包做得更大。第三，以经济效益的不断提高为基础，实现国民经济高速增长。没有持续的高速增长，就不可能有人民生活水平的不断提高，而没有经济效益的不断提高，高度增长也难以持久。第四，实现重点发展与协调发展的统一。注意完善生产力的空间布局，重视地区开发。协调发展不是同比例发展，而是有重点地推进。第五，以高科技为支撑。加强对高新技术的研究与开发，用高新技术改造传统产业，建设一批以高新技术为起点的新型产业，尽快形成科技转化机制。第六，实行全方位、多层次的对外开放，充分利用发展经济的国际条件，不断扩大对外经济、技术合作，扬长避短，发挥优势，不断提高国际竞争力，这是市场经济发展的必然要求。"[①]

综上所述，何炼成教授的市场经济思想，产生于改革开放之初，伴随着改革的不断深化，他的这一思想也日臻完善成熟。尤其是关于商品经济存在的原因分析，关于发展资本市场和劳动力市场，关于建立市场经济新秩序，关于宏观调控与市场调节的关系等重大理论与实践问题的深刻论述或政策建议，都已经经受住了改革开放 30 多年来的历史检验，至今还放射着真理的光辉，对当前的经济改革与发展，仍然具有重大的指导意义。

（注：本章内容在撰写过程中，参考了李忠民、张海峰等学者的相关成果，在此谨表谢意）

---

① 何炼成：《中国市场经济理论与实践》，西北大学出版社，1992，第 398 页。

第五章　中国社会主义发展经济学与西部经济发展思想

杨小卿

何炼成是我国著名的经济学家，在劳动价值论、中国发展经济学、中国经济思想史方面均作出了重要贡献，被称为"西部学派"的代表。他是我国生产劳动理论大讨论的引发者和"新中派"的代表，也是中国发展经济学理论体系的探索者和创建者之一，是西部大开发的积极鼓动者和推进者。

一　中国社会主义发展经济学

发展经济学是研究发展中国家和地区经济发展的科学，中国发展经济学就是研究我国经济发展的科学，在现阶段来说就是研究我国社会主义初级阶段如何实现经济现代化的科学。因此，它是一门新的经济科学，是当代国际发展经济学的一个重要分学科，它所研究的是世界上最大的发展中国家经济发展的特点及其规律性的科学。

综合何炼成教授在中国发展经济学方面的研究成果，可以概括为以下几个方面：

（一）对中国经济学方法论的反思和创新

1. 中国经济学方法论存在的主要问题

何教授认为，中国经济学在方法论上主要存在三个问题：

第一，片面倚重抽象法与轻视抽象法的倾向并存。马克思的科学抽象法是从具体到抽象再到具体的方法。如果舍弃从具体到抽象的研究过程，只是用一些抽象范畴去演绎未知，进行所谓的规范研究，是不可能取得符合客观事实的理论原理和操作原则的。改革开放以来中国经济学研究方法出现了多元化的格局，但片面倚重抽象法的倾向还是严重存在的。与此同时，一种新的、可怕的错误倾向即轻视甚至否定科学抽象法和基础理论研究的倾向逐渐抬头，且有日益发展之势。这种倾向的主要表现是：①在实证分析的旗帜下，忽视正确的理论指导和必要的抽象分析，低层次重复的事实充斥在大量的经济学报刊中。②在教育界，各种应用型经济学专业成为热门专业，而理论经济学却受到冷落。一些青年教育工作者不重视经济理论研究，面对应用型专业供不应求的局面，陶醉于"萝卜快了不洗泥"的喜悦之中。③混淆经济学研究方法、研究目的和经济学学科分类的界限，主张用应用经济学代替理论经济学。实际上，我国社会主义经济研究的立足点和出发点只能是社会主义经济实践；为了指导和促进社会主义经济建设，理论经济学和应用经济学都应该得到应有的发展；科学抽象法、归纳法、实证分析法等作为科学的经济学分析方法都应得到重视，不可偏废、厚此薄彼。

第二，轻视实证法和简单运用实证法的倾向并存。一方面轻视实证的方法，另一方面在强调实证研究方法的过程中，出现了对实证分析方法的种种误解和偏差：①认为实证法就是搞实际调查研究，否定必要的理论指导，在经济学界特别是在个别青年学者中，甚至出现了理论虚无主义的倾向。②过多地强调假设和建模，排斥必要的定性分析，割裂"是什么"和"为什么"之间的内在联系，出现了"描述主义"的倾向。③忽视，甚至否定价值判断，片面强调"操作性"，这一点在政府的经济研究部门表现得尤为突出。这些误解和偏差的存在，严重影响着我国经济理论研究的健康发展。

第三，忽视数学方法和滥用数学方法的倾向并存。在轻视数学方法的问题依然没有完全解决的同时，在经济研究过程中，滥用数学方法的数学形式主义倾向已经出现。其主要表现为：①有些文章不是从研究的需要出发运用数学工具的，而是把数学公式、模型作为装饰点。②有些研究成果假设过多而且随意性很大，在资料的应用处理上往往做出人为的"调整"，降低了论证的说服力。③也有些运用数学方法所取得的研究成果，由于缺乏必要的定性研究作指导和必要的经济理论知识作支撑，往往是前后矛盾或违背常识，貌似科学、严密，实则伪科学，无法操作。滥用数学方法与拒绝使用数学方法是对待数学方法的两种极端态度，都不利于经济科学的健康发展。

2. 对中国经济学方法论存在问题的原因和背景分析

第一，研究目的上的功利主义倾向。目前我国经济学界存在着严重的功利主义倾向。其主要表现是：①缺乏应有的社会责任感，从求"名气"（包括求职称）的目标出发，不愿做深入细致的调查研究，满足于东拼西凑，应景应时，不求创新。特别是在新闻媒体的介入之下，"炒经济学家"的现象屡屡出现。②缺乏应有的是非观念，从求"利"的目标出发，做"授命课题"，写"授命文章"。一些地方或部门为了自身利益，不惜"重金"聘请经济学家搞课题、搞咨询和宣传。③缺乏起码的职业道德，从求"势"的目标出发，不能开展正常的学术争鸣。有些人对自己的老师、同事，明知其学术观点不妥也不愿争鸣，对自己学派的短处百般保护。以官位大小、势大势小作为裁定学术是非标准的现象仍然存在。

第二，思维方式的简单化倾向。我国经济学界存在着思维方式简单化的现象，其主要表现为：①"言必称希腊"的教条化。对任何新问题、新现象，只求在经典著作中找到依据，而没有研究这些问题和现象在新的条件下产生的动因和机制；当就一个现实问题或理论问题发生争论时，一味指责别人误解或者违背了经典作家的原意，而始终认为自己是正确的。②普遍的片面化表现。教条化必然导致片面化，或把偶然性当必然性，或把必然性视为偶然性。③思维程式化。遇到问题首先考虑姓"资"、姓"社"，这些年来又较多出现对西方主流经济学思维定式的套用。

在对待马克思主义经济学方法论和西方经济学方法论方面简单否定与照搬照抄并存，是思维方式简单化倾向的基本特征。一般来说，一些中老年经济学家在思维方式上的教条化、片面化和程式化较多地表现为对马克思主义经典著作的照搬照抄和对西方经济学的简单否定。因此，在方法论研究上他们较易形成片面倚重抽象法、轻视实证法和轻视数量方法的错误倾向。一些中青年经济学家思维方式上的教条化、片面化和程式化较多地表现为对西方经济学，特别是西方主流经济学著作的照搬照抄，以及对马克思主义经济学的简单否定。在方法论研究上则较易形成轻视抽象法、简单运用实证法和滥用数学方法的倾向。总之，思维上的简单化倾向是造成我国经济学界在方法论研究上存在上述问题的重要原因。

第三，价值观念上的官位制思想。其主要表现为：①一些很有造诣和前途的经济学家弃学从官。先从政，再经商，实在不行搞学问，已经成为不少人的从业原则。②在研究选择上，盲目跟从官员的指挥棒，甚至有些学者就靠打探和传递官员小道消息来做学问，观测风向。③通过官员题词或肯定来抬高自身学术价值的现象时有发生；在教育界，鼓励学生从政的呼声甚高，往往以毕业生做官大小作为衡量教学质量高低的标准。经济学家在价值观念上的官本位制思想，既是形成上述经济学方法论问题的重要因素，也是造成我国经济学方法论研究滞后的重要原因。

3. 创新中国经济学方法论的初步构想

应正确认识和真正确立经济学方法论在中国经济科学发展中的重要地位，尽快改变经济学方法论滞后的局面；建立中国经济学方法论的科学的学科体系；注重经济学研究方法的综合运用与合理配组；努力实现经济学研究方法与其他科学方法的有效结合；在研究队伍的组合中实现创新；建议政府加大经济科学研究的经费支持力度，在科研管理上，把经济科学列入国家科学技术委员会管理，设立国家"经济科学基金委员会"，与国家"自然科学基金委员会""社会科学基金委员会"相并列。

这些年来何教授一直在酝酿并努力促成中国经济学研究"西部学派"的形成，确定了以中国发展经济学特别是西部经济发展问题为主要研究方向，并取得了一些初步的成果。何教授愿与各位同仁协同努力，为创建和发展中国经济学作出应有贡献！

（二）中国经济学的核心内容是中国发展经济学

中国经济学根系中国大地，是以中国改革和发展的经济实践为研究对象的一门创新的经济科学。

中国经济学的核心内容和主要研究方向是什么？不少同志认为是"过渡经济学"，甚至有人主张用"过渡经济学"取代"中国经济学"。何教授认为，研究过渡经济学是很有必要的，但它不能成为中国经济学的核心内容和主要研究方向，更不能用它来取代中国经济学。中国发展经济学应该成为中国经济学的核心内容和主要研究方向。

第一，从中国经济学的学科体系看，它应该有丰富的研究内容和众多的分支学科，过渡经济学仅是其分支学科之一，不能用过渡经济学取代中国经济学。中国经济学作为一门创新的经济科学，除一般应该具备的应用类、方法工具类、史学类学科外，其主体部分理论经济学起码可分为中国经济学原理、中国市场经济学、中国发展经济学、中国过渡经济学等学科。

第二，从在学科体系中的地位看，经济学原理和市场经济学是理论基础，发展经济学是核心内容，而过渡经济学则处于辅助的地位。中国经济学研究是以促进中国经济发展为出发点和归宿的。发展经济学是以中国商品化、市场化、工业化、信息化"四化结合"条件下的经济增长和社会性发展为研究对象的，最终直接体现中国经济学的研究目的和任务的客观要求。而过渡经济学所着力研究的体制转轨问题是服务于经济发展研究的。

第三，把中国发展经济学作为中国经济学的核心内容和主要研究方向，也是符合发展与改革之间的内在联系的。"发展才是硬道理"，是目的，是归宿；而改革、体制转轨，只是为实现发展而采取的途径和措施，是手段。因此，以改革和体制转轨过程作为研究对象的过渡经济学，理应辅助和服务于以发展为研究对象的发展经济学。

作为中国经济学的核心内容和主要研究方向的中国发展经济学，有着丰富的研究内容，主要包括中国特色的社会主义经济理论；发达国家和其他发展中国家现代化道路及其规律性；中国社会主义经济发展的工业化、信息化、商品化和市场化；中国社会主义经济发展的所有制基础；中国社会主义市场经济体制下的流通与分配问题；中国社会主义经济发展的制度、文化因素；中国社会主义经济发展的产业结构、地区结构；中国古近代经济思想与经济发展等。

（三）创建中国发展经济学的必要性

发展经济学诞生于第二次世界大战后期的美国，其真正的奠基人是当时在美国哈佛大学攻读博士学位的中国人张培刚，奠基之作是他的博士论文《农业与工业化》，该书被列入《哈佛经济丛书》第 85 卷。后经欧美学者如刘易斯、舒尔茨、罗斯托、丁伯根等人的继承和发展，创立了发展经济学的理论体系，成为"二战"后世界经济学领域中的一个重要学派，好几位代表人物先后获得诺贝尔经济学奖。

进入 20 世纪 70 年代以后，西方发展经济学逐渐走向衰落。但是，大批走上独立的发展中国家的经济发展问题亟待研究。中国作为一个发展中国家的大国，又是一个实行社会主义基本制度的国家，在发展经济的过程，必然会碰到更多更复杂的问题，没有过去的先例可循，也没有其他发展中国家的经验可以借鉴。因此，建立中国发展经济学，揭示中国经济发展的规律性势在必行，刻不容缓，也是对国际发展经济学的巨大贡献。中国发展经济学走向世界，此其时矣！

为了创建中国发展经济学，何教授在十多年前，就向教育部提出了三条建议：第一，把发展经济学列为大学经济学的二级学科。因为现在理论经济学是一级学科，下面有很多二级学科，但是没有明确把发展经济学作为二级学科。他希望教育部能够对这个问题加以考虑。因为只有这样才能使我们全国，特别是经济学界很好地研究发展经济学的问题。第二，希望在发展经济学这一学科中设立博士学位（现在已经设立了该学科的博士学位）。第三，希望教育部，特别是社科司，在经济学专业的学习课程里面，把发展经济学作为必修课。

（四）创建中国发展经济学的条件

早在世纪之交，何炼成教授即已认为，通过新中国成立50年社会主义建设的实践，特别是改革开放20年来的伟大实践，创建中国发展经济学的条件已基本具备。

首先，从国际环境来看，和平与发展已成为当今时代的主题，世界格局正在走向多极化，因此争取较长期的和平环境是完全可能的。特别是世界范围内科技革命突飞猛进，多数国家和地区的经济持续增长，这就为我国的经济发展提供了有利的国际条件。

其次，从国内环境来看，新中国成立后特别是改革开放以来，我国已经形成了可观的综合国力，建立了社会主义工业化初步基础；特别是改革开放为社会主义现代化建设创造了良好的体制条件，开辟了广阔的市场需求和资金来源。全国亿万人民新的创造活力进一步发挥出来。

最后，也是最重要的，就是我们有四项基本原则作指导，确立了建设有中国特色社会主义的基本理论和基本路线，特别是确立了邓小平理论作为指导我们整个事业和各项工作的伟大旗帜，这是我们创建中国发展经济学的根本保证。

邓小平理论首先是坚持解放思想，实事求是，在新的实践基础上继承前人又打破陈规，开拓了马克思主义的新境界；其次是坚持科学社会主义理论和实践的基本成果，抓住"什么是社会主义，怎样建设社会主义"这个根本问题，深刻地揭示了社会主义的本质，把对社会主义的认识提高到了新的科学水平；最后，是坚持用马克思主义的宽广眼界观察世界，对当今时代的总体国际形势，世界上其他社会主义国家的成败，发展中国家谋求发展的得失，发达国家发展的态势和矛盾，进行正确分析，作出新的科学判断。

（五）中国发展经济学的主要内容

在何炼成主编的《中国发展经济学》（陕西人民出版社，1999）、《中国发展经济学概论》（高等教育出版社，2001）等代表论著中，他根据邓小平有中国特色的社会主义经济发展的理论和我国改革开放20年来的建立社会主义市场经济的基本实践，根据张培刚教授正在创建的"新发展经济学"的基本原理，参照西方发展经济学的新发展和"二战"以来一些发展中国家和地区经济发展的经验教训，将发展经济学的理论运用于中国经济发展的实践中，确立了中国发展经济学的理论框架体系：以生产力的发展为主线，结合我国社会主义初级阶段的现实，着重论述实现现代化的主要内容，包括工业化与城市化，商品化与市场化，社会化与国际化，现代化与信息化。这"八化"互为发展逻辑，构成一国经济系统的全方面演化，其中的关键是实现商品化和工业化；为了实现这"八化"，必须正确处理"八大关系"，即三次产业结构、区域经济、外向型经济、金融资本、人力资本、人口资源与环境、政府职能的转变、制度文化与经济发展的关系。分述如下。

1. 工业化与城市化

何教授认为，这是张培刚教授在其博士论文《农业与工业化》中研究的主题，也是他在创建新发展经济学中研究的主要内容。理论界对此曾有过不同看法，何教授认为张培刚教授的意见是正确的，因而中国发展经济学仍以研究工业化为主要内容。

在工业化中，结合我国现阶段的国情，主要探讨我国工业化的目标及其发展的条件、工业化的道路和模式问题。在我国的二元经济结构中，实现工业化必然伴随城市化的问题。根据我国的实际，何教授提出了一条具有中国特色的城市化道路，即大中小城市、城镇统筹兼顾、协调发展的道路。

何教授论证了我国新型工业化的道路：坚持以信息化带动工业化，以工业化促进信息化，走出一条科技含量较高、经济效益好、资源消耗低、环境污染少、人力资源优势得到充分发挥的新型工业化路子。

为什么说这是一条新型工业化道路呢？其"新"在何处呢？何教授认为表现在三个方面：第一，过去的工业化是从落后的农业经济起步的，只为了实现由农业经济向工业经济的转变；而我国当前的工业化是进行了半个世纪的、已达到中等工业化水平的工业化，但又碰到世界第三次科技革命的浪潮，要求实现信息化。面临完成工业化和实现信息化的两难选择，只有采取以信息化带动工业化、以工业化促进信息化的道路。第二，过去的工业化一般都是以牺牲环境为代价的，资本主义国家的工业化是如此，社会主义国家的工业化也是如此。我们吸取了这些经验教训，提出实现工业化要做到环境污染少的方针，实现1992年在巴西召开的世界环境和发展会议中所通过的《21世纪议程》的要求。第三，就过去的工业化方针来看，早期的资本主义国家（如英、法等）是优先发展轻工业，后期的资本主义国家是优先发展重工业（如德、意、日等国），而原社会主义各国也是采取优先发展重工业的方针，这是由当时的国际环境和各国具体情况决定的。何教授总结了这些经验教训，结合当前国际形势和我国现阶段的实际，提出"优先发展信息产业"，特别是优先发展信息软产业的新型工业化道路。

2. 商品化与市场化

这是邓小平中国特色社会主义经济理论中最突出的特点，即在社会主义制度下实行市场经济体制和市场机制，把社会主义基本制度与市场经济体制结合起来。这是前人未说过和未做过的，因而是一项伟大的创举。

何教授着重说明社会主义制度下实行商品化和市场化的客观必然性，社会主义基本制度与市场经济能否结合、如何结合，以及工业化与市场化的关系等问题。

3. 社会化与国际化

这里的社会化是指经济的社会化，其中首先又是指生产的社会化，包括生产工具的社会化、生产过程的社会化和生产产品的社会化，以及流通和分配过程的社会化。很显然，这都是首先通过工业化的过程而实现的，也是工业化的必然结果。

社会化的进一步发展，越出一定的地区和国界，就会出现经济的国际化。这主要是通过国际贸易、国际金融以及其他国际经济活动实现的，而这些活动首先又主要是与工业化过程相联系的。

何教授根据我国工业化的进程及其特点，考察了我国经济社会化的进程及其特点，并进而考察了我国经济的国际化及其发展的前景问题，特别是关于我国资本经营的社会化和国际化问题，从而为我国的对外开放、国际贸易与国际金融、招商引资与对外投资等国际经济发展战略与策略提供科学的依据。

4. 现代化与信息化

首先，何教授论述了我国制定的四个现代化的目标及其实现模式与途径。指出实现四个现代化，首先是要实现工业现代化，这是四个现代化的基础。

其次，他着重论述在世界第三次科技革命的浪潮中，我国经济的现代化的前景就是经济信息化和知识化，这又涉及我国如何建立信息高速公路、信息网络等问题，以及在知识化与信息化过程中的制度创新问题等。

5. 我国基本经济制度与经济发展

基本经济制度是指以所有制为核心的经济基础，它是经济发展的基础因素。我国社会主义初级阶段的基本经济制度，是以公有制为主体的多种所有制经济共同发展，这是党的十五大在总结我国几十年来经济建设的经验教训中所提出的一个基本原理，对我国今后经济的发展具有重大的意义和作用。

6. 我国经济发展的基本条件

经济发展一般需具备的条件，从经济方面说，不外乎人力、物力、财力状况。对我国来说，我国人力资源丰富，但是素质不高，文化科技水平低下；自然资源丰富，但开发利用很差；工农业产品很多，但人均量很少；第三产业的潜力很大，但发展缓慢，质量不高；特别是科技教育落后，资本稀缺，成为制约我国经济发展的最大因素。

除经济因素外，还有许多非经济因素影响我国经济的发展。这主要包括：政治上的稳定、体制的改革、经济形式的选择、经济发展战略和方针的正确与否以及精神文明的状况等。

7. 我国经济发展中的结构问题

一是二元经济结构如何逐步向一元经济结构的转换问题。首先这必须通过实现工业化才能解决。现阶段，在我国农村中创造的发展乡村工业的道路，是一条行之有效的道路，这在过去是不可能做到的。原因在于：新中国成立后，特别是改革开放以来，我国不仅政治上获得完全独立，而且建立起以重工业为基础的全面的工业体系。正因为有了强大的国有经济为依托，今天的乡镇企业才得以发展。这对世界上一些发展中国家具有重要的借鉴意义。

二是关于三次产业的结构问题。我国现在是第一产业过大，第三产业过小，应当逐渐调整为：第二产业大于第一产业、第三产业大于第二产业的结构。

三是关于所有制及其实现形式的结构问题。我国过去国有经济比重太大，集体经济比重过小，个体私有经济基本被消灭，所有制的实现形式单一化，严重违反生产关系一定要适合生产力发展的客观规律，不符合我国仍处于社会主义初级阶段的根本国情，从而大大制约了我国经济的发展，必须大力调整和完善。

四是关于我国区域经济发展的结构问题。东西部发展失衡，这是近几年来逐步显现出来的重大问题。这不仅涉及东西部经济的发展，而且涉及边疆经济和民族经济的发展，因而这不仅是一个经济问题，而且是一个重大的政治问题，绝不可等闲视之。

8．决定中国经济发展的三大基本国策

一是关于控制人口数量、提高人口质量的问题。这对我国经济发展具有最终的决定意义，因而必须继续贯彻这一基本国策，至少30年不动摇。

二是关于合理开发和利用土地等自然资源的问题。这是已提到我国议事日程上的重大国策问题。目前我国对土地等自然资源的浪费严重，土地荒漠化，人均耕地锐减，水资源稀缺，环境污染严重，自然资源遭到破坏，已到了非整治不可的地步。

三是关于保护生态，实施可持续发展战略的问题。这不仅是我国的基本国情，而且也是一个世界性的大问题。我国必须坚决执行1992年世界环境大会所制定的可持续发展战略。为了我国全体人民，也为了全世界人民，为了我们的这几代人，也为了我们的后代子孙，我们应当很好地保护生态环境，保护我们共同赖以生存的地球。

9．我国经济发展与国际经济关系

这主要是关于发展国际贸易、国际金融、吸引外资和对外投资等国际经济关系问题。由于我国在过去的几十年里闭关锁国，很少参与国际经济活动，大大影响了我国经济的发展。近几十年开始改革开放，取得显著成就，但其中也存在不少问题，特别是在当前国际经济新秩序的条件下，如何及时调整和改善我国对外经济关系发展战略和策略，对促进我国经济的发展至关重要。

10．我国经济发展中政府行为和文化因素

这是影响中国经济发展的两个主要的非经济因素。关于政府的宏观调控对经济发展的重要意义，已被一些实行现代市场经济的发达国家几十年的实践充分证明，何教授认为这对实行市场经济的发展中国家来说也是完全适用的。文化因素对经济发展的重要意义，近十几年来才逐渐为经济学界所重视，特别是对我国的经济发展来说，文化因素的作用显得更为突出。所谓中国特色的社会主义经济，很大程度上是与我国几千年的文化传统相联系的。可以说，不了解我国的文化传统，就不可能了解中国特色的社会主义基本理论与基本实践。

（六）中国发展经济学的方法论特点

何教授认为，中国发展经济学的研究方法，和其他马克思主义经济学科的研究方法一样，都必须遵循辩证唯物论与历史唯物论的基本方法论原理，具体运用抽象分析法、矛盾分析法、历史与逻辑一致、理论与实际相结合、定性与定量相结合、规范分析与实证分析相结合等方法，总结和提炼出中国经济发展的基本规律及一些主要规律。

在从事中国发展经济学研究的过程中，何教授在以上马克思主义基本方法论的基础上，还应用了以下新的方法：

一是关于经济发展的一般规律与中国经济发展的特殊规律相结合的方法。例如，中国的工业化道路与西方发达国家所经历的道路不同，同"二战"后许多发展中国家的工业化也有很大差别，我们实行的是具有中国特色的社会主义工业化道路，以及与此相联系的城市化道路。

二是中国发展经济学既研究中国经济发展中人与人之间的关系及其发展规律，也研究人与物之间的关系及其发展规律。例如关于资源配置的问题，在计划经济体制下是通过计划配置资源，似乎仅是处理人和物的关系问题，而在市场经济体制下通过市场配置资源，就涉及人和人之间的交换和分配关系。因此必须结合起来进行研究。

三是理论与实际紧密结合。这虽然是过去一贯强调的基本方法，但在经济理论的研究中很少贯彻，至今仍未得到根本解决。在经济理论界仍存在忽视实际的倾向，而在经济实践界则存在轻视理论的倾向。何教授则力图把理论与实践紧密结合起来，在这方面迈出了可喜的第一步。

四是历史与现实紧密结合，厚今薄古、古为今用、洋为中用。这突出表现在何教授对邓小平经济发展思想的挖掘与论述上。邓小平既是中国历史上优秀文化传统的继承者和发扬者，又是当代西方现代市场经济理论的吸收者和实践者，并把这两者巧妙地结合起来，形成有中国特色的社会主义市场经济理论，这是理论上的一个伟大的创造，也是方法论上的一个重大的突破。

五是努力做到经济学研究方法与其他学科的研究方法相结合。这除了经济学界普遍重视的哲学与数学的方法外，何教授也注意到运用自然科学和其他社会科学的方法来分析我国的经济发展问题，如"老三论"（系统论、控制论、信息论）、"新三论"（耗散结构论、协同论、突变论）以及经济法学、社会学、心理学、文化学、政治学、边际分析、制度分析、现代产权论、预期理论、期权理论等。

二　西部经济发展思想

何教授为创建中国发展经济学作出了巨大的尝试和创新，而且重点放在中国西部经济发展问题的研究上。综合他这方面的研究成果（《西部大开发——战略·政策·论证》，西北大学出版社，2000；《西部大开发战略与对策新论》，《西北大学学报》2004 年第 1 期；等），可以将其西部经济发展思想概括总结为以下几个方面：

（一）富民强区的战略目标在于全面建设小康社会

邓小平指出，社会主义的本质是发展生产力，解放生产力，消灭剥削，消除两极分化，走共同富裕的道路。这是我国经济发展的根本战略目标。实现这一目标，是西部地区人民几十年来的渴望，也是当前最迫切的要求。因为西部地区当时还有 3000 多万贫困人口，数百万下岗职工，生活达不到温饱水平，家庭困难重重，若不及时改变这种状况，后果不堪设想；西部人民的收入远远低于东部，特别是西部"老、少、边、穷"地区的人均收入仅是东部的 1/10，这是关系我国政治社会稳定和民族团结的大事，切不可等闲视之。

因此何教授认为，西部大开发的当务之急，首先必须解决西部地区人民（特别是农牧民和少数民族）的贫穷问题，同时必须解决城镇下岗职工和贫困户的生活问题。此外，还应当逐步提高科技人员的经济待遇，使他们安心为西部大开发而努力奋斗。

（二）西部大开发的根本问题是及时解决"三农"问题

十六大报告指出，繁荣农村经济，必须加快城镇化进程。世纪之交我国有 9 亿农民，而城镇人口比重只有 38%，低于世界平均水平 10 多个百分点。何炼成教授认为对于一个农村人口占绝大多数的国家来说，实现现代化是很难的。从世界发达国家的发展历程看，发达国家都经历了从农业社会向工业社会的转变，由乡土社会向市民社会的转变。工业化、城镇化是由发展中国家迈向发达国家的必由之路。实现工业化的过程，必然是伴随农业劳动力向非农业转移的过程。如美国在经济起飞时期农业人口下降了72%，日本在"二战"后农业人口下降了 65%。从某种意义上讲，经济结构战略调整的核心，就是加快城镇化进程，进而吸收农民就业，使农民转化为市民。也就是说，国家要给予农民相同的国民待遇，为农民进城经商务工创造良好的条件。由此可见，农业产业化、农村城镇化和农民市民化，是我国农业和农村经济发展的必然趋势。

实现城乡经济统筹发展的一项重要任务，就是要以工业理念经营农业，大力推进农业产业化、农村城镇化和农民市民化。农业产业化的经营实质就是用工业化思维谋划农业，可以说推进农业产业化经营的过程，就是加速推进农村城镇化、工业化的过程。推进农业产业化经营的核心是让农民得利，西部大开发的根本问题就是及时解决"三农"问题。

为此，何教授提出以下建议：

（1）合理解决农村土地所有权和使用权问题。随着农村人民公社制度的废除和家庭联产承包责任制的建立，农村土地所有权归村一级集体所有，使用权由承包农户在一定时期内使用。这种制度实行 30 多年来存在不少问题，而且发展问题越来越突出。何教授曾建议农村土地也改为国家所有，而使用权完全交给农民家庭，不要规定年限，使用权可以出租、出卖、抵押、典当，当然可以赠送和遗传。

（2）各级领导必须真正把农业视为国民经济的基础，切实加强农业的基础地位；大力推进农业和农村经济结构的调整，积极推进农业产业化经营；提高农民进入市场的组织化程度和农业综合效益，健全农产品市场体系。

（3）逐渐改变二元经济的落后状况，力争在 20 年内解决农村富余劳动力向非农产业和城镇转移这一关键问题。

（4）大力推进农村税费改革，坚决精减县、乡、村三级公务人员，真正减轻农民负担，保护农民利益。政府部门至少减员一半，对政府职能进行合理定位，避免越位、错位、缺位等问题，政府活动严格局限于市场失效的领域。当然，这里有个权钱交易的既得利益问题，解决难度可想而知。

（5）坚决贯彻十六大报告提出的"发展城乡社会救济和社会福利事业""探索建立农村养老、医疗保险和最低生活保障制度""继续大力推进扶贫开发，巩固扶贫成果，尽快使尚未脱贫的农村人口解决温饱问题，并逐步过上小康生活"。这是西部农民迫切盼望的。

何教授认为，农村养老问题是一个大问题，所以出现了这样的情况：家里分家，儿子愿意要老母猪，而不要他的老母亲。这个问题很普遍。农村很多家庭都不愿意要女孩，有怀了女孩之后打胎的，有生下女孩后掐死的，这种情况至少存在 1000 万例，这是西安交大的女专家研究的结果。这个问题不解决不行。

（6）为了彻底解决"三农"问题，何教授认为还必须解决农村的扩大民主和健全法制的问题，政治上实现农民自治。他建议逐步扩大农村民主选举、民主决策、民主管理、民主监督，由村到乡再到县逐步实行直接选举村长、乡长和县长的做法，为此就必须建立各级农民自己的组织——农民协会。制定《保护农民权益法》，坚决将侵犯农民权益者绳之以法，从重从严从快处理。

（7）加快农村金融体制的改革与创新。第一，要加快改革和创新农村金融体制，明确县域内金融机构为"三农"服务的义务。农业银行等商业银行要创新金融产品和服务方式，积极拓展信贷支农渠道，特别是农业银行与"三农"有着无法割舍的联系，必须立足服务"三农"，以支持农业产业化为切入点，加强对农业和农村的支持力度。否则，脱离了农村、农民和农业，怎么还能叫"农业银行"呢？第二，农发行要扩大支持服务"三农"的范围，其重点应从流通领域向生产领域转移。第三，邮政储蓄要转变职能，把从农村抽走的"血"再输回农村，以增加"三农"的有效投入。第四，农村信用社要牢固确立服务"三农"的市场定位，扎根农村，任何好高骛远、脱离服务"三农"的做法都是不现实、不可取的。何教授认为，要扭转农村资金向城市流失的状况，有关部门可考虑给农村信用社的社员存款减征利息所得税，以鼓励农民把资金存入农村信用社，壮大集体资金实力，改变目前支农资金不足的被动局面。要推进农村信用社体制的改革，建立现代企业制度，使信用社成为自主经营、自我约束、自我发展、自担风险的"四自"市场主体。

（三）坚决调整基本经济结构，压缩国有制，扩大私有制

早在1987年4月全国高校社会主义经济理论研讨会上，何教授就提出我国现阶段所有制结构的"343"模式（"飞机模式"），即30%为全民所有制，是主导、是机头；40%为集体所有制，是主体、是机身；30%为个体或私营经济，是机翼。他认为，所有制结构达到这样的程度，整个经济就可以腾飞。此论一出，众议哗然，一片反对和批判声，公开支持者仅一人。这种批判一直延续到20世纪90年代，到党的十五大后才逐步销声匿迹，因为几十年经济体制改革的实践证明了这一模式的正确性。

但是，西部所有制结构的调整却大大落后于东部：国有制经济仍占60%以上，个别省区达80%，私有制比重仅占20%左右。何教授认为，这

是西部经济发展滞后、东西差距连续扩大的根本原因，这从陕西与浙江两省的对比当中就可以明显地看出来。

东西部地区差距的扩大，除了自然条件和历史原因之外，主要是体制上的原因，而旧体制之所以严重存在，主要又是由于"左"的思潮干扰；谁要主张缩小国有制比重、扩大私有制比重，谁就被扣上"私有化"或搞资本主义复辟的帽子；谁要采取股份制的组织形式，也认为是搞私有化；谁要搞国有资本重组或兼并破产，则被斥之为"分光卖光"或国有资产流失。就拿陕西省来说，20世纪90年代三次国有企业改革的高潮就是被这种"左"的思潮压下去了。为此，何教授当时提出的一些改革观点也受到来自各方面的批判，现在应当是"正本清源"的时候了！

（四）建议国家修改《矿产法》建立新的矿产资源开发体制

西部地区矿产资源种类多、储量大、品质高，在全国居于首位，有的在世界上也占有重要地位。仅就西北五省（区）来说，在全国已发现的150多种矿产中，西部地区就占85%以上；其中镍、铂、硒、锂、钾镁盐、石膏、石棉、硅石等居全国之冠；煤、气、油储量丰富，仅煤的远景储量就达2万亿吨，油气远景储量可与中东海湾地区媲美。

但是，这样丰富的矿产资源在十多年前并没有给西部地区带来富裕，反而带来环境污染和人民贫困，当时正如陕北神木老乡形容的："脚踩乌金聚宝盆，手中拿着讨饭碗。""国家挖走一吨煤，神木留下一个坑，污水满地，蚊虫丛生，疾病流行，民不聊生。"为什么会出现这种情况呢？何教授认为主要是由矿产资源开发的不良体制造成的。

国家在20世纪90年代颁布的《矿产法》规定我国地下矿产资源属国家所有，应由国家开发和经营管理。这一规定，在计划经济体制下是完全必要的，但是在市场经济体制下则不完全适用了。首先是广大的土地属集体所有，按照土地所有权的含义，其地下矿产资源也应归集体所有，为什么不允许集体开采和经营呢？其次是改革开放以来，国有工商企业已形成大批国有民营的形式，为什么国有工矿企业不允许集体经营和私人经营呢？再次是近十几年来，我国已引进不少外资（包括港澳台资）参与开发矿产资源，为什么不允许国内集体和私人资本参与开发呢？最后是有关国防和矿产业采取国有国营形式尚有其必要性，但也不能绝对化，一些矿藏为什么不能交给地方、集体以及私人开采经营呢？

因此何教授建议国家应当调整对西部矿产资源的开发政策：第一，修改《矿产法》使其符合市场经济体制与 WTO 的要求。第二，变国有国营的垄断经营主体为国有国营、地方营、集体营、私人营以及引进外资等多元经营主体。第三，除有关国防战略资源和金银等贵重矿产资源必须国有国营外，其余均应允许多元主体来开采经营，特别是西部的煤、气、油矿产资源，应当由中央与地方"平分秋色"，以地方（指各省区政府）为主进行开采和经营。第四，坚决调整计划经济时期由国家统一确定矿产资源的低价政策，国家应只规定最低保护价，具体销售价格由各生产和经营主体自行决定，由市场去调节。第五，调整国家对矿产资源的开发经营的财税政策，对资源税、治理环境污染费的征收，应当不分所有制主体一视同仁，而且在一定时期内，这种税费应当交给各地方财政，由各省区政府作为进一步开发资源和治理环境污染之用，从而保障各地区的生态环境与可持续发展。

正是在何炼成教授等一大批西部经济学家的呼吁下，国家在西部大开发中逐步调整矿产资源开发和利税分成政策，才使陕北的经济社会发展迈上了高速轨道。

（五）实现农地所有权国有与使用权农户私有的土地政策

1. 我国农地制度的变革和现状

（1）我国农地制度的变革

新中国成立以来，我国农地制度的变革经历了四个阶段：第一阶段是土地改革运动（1951~1952），完成了从封建地主土地所有制向农民土地所有制的根本变革。第二阶段是农业合作化阶段（1952~1956）。这一阶段是从农民个体土地所有制变为农民集体土地所有制。第三阶段是所谓的人民公社化阶段（1958~1978）。公社制给农业经济带来了巨大的灾难，这是一个沉痛的教训，应当很好地总结。第四阶段是 1978 年至今，即从人民公社制度到土地承包制的重大变革。农民家庭联产承包责任制的实行，极大地解放和发展了生产力，促进了农业生产的巨大发展。但随着 30 多年的经济发展实践，也暴露出历史的局限性。

（2）我国农地制度的现状

首先，是关于农村土地所有制或产权的归属问题。农村土地所有制是农地制度中最基本的经济制度。人民公社制度解体后，农村的土地集体所有制没有改变，但是由哪一级集体组织代表农村集体行使所有权职能，法律上并没有明确的规定，实际上是村一级组织来行使所有权职能。过去农业公社时期，农村土地所有权归大队、生产队，人民公社取消之后，产权归谁呢？搞不清楚。实际上产权给了政府和村委会，这是违背发展规律的。农民种的土地没有产权，要包产到户，农业耕地产权交给农户，这样农户才能够有效支配它，怎样生产、经营、发展都由农民自己决定，不需要由上面来指导。所以农业制度的产权问题是农业的关键问题。有人说这个建议是搞"私有化"，何教授认为，从社会主义的初级阶段来讲，不实行农业产权私有化，农业就发展不起来。产权要归农户，只有这样农户才能使用它、支配它，从而得到应该得到的利益。

30 多年来的家庭联产承包责任制的实践证明，农地产权归村一级组织这种做法没有理论根据，在实践中也产生了很多问题。

一是村一级组织既不是一级政权组织，也不是一级经济组织，它既不能代表国家，也不能代表村一级农民集体。因此它代表集体来行使所有权职能，既没有法律根据，也没有客观经济依据。

二是村一级组织行使农地所有权职能，给一些村干部提供了"寻租"的机会。有些村干部利用这一职能，在调整土地承包时为自己家庭或亲朋好友分好地或多分地。村办企业操纵在这些人手中。在分配国家税费负担时他们尽量少分或不分。国家征用村上土地的收入成为村干部大吃大喝的财源，甚至被少数人瓜分或私吞，严重损害了党的声誉和国家的尊严。

其次，村一级组织行使农地所有权职能，实际上也就垄断了土地的产权，他们可以随心所欲地占有和支配土地，甚至可以规定农民种什么、如何经营等问题。农民对土地的经营管理权无法落实。国家规定农民承包的土地有一定的期限，只是保证 30 年内不变，30 年以后如何呢，农民心里很不踏实，因此对土地的经营也就缺乏长期打算，不敢进行长期投资。这是我国近 30 多年来农村基础设施滞后、农业经济发展缓慢的原因之一。

最后，由于村一级组织行使农地所有权以及产权的职能，村委会基本上成为国家和政府的基层组织，成为村一级政府。这样一来，村一级组织恶性膨胀，少则 3 ~ 5 人，多则 10 人。也就是说，我国当前农村每 10 个劳动力就要负担一个乡村级干部的工资，对全国农民来说，这是一个多么沉重的负担。

总之，为什么要将农村土地集体所有制改变成为国家所有制呢？这首先是因为我国农地集体所有制名不副实，名为集体所有，实则为少数村干部所有，一般农户无权过问，集体所有权成为少数村干部"寻租"的特权，这是我国农村基层组织产生腐败的经济根源。

2. 改革我国现行农地制度的建议

何炼成教授关于农地制度总的设想是：农村土地同城市土地一样，全部归国家所有，实行土地国有化；但农村土地的使用权和支配权应交给农民及其家庭，让其自行经营和支配，不规定年限，农民可以将土地使用权和支配权出租、转让、抵押、赠送、遗传。与此相联系，国家应及时调整农村财政政策和金融信贷政策，加大对农业的投入；坚决取缔对农民的苛捐杂税；坚决废除乡、村一级政权建制，大力精简县、乡（镇）两级的机构和人员；逐步取消城乡隔离的体制和制度，缩小工农产品不合理的"剪刀差"价格，保障农民在社会保障、医疗保险、上学与就业等方面，与城市居民享有平等的权利和机遇。

（六）西部大开发四十条

1. 新"江八条"

1999 年 6 月 17 日，江泽民总书记在西安召开的西北五省（区）国有企业改革与发展座谈会上，向党和全国各族人民发出了西部大开发的动员令。何教授把其主要内容总结为八条，并称之为新"江八条"。

第一条，强调西部大开发的历史地位及其伟大意义。指出实施西部大开发，对于推进全国的改革和建设，对于保持党和国家的长治久安，都是一个全国性的发展战略，不仅具有重大经济意义，而且具有重大的政治和社会意义。

第二条，明确指出了西部大开发是全党和全国人民的重大战略任务。西部大开发是一个大战略、大思路。要求从现在起，就要作为党和国家一项重大的战略任务，摆到更加突出的位置上，拿出过去开办经济特区那种气魄来搞。

第三条，指出我国当前加快中西部地区发展步伐的条件已经基本具备，时机已经成熟。不要错失时机，犯历史性的错误。

第四条，提出西部大开发总的原则是：把加快西部经济社会发展同保证政治社会稳定、加强民族团结结合起来，把促进西部发展同实现全国第三步发展战略目标结合起来。

第五条，根据以上总的原则，具体指出：在国家财力稳定增长的情况下，通过转移支付逐步加大对西部地区的支持力度；在充分调动西部地区自身积极性的基础上，通过政策引导，发挥利益机制的作用，调动和吸引国内外资金、技术、人才等资源投入西部开发；兼顾发展和保护，发展特色优势产业和产品，有目标、分阶段地推进西部地区人口、资源、环境与经济社会的协调发展。

第六条，首次强调指出，要把水资源的开发和有效利用放在突出位置。

第七条，强调指出加快开发西部地区，是一个巨大的系统工程，也是空前艰难的历史任务。

第八条，最后为我们描绘了西部大开发的前景：建设一个经济繁荣、社会进步、生活安定、民族团结、山河秀美的西部地区；使西部地区得到天翻地覆的根本改变，"旧貌换新颜"。

2. 八大战略思考

（1）"富民强区"的目标战略

改革开放以来，我们胜利实现了现代化建设"三步走"战略的前两步目标，人民生活总体上达到小康水平。但是这仍然是低水平的、不全面的、发展很不平衡的小康。对西部来说，这主要表现在：生产力和科技教育仍相当落后，工业现代化仍处于初级阶段；城乡二元经济结构仍很突出，东西部差距日益扩大，特别是农民收入低下；老、少、边、穷地区人民的生活仍很困难，全国2/3以上的贫困人口在西部；生态和环境、自然资源和经济社会发展的矛盾日益突出。因此，西部大开发必须继续坚持"富民强区"的战略目标。

（2）可持续发展的长远战略

在西部大开发中，生态与环境的治理是压倒一切的头等大事。一定要把保护江河源头，治理江河上游水土流失和荒漠化，改善生产环境和遏止环境恶化，放到开发利用的突出地位；贯彻落实江总书记"再造一个山河秀美的西北地区"的指示精神，实现经济效益、生态效益、社会效益三结合，在西部大开发中实现可持续发展的美好前景。

（3）科教兴区的人才战略

科教兴国战略，是我国奉行的基本国策之一。科教兴国战略实质上是人才战略。发展科学教育靠人才，也是为了培养人才。没有高科技人才，就不可能有高科技的发展；没有高素质的教育，也就不可能有高素质的人才。科技的发展，关键在创新。没有创新就没有高科技的发明创造，从而就没有生产力的高度发展，经济也就不可能持续、高速、健康发展。

（4）非均衡发展的常规战略

马克思主义原理告诉我们，平衡是相对的，不平衡是绝对的。改革开放以来，邓小平提出了"两个大局"的发展思想：一个大局是在20世纪80

年代初，实施沿海发展战略，政策向东部地区倾斜，使东部沿海地区实行对外开放，较快先富起来，中西部地区要顾全这个大局。另一个大局，就是当发展到一定时期，比如，20世纪末全国达到小康水平时，就要拿出更多的力量帮助中西部地区加快发展，东部沿海地区也要服从这个大局。

30多年改革开放的实践证明，"两个大局"的发展思想是完全正确的，是对非均衡发展战略的创造性运用和发展。

（5）跳跃发展的非常规战略

有人认为，在当前科技革命的背景下，中国以及西部跳跃式发展是可以实现的。何教授认为，实现跳跃式发展的可能性是存在的，但要把这种可能性变为现实性，并不具备充分的条件。作为发展中国家的一个发展中地区（西部），实现跳跃式发展的条件就更不具备了。首先，我国工业化建设仍处在中级阶段，西部地区可能还处于工业化的初级阶段。企图跳过工业化阶段，直接进入信息时代和知识经济时代，至今尚无先例。其次，我国的市场经济体制尚未完全建立起来，计划经济体制仍有一定的市场，在双重体制并存的情况下，要实现跳跃式发展的战略也是不可能的。最后，我国当前仍存在比较严重的封建宗法制的上层建筑的残余，如以权谋私、腐败现象、官本位、诸侯经济、地方主义、家族主义、宗法观念等，这些都是制约我国经济高速发展的瓶颈，不是短时期内可以治好的。

（6）差异化战略

所谓差异化战略，也就是比较优势战略。这就要求西部地区各省市区必须根据自己的区位状况、要素禀赋、市场发育、产业结构、所有制结构等方面的特点，寻求自己的比较优势，塑造成为将来发展中不可替代的优势，同时发掘与全国，尤其与东部地区的互补性优势，来塑造自己的区位优势、产业优势和产品优势，实现本地区经济的大开发和大发展。

（7）水资源战略

西部地区水资源的开发、供给和有效利用的问题特别突出，西北地区尤甚。特别是两条母亲河（黄河、长江）的水资源已遭到严重的破坏，导致径流量减少，水资源污染严重，造成黄河多次断流，西北地区荒漠化严重，的确是到了非解决不可的时候了，否则西部大开发将是一句空话。可见，把水资源的开发和有效利用，作为西部大开发的一个战略方针，实属非常明智的决策。

（8）产业结构调整战略

产业结构不合理，是制约我国经济发展的主要问题之一，西部地区也不例外，甚至更为突出。其主要表现为：第一产业（农业）非常脆弱，经不起旱、涝、风、虫等灾害袭击，高科技农业仅仅处于试点阶段；第二产业（加工工业）仍处于工业化的中期阶段，中小工业企业的生产仍处于工场手工业的水平；第三产业（各类服务业）的数量少、质量差，数量仅占全部产业的20%，多是一些为人们生活服务的传统服务行业。

因此，在西部大开发中，必须对以上三次产业的现状进行结构性调整，其战略方针是：加强第一产业，大力发展农林牧渔各业，特别是迅速推广高新科技农牧业，以满足人民对农牧产品日益增长的需求；提高第二产业，加强对工业企业的技术革新和改造，建立现代企业制度，实行现代化管理；对第三产业，应加大发展，增加数量，提高质量，以更好地满足人们生产和生活的需要。

3．八大政策建议

（1）关于基本经济制度

十五大报告指出："公有制为主体，多种所有制经济共同发展，是我国社会主义初级阶段的一项基本经济制度。"但是，"这是就全国而言的，有的地方、有的产业可以有所差别。"西部地区生产力比较落后，经济还不发达，因此，公有化程度不宜太高太广。

（2）关于矿产资源开发政策

西部地区生产资源非常丰富，这是一个潜在的大优势，但是尚未变成现实的优势，对西部经济的发展影响不大。其原因当然很复杂，但资源开发和经营政策不妥是主要原因。因此，改革和完善现行开发政策，实为当务之急。

首先，要打破国家垄断矿产资源开发的方式，除黄金、铀矿等战略性资源外，应允许地方甚至个人开采经营。其次，无论是谁来开发经营，都必须向国家和地方财政缴纳一定的资源税，向所在地方政府缴纳一定的环境污染治理费用，否则就停止其开发经营的权利。

（3）关于调整价格政策

当前我国存在着严重的价格"剪刀差"问题：一个是工农业产品的价格"剪刀差"，即农产品的价格低于价值，工业品的价格高于价值；一个是上下游产品的价格"剪刀差"，即上游产品的价格低于价值，下游产品的价格高于价值，前者主要是指西部矿产资源产品，后者主要是指东部加工业产品。实践表明，以上两种"剪刀差"价格对西部经济的发展都是不利的，根据粗略估计，西部地区为此支付的代价为数千亿元。

造成以上东西部价格差距的原因，除了历史的、地理的、自然禀赋等原因以外，现行的价格政策不完善也是一个重要原因。这主要表现在：对农、矿产品的价格定得太低，管理过严；而对加工产品的价格基本放开，很少监管；特别是对第三产业的价格混乱状态束手无策，任其漫天要价，无人管理。

为此，何教授建议，第一，放宽对农矿产品价格的限制，适当调高它们的销售价格，并制定最低保护价，使其生产经营者能收回成本，并取得适当的平均利润；第二，对加工产品仍坚持市场定价原则，随行就市定价，但为了制止垄断高价和低价，国家也可以采取限价政策；第三，对第三产业（特别是其中的金融市场、资本市场、信息市场、高科技专利市场等）的价格，必须从严管理，逐步探索经验，总结教训，制定适合我国现状的价格政策，特别是有利于西部大开发的政策。

（4）特殊的金融资本政策

何教授建议：第一，东部地区已建立了两个证券交易所（上海、深圳），西部地区也应建立两个证券交易所（西安、成都）；第二，东部地区曾经建立了几个期货市场，西部地区也应建立几个期货市场（如棉花、羊毛等期货市场与矿产品期货市场等）；第三，成立西部开发银行，西部各省市区也应成立相应的开发银行和商业银行，并建立相应的投资基金；第四，适当开展博彩业，在适当的地方建博彩城，实行封闭式的专业管理；第五，用比东部地区更优惠的政策，诱导东部地区的资本、港澳台资本、外国资本来西部地区投资，开厂设店，建立银行金融机构。

（5）特殊的财税政策

何教授建议：第一，凡是过去对东部地区（特别是经济特区）实行的优惠财政政策，都应当适用于西部地区；第二，在西部省市区的大城市中建立保税区、航空港，以吸引外部投资；第三，制定东部地区多交税利与技术转让的政策以支持西部开发的具体政策；第四，认真贯彻执行中央对西部地区实行财政转移支付的政策，并建议对西部地区的新兴行业和企业，实行差别税率制度，由国家50%的贷款担保和减免一些税款；建议中央将财政转移支付资金全部用于西部大开发，并逐步增加中央财政对西部开发的投资；第五，希望国家加大财政拨款打通东西、南北大通道，包括新亚欧大陆桥，第二条陇海铁路，贯通西部地区南北通道、石油和天然气管道、信息高速公路等巨大工程。

（6）建立分类调控的西部发展政策体系

根据现阶段我国西部地区经济发展的情况和特点，应当逐步建立四种类型的政策调控区，即中心城市区、资源富集区、边境开放区、贫困地区。第一，对于城市中心区域，可实行"基于增长极的适度扶持政策"，即不断完善和加强中心城市的经济功能，促进其主导产业的技术改造和结构升级，鼓励其发展高新技术产业；第二，对于资源富集区，重点是加强国家资源勘探开发的投入，优先安排国家资源开发投资项目，并制定相应的鼓励政策，吸引区内外各种资本与投资开发；第三，对于边境开放区，应当依靠开放政策，以开放促开发，以开发求发展，依托边境贸易吸引和积累资本，以增强自我发展的能力；第四，对于贫困地区，重点是加强扶贫制度的建设，尽快形成贫困人口持续增加收入的机制，迅速脱贫致富。

（7）特殊的人才政策

20世纪90年代，西部地区的知识分子社会地位低下，官本位思想严重，许多中青年学者弃教从政，以致骨干教师至今青黄不接，研究人员后继乏人；特别是在经济待遇方面差距很大，同样级别的专家学者，地方院校教授的收入仅及中央部委所属院校教授的一半，而且只有沿海地区高校教授的1/4。在这样的巨大差异下，"孔雀东南飞""一江春水向东流"就不足为奇了。

何炼成教授多次呼吁，要解决以上问题，必须正确对待知识分子，并对科技人员实行特殊的地区倾斜政策。第一，深化对社会主义劳动和劳动价值论的认识。知识分子的劳动不仅是生产性劳动，而且是创造倍加价值的复杂劳动，理应得到更高报酬。第二，正确认识和对待知识分子。十六大报告指出："必须尊重劳动、尊重知识、尊重人才、尊重创造，这要作为党和国家的一项重大方针在全社会认真贯彻。"第三，给西部地区的科技专家教授授予特殊的荣誉，使他们像20世纪50年代那样，以支援西部大开发为无上光荣，扎根西部地区，全心全意为西部经济发展服务。第四，必须大力提高西部地区知识分子的政治地位、社会地位和经济地位，充分发挥他们的积极性、主动性和首创精神，为社会主义建设而贡献自己的聪明才智。为此，何教授建议，院士享受副总理的待遇，教授享受省部级待遇，副教授享受厅局级待遇。第五，成倍提高西部科技人员的工资待遇，对有突出贡献的知识分子实行重奖，使他们的经济收入超过东部地区同类人员的收入。第六，正确认识和对待我国改革开放以来出现的新的社会阶层：民营科技企业的创业人员和技术人员；受聘于外资企业的管理技术人员；

个体户；私营企业户；中介组织的从业人员；自由职业人员。

（8）特殊的城市政策

江总书记在党的十五届四中全会上指出："实施西部大开发和加快小城镇建设，都是关系我国经济和社会发展的重大战略问题，应提上议事日程。"为此，就需制定相应的政策。对西部地区来说，显得更为重要，更为迫切，更需制定特殊的城市政策。第一，特殊的土地使用与管理政策；第二，改革城市户籍制度；第三，加大国家对小城镇建设的资金支持力度。

4．八大重点工程

（1）山川秀美工程。

搞好生态林工程，治理水土流失，加强生态环境建设，建立一批自然保护区，此项工程需投资 2000 亿元。

（2）西气东输工程。

（3）南水北调工程。

（4）新亚欧大陆桥工程。

（5）科学园区工程。

（6）交通电信工程。

（7）特色旅游工程。

（8）科教产业化工程。

5．"十五"万亿筹资渠道

以上八项工程，全部完成需投资约 10 万亿元，为期 20 年左右。何教授曾认为，在"十五"期间需投资至少 2 万亿元，如果国家能负担一半，西部自筹一半，约需 1 万亿元。其渠道有：

（1）基本经济制度创新。国企扭亏增盈至少 1000 亿元，非国有经济发展至少 1000 亿元。

（2）调整矿产资源开发政策。东部向西部返还 1000 亿元，西部各省自营开采获利 1000 亿元。

（3）缩小东西部交换的"剪刀差"价格。西部出售矿产资源可多收1000 亿元，西部向外区购买可以少付 1000 亿元。

（4）搞好高新科技开发区的建设。西部各省市区"十五"期间至少可获利 1000 亿元。

（5）建立和发展西部大旅游工程。西部各省市区在"十五"期间有可能增收 1000 亿元。

（6）通过亚欧大陆桥"走西口"。开展边境贸易，加强国内商贸活动，西部各省区市在"十五"期间至少创收 1000 亿元以上。

（7）抓好西部特色优势产业和产品的开发。在"十五"期间至少创收 1000 亿元。

（8）抓好资本经营。增收 1000 亿元。

三　中国发展经济学与西部经济发展思想简要评价

（一）兼收并蓄的研究特色

何教授创建的中国社会主义发展经济学，在研究内容和研究方法上，有以下几个特点：

一是进行比较研究，对比不同的发展中大国与不同的社会制度（如印度），不同的经济体制，大小不同的国家和地区，从而突出中国社会主义经济发展的特点。

二是结合我国的历史、社会、政治、文化等方面，来研究我国社会主义经济发展问题。

三是从我国国情出发，考虑我国各个地区、部门之间的发展问题和以此形成的"二元经济"模式，来制定社会经济发展战略。

四是集古今中外发展思想、理论与学说，博采众长，建立中国社会主义发展经济学新思想、新理论、新战略。积极吸收西方经济学，特别是西方发展经济学中的科学成果；吸收我国历代思想家的进步思想，尤其是经济发展思想；突出邓小平同志的建设有中国特色的社会主义理论；汲取现代科学成果如"新三论"的方法论于我国社会主义经济发展分析之中。

五是站在发展中国家的立场上研究中国经济发展问题。人所共知，过去的发展经济学主要是由西方学者研究的。这些学者虽然对发展中国家的贫困具有一定同情，愿意为改变这种贫困寻找对策，但他们毕竟是资产阶级的学者，其所站立场和在诸多问题上的看法，表现了明显的阶级偏见，甚至是从发达国家的利益出发"为发展中国家说话"。对此，我国著名专家张培刚教授早有分析。所以，何教授非常重视对研究指导思想的重新确立，他研究发展问题的出发点和归宿始终在于如何促进中国经济发展，可以说，何教授在发展经济学领域内，对"中国化"的研究进行了非常有益的尝试，已形成诸多创见和突破。

（二）求真务实的创新精神

何教授研究的中国发展经济学主要定位于对中国经济发展理论的研究，

即从理论的高度认识中国发展，形成对发展问题的理性思考，揭示中国经济发展的规律性，丰富和创新对发展经济学的研究。但是，鉴于中国经济发展的现实性和客观要求，何教授在对不少问题的研究上，也提出若干较为具体的对策思路和政策建议，有些对策和政策还带有较强的可操作性。

同时，他把经济发展与经济改革结合起来研究，以经济发展研究为主线。发展经济学研究的重点应是"发展"，然而发展本身又受到经济体制等诸多社会因素的制约。特别是中国正处在体制改革时期，新旧体制的矛盾仍很突出，社会主义市场经济体制的建立尚在探索之中，许多改革难题依然没有解决。在这样的情况下，研究中国经济发展更是无法回避改革，以至于离开改革就无法对发展形成正确的认识。所以，何教授在研究中国经济发展的主线下，恰当地结合了对所涉及重大改革问题的分析，如在基本经济制度与经济发展关系、所有制问题和国企改革上表达自己的看法和观点。

自高考制度恢复以来，在从事学术研究和教学活动中，何教授鼓励学生进行观点创新，始终坚持两个"三不"的教育方针。一个是毛主席提出的"不戴帽子、不抓辫子、不打棍子"；另一个是陈云同志提出的"不唯上，不唯书，只唯实"，何教授又加上一个"不唯师"。30年来的教学实践证明，贯彻两个"三不"的教育方针是卓有成效的。正如魏杰教授后来回忆的："何教授的学风极为民主与开放，一直鼓励我们要敢于提出自己的新见解，强调做学问必须有创新，创新能力是做学问的必备素质……学生提出了完全与他不同的观点，他都是鼓励和支持的。他提倡学生与教师进行学术争论，鼓励学生超过老师、校正老师的观点。"[1] 张维迎也回忆道："何老师总是鼓励学生独立思考，有自己独到的见解。可以说，当何老师的学生，享有最大的自由。我上研究生之后，常常谈一些在当时看来是离经叛道的观点，何教授不仅没有批评我，反而鼓励我。"[2] 西北大学经济管理学院之所以成为"经济学家的摇篮"，重要的经验在于坚持求真务实的创新精神和真正贯彻两个"三不"的教育方针。

（三）　奉献西部的满腔热情

1951年7月30日，从武汉大学毕业的何炼成教授背着一个小背包，提着一个破旧的人造革箱子，只身来到西北大学。一进西北大学北门，就被

---

① 罗亚蒙编辑策划事务所编《一代师表》，中国人事出版社，1997，第45、47页。

② 罗亚蒙编辑策划事务所编《一代师表》，中国人事出版社，1997，第51页。

眼前荒凉简陋的校舍环境惊呆了。在我国著名历史学家侯外庐校长的爱护与感召下，何教授逐渐安下心来，逐步适应了这里的人文地理环境，开始了他在西北大学的教学生涯。从那时算起，何教授在西北大学、在西北地区已度过了 60 多个春秋。这是新中国成立后的第一个 60 年，是社会主义革命和建设高潮迭起的 60 年，也是大起大伏曲折前进的 60 年。60 多年来，何教授经历了火红的 20 世纪 50 年代、"文化大革命"的疯狂岁月和改革开放的伟大时代；作出了巨大的成就，得到了党和国家给予的很多嘉奖和荣誉，也挨过不少批评甚至批判斗争；经历了各样风风雨雨，尝尽了人间的酸甜苦辣，度过了他一生的黄金时代；从一名助教成长为我国著名经济学家；扎根西北，为西北大学的教学、科研以及西部大开发作出了巨大贡献，可谓为西大、为西北献了青春献终身！

自西部大开发以来，何教授一直活跃在西部大开发理论与对策研究的前沿阵地，为西部大开发出谋划策、呐喊呼吁，奉献自己的满腔热血与聪明才智。他的理论研究轨迹是：生产劳动论→劳动价值论→市场经济理论→所有制结构论→中国经济管理思想史→中国发展经济学→西部大开发。

（四）关注民生的普世立场

何教授出生在湖南浏阳的一个"三代书香"家庭，作为我国著名的经济学家，他始终站在西部、西北广大基层人民群众的一边，对西部下岗职工、农民朋友、老少边穷地区老百姓的生活寄予极大的同情与关注。他经常深入基层进行社会调查研究，体察民情、民生、民主、民权，并通过自身的不断努力力争使他们早日脱贫致富过上小康生活，用自己的实际行动体现我党"三个代表"的理论。可以说，何教授就是广大人民利益的代言人，是"中国穷人的经济学家"。他始终为人民群众说话，这和一些先富起来的学者一心为既得利益集团代言，而不是为人民群众说话形成了鲜明对比，方显何教授关注民生的普世立场与高风亮节！

（五）正本清源的大家风范

我国老一辈著名经济学家张培刚教授，是国际发展经济学的奠基人，也是何炼成教授的老师。由于种种原因，过去的论者一谈到发展经济学时，总是言必称刘易斯、舒尔茨，而闭口不提张培刚。在发展经济学的研究上，也似乎把中国这个全球最大的发展中国家的发展排除在外。对此何教授大声疾呼："发展经济学的真正奠基人和创新者是中国的张培刚教授，而非西方学者。"他认为，张老在其博士论文《农业与工业化》中列出了一系列理论观点，构成了后来的新兴学科——发展经济学的基本内容：①关于农业与工业的相互依存关系，以及农业对工业乃至对整个国民经济的贡献和基础作用。②关于"工业"的定义和含义——包括工业的现代化和农村的工业化问题。③关于基础设施和基础工业的"先行官"作用的论述。④关于工业化的发动因素与限制因素问题。⑤关于工业化对农业生产和农村剩余劳动力的影响。⑥关于工业化过程中利用外资和开展对外贸易的问题。⑦关于竞争和市场机制以及农村市场问题。⑧关于农业国家实现工业化的最重要的发动因素——生产技术、企业家创新精神和管理才能等。

正是在张老以上理论观点的基础上和启发下，美国经济学家西蒙·库兹涅茨提出了农业部门对经济发展具有产品贡献、市场贡献、要素贡献、出口收入贡献等；英国经济学家刘易斯提出了二元经济结构理论及其发展模式；美国经济学家舒尔茨在强调农业对发展中国家的重要意义时，特别提出要扩大"人力资本"的投资，才能实现农业现代化，实现经济的增长和发展；20世纪50年代在美国出版的发展经济学论著，如刘易斯的《经济成长论》（1955年）、哈维·赖宾斯坦的《经济落后与经济成长：经济发展理论的研究》（1957年）、查尔斯·全德尔伯格的《经济发展》（1958年）、艾伯格·赫希曼的《经济发展战略》（1958年）等，都不同程度地受到张老博士论文的影响。

基于上述历史事实，何教授认为，张培刚老师才是国际发展经济学理论的奠基人，他的博士论文是发展经济学的第一代表作，他老人家不愧为世界发展经济学论坛的第一代宗师。但是，由于旧中国在国际上的地位低下，新中国成立后国内30年的政治波折、闭关锁国，使张培刚教授这种崇高的学术地位没有得到应有的尊重。近半个世纪中获得诺贝尔经济学奖的几位发展经济学家中，竟然没有张培刚教授，这是令人感到非常惋惜和不平的。1986年底何教授去美国哈佛大学访问时，该校经济系一位教授在座谈会上说："张培刚才是真正的发展经济学的创始人，刘易斯、舒尔茨等人的发展理论比他提出的要晚好些年，因此张培刚更有资格获诺贝尔经济学奖。"他深为张老抱不平，并呼吁要纠正这种不公正现象。何教授的调查研究发现，美国、德国、英国和日本，都认为发展经济学的奠基人是张培刚教授。

何教授对武汉大学等众多大学，对他的老师张培刚、谭崇台等老一辈经济学家在中国乃至在世界发展经济学领域的贡献给予充分肯定和高度评价，这种教书育人、为人师表的大家风范为我国青年经济学家和教育工作者树立了榜样。

（六）问鼎诺奖的远大目标

"所谓的远大目标，就是要瞄准诺贝尔经济学奖，实现新中国成立以来诺贝尔奖零的突破。为此，我们在西北大学进入'211工程'的经济学重点学科规划中，提出'打出潼关，争取全国发言权；走向世界，问鼎诺贝尔经济学奖'的远大目标。我们认为，这对我国来说，不仅有必要性（因为新中国成立半个世纪了，却一直与诺贝尔奖无缘，这实在是说不过去），而且具有可能性，特别是从发展经济学方面突破的可能性较大。为此我们提出创建中国发展经济学，力争以此问鼎诺贝尔经济学奖。1998年诺贝尔经济学奖得主公布以后，对我们是一个极大的鼓舞，因为得主之一的阿玛蒂亚·森教授是获此殊荣的第一位东方人（印度人），而且是以发展经济学的成就获此殊荣的，这对发展经济学界来说是一次良机。为此，我院召开博士点会，进一步修订了科研规划，集中力量抓好《中国发展经济学》系列丛书（10册）的编写、翻译、出版和发行工作，力争在2010年前完成，以此来争取诺贝尔奖的提名。有人认为这是梦想，我们认为只要坚持不懈地努力，梦想是可能成真的。"[1]

为了圆中国人的诺奖梦，何教授建议：第一，在张培刚教授、谭崇台教授的指导下，推出新的发展经济学的精品成果，并翻译成英文版，进入国际经济学界；第二，以全国发展经济学研究会为基础，联合武汉大学、华中科技大学、北京大学、西北大学、西南财经大学、浙江大学等校的经济发展研究中心，集中力量攻关；第三，将有关发展经济学的代表作翻译成英文，迅速打入国际图书市场，并分送诺奖评选委员会评选委员和历届诺贝尔经济学奖得主；第四，创办一个全国性的"发展经济学"刊物，分中英文两种版本，打入国际书刊市场；第五，扩大张培刚发展经济学研究基金的数量和范围，增设谭崇台发展经济学研究基金；第六，与美国哈佛大学经济学部和发展研究中心结成战略伙伴关系，争取他们的大力支持和帮助。何教授期待着他的"诺奖梦"能梦想成真，并争取在有生之年能够实现。

一个年逾八十的老人，树立问鼎诺奖的远大目标，并为此做出不懈的努力，这在中国经济学界是难能可贵、独树一帜的！衷心祝愿何老的愿望早日实现。

---

[1] 何炼成：《突出创新肩托新星攀登高峰》，《学位与研究生教育》2001年第1期。

第六章　桃李不言，下自成蹊

——教书育人的巨大成就和教育思想

赵麦茹

在经济学界，提到西北大学，提到何炼成教授，圈内人士无不肃然起敬。因为何炼成教授不仅是一位著作等身、造诣颇深的著名经济学家，而且还培育了影响经济学领域的一大批经济学家，张维迎、魏杰、张曙光、刘世锦、邹东涛、李义平、王忠民就是其中的佼佼者。这一成就很快引起了经济学界和社会的重视，1997年1月14日《光明日报》以"这么多经济学家缘何出自西北大学"为题对此现象进行了专门的报道和解读。那么，何老师教书育人的巨大成就体现在哪些方面呢？这些成就又是怎样铸就的呢？

一　教书育人的巨大成就

（一）自身科研成就——经济学泰斗

何炼成教授于1947年进入武汉大学经济系学习，师从哈佛大学归来的著名经济学家张培刚、谭崇台、刘涤源等大师。1951年，何炼成大学毕业经组织安排到西北大学任教，开始了他近半个世纪的经济学教学和研究生涯。

经过艰辛的探索和耕耘，何炼成教授自身成就斐然：著有《价值学说史》《中国经济管理思想史》《生产劳动理论与实践》《中国发展经济学》等专著十余本，编写相关教材十部，发表学术论文四百余篇。承担国家社会科学基金重大项目及省部级课题六项。先后两次获得孙冶方经济科学奖，三次荣获中国图书奖，多次获得教育部人文社科奖、陕西省社科优秀成果奖等多个奖项。先后被评为全国劳动模范、国家有突出贡献专家（1991年享受国务院特殊津贴）、陕西省劳动模范、陕西省优秀教师、陕西省教学名师和陕西省首届社科名家，入选"影响新中国60年经济建设的100位经济学家"。

何炼成教授在坚持教学的同时，从未放松过对经济学理论的研究工作，为此付出了艰辛的努力，并取得了丰硕的成果。现在他已是我国劳动价值论、中国发展经济学、中国经济思想史方面的权威学者之一。作为生产劳动理论大讨论的引发者和"新中派"代表，作为中国发展经济学和中国西部经济学派的创始人，几十年来，何炼成教授紧密结合中国实际，坚持和发展马克思主义经济理论，为我国基本经济制度的确立作出了自己的贡献。他提出的社会主义制度下生产劳动与非生产劳动划分的新观点、"飞机模式"等，都受到经济学界的广泛重视。

自 1956 年起，何炼成教授开始致力于中国经济思想史的研究，撰写的《试论孙中山的社会经济思想》一文在《西北大学学报》1957 年第 2 期上发表，产生了较大影响。

20 世纪 60 年代初，中国经济学界受苏联模式的影响较大。苏联教科书中把生产劳动仅仅解释为生产物质产品的劳动，针对此，何炼成提出了不同的观点。针对中国政治经济学通行教材中对生产劳动和非生产劳动界定不清楚的问题，他于 1963 年连续撰写了《试论社会主义制度下的生产劳动与非生产劳动》《再论社会主义制度下的生产劳动》《也谈生产劳动与非生产劳动》三篇论文，他认为反映社会主义生产关系的生产劳动的特殊内涵，不仅包括创造某种物质产品的劳动，而且包括创造精神产品和服务的劳动。从理论上提出了社会主义制度下生产劳动与非生产劳动划分的新观点：知识分子也创造价值，应划归到生产劳动者的范畴。这一新的理论的提出，引发了全国经济学界的一场关于生产劳动与非生产劳动理论的大讨论，大大提高了他的知名度，他被视为"新中派"的代表人物。这一观点今天已被学术界所接受。但在当时的政治环境下，他也因此遭受挫折与苦难。党的十一届三中全会后，他将 20 世纪 60 年代提出的学术观点整理成书，荣获陕西省社科优秀论著一等奖，其中《社会主义制度下生产劳动与非生产劳动的具体含义》一文，获首届"孙冶方经济科学奖"。

20 世纪 80 年代以来，何炼成教授积十年之功，对中国所有制结构进行了深入研究，在 1987 年 10 月召开的全国社会主义经济理论研讨会上，正式提出了"343"模式，他形象地称之为"飞机模式"，即 30% 为全民所有制，是飞机的机头；40% 为集体所有制，是机身；30% 为个体或私营经济，是机翼。他认为，所有制结构达到这样的程度，整个经济就可以腾飞。虽然他的这个观点在当时遭到不少与会人员的指责，但 10 多年来中国所有制的变化和发展趋势已经证明了他的观点的超前性和预见性。

这些年来，为了寻找中国经济基础发展的良策，他加紧了对经济理论的研究和对中国几千年经济发展史的整理工作。他情系大西北，积极为西部大开发献计献策。1997年，他主编出版了50余万字的著作《历史与希望——西部经济开发的过去、现在与未来》。另外，他还系统总结了自己多年来对西部经济发展的研究成果，向国务院和陕西省人民政府提出八条建议，均被采纳。目前，他仍壮心不已，继续从事教育事业和经济理论研究。

（二）　教书育人成就——桃李遍天下

何炼成教授自从进入西北大学，就从未离开过西北大学的讲坛，他把自己的知识和才华毫无保留地献给了西北大学的学子们。几十年来，他始终坚持在教学第一线，先后讲授过《政治经济学》《中国经济思想史》《中国管理思想史》等7门课程，受业学生逾万人。

作为一代名师，何炼成教授爱护青年，甘为人梯，教书育人，培养了一大批基础扎实、勇于创新的杰出中青年经济学家，为中国教育事业和经济理论的发展作出了巨大贡献。20世纪70年代，何炼成教授组织原马列主义教研室的八位政治经济学教师（何炼成，李靖华，杨荣卿，李瑞芝，朱玉槐，常兆忠，程希韬，梁继宗，人称"八大金刚"），恢复了20年停止招生的经济学专业，77级招收49人，78级招收50人。这些学生中有1/3以上属于"老三届"，他们经历了"文化大革命"的动乱，饱尝了失学的痛苦，因此踏进大学之门后，都如饥似渴地刻苦学习，毕业以后基本上个个成才，一部分人还脱颖而出成为全国知名的中青年经济学家（如魏杰，张维迎，刘世锦等），还有少数人成为著名企业家和政府官员，他们为西北大学争得了名誉，为经济管理学院树立了品牌，使学院成立15年后跻身全国经济学科的前10名，被誉为"青年经济学家的摇篮"。在此后几十年的教学工作中，何炼成教授一直将这种热忱倾注在工作中，并取得了辉煌的成绩。

在经济学界有这样一种说法，北京的经济学学界有一个"西大帮"，有一个"何炼成群体"，魏杰、张曙光、张维迎、刘世锦、邹东涛、李义平等都是其中的佼佼者。

魏杰：著名经济学家，经济学博士。中国国有资产管理学会常务副会长，清华大学中国经济研究中心常务副主任，清华大学经济管理学院教授，博士生导师。曾任中国人民大学经济系主任，国务院国家国有资产管理研究室主任等职，兼任全国13个省市经济顾问、15家企业经济顾问、7家上市公司独立董事，1991年被评为国家级有突出贡献的中青年专家，1992年成为中国最年轻的博导之一，1993 年在经济学界第一个提出中央银行与专业银行彻底分开的治理金融秩序的建议。

张曙光：中国社会科学院经济研究所研究员，中国社会科学院研究生院教授，博士生导师，北京天则经济研究所学术委员会主席，中山大学、浙江大学等兼职教授，北京大学法律经济研究中心主任，浙江大学天则民营经济研究中心学术委员会主席，《中国社会科学评论》主编。曾参与"六五"经验总结，"七五"国力预测，"八五"改革大思路，中国经济发展战略研究，深圳和海南发展战略研究。亲自主持了市场化过程中的宏观经济稳定，中国社会科学院重点学科目标管理、中国贸易保护代价的测算、中国服务业增加值核算等重大课题，发表论文数百篇，出版著作二十多部，英、俄文译著五部（篇）。主要著作：《公有制宏观经济理论大纲》（副主笔），"Measuring the Costs of Protection in China"（合作），《中国经济学和经济学家——张曙光经济学书评集》《制度·主体·行为——传统社会主义经济学反思》《经济自由与思想自由》《中国转型中的制度结构与变迁》。主编有《中国制度变迁案例研究》（共四集），《中国宏观经济分析报告》（共四集）等。曾四次获孙冶方经济科学论文奖和著作奖，一次获国家科技进步软科学一等奖，两次获中国社会科学院优秀科研成果奖，获第二届中华经济英才特别奖，享受国务院颁发的政府津贴。

张维迎：北京大学光华管理学院经济学教授，前任院长，英国社科界最高奖学金获得者、诺贝尔奖得主莫里斯的学术传人。他以一个独立学者的立场，积极参与到中国改革实践的洪流中。他是国内最早提出并系统论证双轨制价格改革思路的学者；他的企业理论及有关企业改革的理论成果在国内外学术界、政府有关部门和企业界有广泛影响。据《中国社会科学院引文索引》统计，他的论文被引用率连续多年名列第一。2000 年，他获得国家自然科学基金——"杰出青年科学基金"。他发表的有关中国经济改革和社会发展的观点经常成为媒体关注的焦点。2002 年，他关于中国企业的核心竞争力、中国企业如何做大、如何重建社会信任和企业信誉的阐述，引起人们对这三大问题的空前关注和讨论，当选为"CCTV 2002 年中国经济年度人物"。2006 年 3 月他发表了《理性思考中国改革》的长文，将有关改革的争论推向了一个高潮。2010 年 7 月出版了《市场的逻辑》一书。

刘世锦：国务院发展研究中心研究员，曾任市场经济研究所副所长、宏观调节研究部副部长、产业经济研究部部长。目前兼任中国工业经济联合会常务理事及学术委员会副主任、国家产业政策咨询委员会委员、国防科工委专家委员会委员、中国改革基金会学术委员会委员、中国发展研究基金会理事等。兼任若干城市、企业的顾问和若干大学的兼职教授。长期以来致力于经济理论和政策问题研究，主要涉及企业改革、经济制度变迁、宏观经济政策、产业发展与政策等领域。先后在国内外一些重要刊物上发表学术论文及其他文章二百余篇，独著、合著、主编学术著作十余部。撰写一系列内部研究报告。曾多次获得全国性学术奖励，包括第四届孙冶方经济科学论文奖，中国社会科学院优秀论文奖，中国发展研究奖一等奖等。

邹东涛：经济学教授，博士生导师，中央人才工作局专家，世界生产力科学院院士。历任国家体改委经济体中国改革研究院副院长、中国社会科学院研究生院常务副院长、社会科学文献出版社总编辑，特聘中央财经大学中国发展和改革研究院院长。长期致力于中国经济体制改革和发展研究，主要著作有《经济竞争论》《十字路口上的中国》《什么粘住了西部腾飞的翅膀》《中国经济体制创新》《新制度经济学与中国》《邹东涛讲诺思》等20余部，发表论文数百篇，主编《中国改革攻坚丛书》《哈佛模式全书》等丛书150余卷。

李义平：中国人民大学经济学教授。李义平治学态度严谨，出版的个人学术专著有《经济改革热点理论探源》《体制选择分析》《中国的经济过渡》《经济学百年——从社会主义市场经济出发的选择和评介》和经济学随笔集《和着时代节拍的思考》。在《中国工业经济》《管理世界》《经济学动态》和《光明日报》《经济日报》《文汇报》等大型杂志和报纸上发表论文三百余篇。李义平的科研成果多次获省部级和国家级奖，以及蒋一苇企业改革与发展学术基金奖。

由于何炼成教授将自己的全部心血都献给了中国经济学事业，托起了一颗颗经济学的新星，中国经济学界因此送给他一个"西北王"的称号。对于这一称号，他是当之无愧的。

除了经济学教学与科研，何炼成教授的弟子也不乏学而优则仕和立志经商的优秀人才。王忠民和冯仑就是其中的典型代表。

王忠民：全国社会保障基金理事会党组成员、副理事长。经济学博士，博导，曾任西北大学校长。完成国家社科基金、国家自然科学基金、国家教委优秀青年教师课题、优秀回国人员课题等十多项研究项目。获国家和省部级学术奖十余项，教学奖两项。他是全国"百千万人才工程"专家，国家有突出贡献专家，陕西省有突出贡献中青年专家，陕西十大杰出青年，优秀回国人员和优秀教师等。第九届全国政协委员。2007年10月，王忠民在中共中央第十七届全国代表大会上当选为中央纪委委员。

冯仑：万通集团董事长，中国房地产的风云人物，在业界一直享有"地产思想家"的美誉。1982年毕业于西北大学经济学专业。自1991年开始，冯仑领导并参与了万通集团创建的全过程及发展工作。1993年，领导创立了北京万通实业股份有限公司。之后，参与创建了中国民生银行并出任该行的创业董事，策划并领导了对陕西省证券公司、武汉国际信托投资公司等企业的收购及重组。冯仑于2001年获得"十大最具人气企业家"称号，冯仑领衔的万通地产在2001年和2002年连续两年获得"中国名企"称号，同时他本人连续两届获得"中国房地产十大风云人物"的殊荣；在胡润主持的"2003房地产影响力人物50强"的评选中，冯仑位列第四，冯仑"新新家园"旗下三个项目均获得业界"明星楼盘"称号，还获得"中国明星楼盘""中华建筑金石奖"等殊荣。与李连杰、马云、牛根生、王石、周其仁等共同成为深圳壹基金理事会成员。

总之，不管是潜心科研教学，还是立志于经商、入仕，何炼成教授的弟子们都在立言、立功与立德方面表现卓著。这无疑有力地印证了何炼成教授在教书育人方面的伟大成就。那么，这些成就是如何铸就的呢？仔细研究何炼成教授的教育思想，我们就不难找到答案了：何炼成教授独具一格的教学方法、教学思想和教学理念是获得这一成就的重要因素。

二　教育思想

何炼成教授既是一位经济学家，也是一位匠心独具的教育学家。其匠心独具不仅体现在有教无类的人才录用标准上，还体现在解放思想、实事求是的教育理念与注重以身作则、因材施教、授人以渔、注重学思结合、教学与科研并重等教育方法方面。

（一）选录人才：不拘一格、有教无类

西汉司马相如曾说："有非常之人，然后有非常之事；有非常之事，然后有非常之功。"如何在既有体制之下创新，创造非常之功，这非常考验人的能力，而何炼成教授正是这样的"非常之人"。正是他在录用人才方面的不拘一格、有教无类造就了西北大学经济管理学院的成就与辉煌。

那么，何炼成教授是如何不拘一格录用人才的呢？西北大学经济管理学院的韦苇教授深有体会："我是'文化大革命'中的'老三届'学生，也

是西北大学经济系（当时叫'政理系'）在'文化大革命'后恢复重建的第一届——77 级学生。我们班 49 名同学，是何炼成先生从第一批录取时以各种各样不成其为原因的原因而被淘汰下来的考生档案中一个个挑选出来的。而这些原因多是因为家庭出身、社会关系问题。1978 年 2 月《中国青年报》一篇题为《关于落实政策中的一个重要问题》的社论，送来了邓小平同志纠正'左'倾错误的思想光辉，方为我和我的同学们带来了转机。于是有一大批在 77 级高考中因家庭出身问题而被'政审'落榜的优秀考生第二次被'扩招'进各高等院校，这些人中又以'老三届'居主体。我们这个班的同学就是在这样的历史大转折的紧要关口，被我们何老师巨笔圈点，进入西大的。整整比其他班级的同学入学迟了一个月。这是一个很有特色的集体，全班'老三届'的人数比例、'黑五类''狗崽子'的出身比例、入学成绩平均分数 3 项在全校均为第一。这个班后来出来一批全国著名的经济学家和青年学者，一批挑大梁的政府官员，也在西大校史、经济管理学院院史上写下了浓墨重彩的一笔。"① 西北大学经济系的 77 级是西大百年校史上涌现优秀人才最多的一级，很难想象，如果没有当初何炼成老师不论出身、不论城乡、不拘一格地录用人才之举，中国经济学界将痛失多少杰出人才。

敢于突破常规，逆惯例行事也是何炼成教授不拘一格录用人才的一个体现。魏杰当年就是在何老师的鼓励下，以大学二年级的学历考取了何炼成教授的第一届硕士生。这在今天的体制下是不可想象的。魏杰后来在回忆这一段历史的时候也由衷地感叹道："成为何教授的弟子，这是我一生从事经济学研究的起点，也是我人生的起点。我后来之所以能在经济学研究方面取得一些成绩，完全是因为我一开始就成为何教授这样的名师的弟子。我现在仍然这样认为，我如果当时没有考取何教授的研究生，没有何教授后来的辛勤栽培，恐怕不会有我的今天。"②

有教无类，重学历而不唯学历，重考核而不唯考核也是何炼成教授招收硕士生与博士生的一大特点。很多硕士生和博士生在谈到何老师的选用人才逸事时，都不由得感叹："没有何老师'有教无类'的思想，就没有我们的今天。"这种由衷的感慨是对何炼成教授录用人才标准的最大肯定。张宝通、邹东涛是以物理系学生的身份自学经济学而入何炼成教授门下的，

① 韦苇：《前面有一盏指路的灯》，《一代师表》，中国人事出版社，1997，第 68 ~ 69 页。
② 魏杰：《永记恩师何炼成教授的教诲》，《一代师表》，中国人事出版社，1997，第 45 页。

丁文峰没有经过硕士阶段，以同等学力考取了何炼成教授的博士生。栗树和1983年从数学系计算数学专业毕业，是他们班的高材生，何炼成老师却把他留在了经济系，并随后招他为自己的研究生。但这并不意味着何炼成老师不注重基础功底。以邹东涛为例，他当年就是在边学习边思考问题的过程中撰写论文，其《论包产到户的社会性质及其对陕西的适应程度》等论文是其当时的学习心得，何炼成教授看到寄来的这些文章后，对邹东涛的自学和探索精神给予热情鼓励和充分肯定，并积极欢迎他报考自己的研究生。所以，何炼成教授在选择学生上，既遵循着规律，又一次次打破常规，不拘一格、有教无类地录用人才，也正因为这样，一大批可造之材才被他挖掘出来并齐聚其门下，为日后西北大学经济系的发展奠定了坚实雄厚的基础。

（二）教育理念：实事求是，解放思想

1. 实事求是：坚持真理

"不唯上、不唯书、不唯师，只唯实""吾爱吾师，吾更爱真理"，何教授经常这样告诉他的学生。

何炼成教授是这样说的，也是这样做的。他本人就善于发现真理，敢于坚持真理。"文化大革命"期间，何炼成教授关于社会主义生产劳动不限于物质生产领域的观点受到批判，他本人也因此受到冲击，在"文化大革命"中被批成"孙冶方在西北的代理人"。但他从来没有因为批评来自某些权威或强势力量而放弃自己经过独立思考而得出的学术观点。

魏杰对何老师坚持真理、"只唯实"这一点体会深刻，他这样强调："何教授所有创新中都贯穿一个趋向，这个趋向就是以实践为评判事物的标准，从生产力发展的角度分析经济问题。何教授的不少创新都是对传统'左'的所谓社会主义理论的否定，这种否定都是坚持了生产力发展的原则。他很早就认为经济体制的设立必须以能够促进生产力发展为标准，一切不利于生产力发展的体制都必须改革。"① 他认为自己的研究思维就是在何老师理论倾向和研究方法的影响下才形成的，这一点对他以后成绩的取得至关重要。

李忠民也认为何炼成教授在教学科研中始终坚持实事求是的做法。他认为，作为马克思主义经济学家，何老师始终坚持把马克思主义的一般原

---

① 魏杰：《永记恩师何炼成教授的教诲》，《一代师表》，中国人事出版社，1997，第46页。

理与中国的经济实践相结合，突出理论研究的现实性，融理论分析于实践之中。这种特点是何炼成教授以其理论体系的完整性和系统性而引起学术界重视的一大原因①。

左中海也说："导师不唯书，不唯上，只唯实。何老师不只一次地讲，认真探求真理，善于发现真理，是真正的学者应具备的品格。"②

冯宗苏对何炼成教授坚持真理的做法也印象深刻，他说何老师素以对马克思《资本论》和对中国古代，特别是先秦和秦汉经济思想史的独到研究而著名，然而为了更多地了解经济研究中的各种新成果，博采众家之长，他在教师中率先系统地研究西方国家经济学的经典著作，大胆肯定其中的合理成分，态度鲜明地质疑或批评其谬误，不论在何种场合，他总是直抒己见，不计较和者多寡。冯宗苏认为何老师这种既坚持原则又注重兼收并蓄的治学精神对西大经济学科良好学风的形成起了至关重要的作用。的确，在当时的"左"倾路线影响下，何炼成教授能够不被环境影响，坚持己见并直抒己见，这种坚持真理的精神的确在很大程度上影响了他的学生。

2. 解放思想：鼓励创新，培育民主宽松的科研学习氛围

"我不要求你们人云亦云，要自己独立思考，提出自己独到的见解，哪怕和我的观点对立，只要你能自圆其说。"这也是何炼成教授经常说的话。

何炼成培养学生，从不干预学生的研究方向，不限制他们的兴趣爱好，也从不强迫学生服从其学术观点。他总是充分尊重学生的选择，鼓励他们提出独创性的观点，发挥他们最大的潜能。这样不但避免了将学生的知识、观点、兴趣、方法等限定在狭窄的范围内，而且能给他们一个广阔的自我创造的空间。正是何炼成教授这种注重解放思想、实事求是、倡导开放式思维、"自由放任"的教育理念使其弟子摆脱了思想禁锢，不拘泥于传统理论，敢于创新，这才有了后来的"何炼成现象"，才在后来涌现出了众多杰出的中青年经济学家。

在坚持自己观点、鼓励开放式思维方面，何炼成教授不仅身体力行，而且积极鼓励学生大胆创新，不要人云亦云。左中海对这一点体会颇深，他在回忆自己的博士论文答辩情况时，对何炼成老师的一席话印象很深："在关于服务行业在我国经济发展中的地位问题上，我们师生二人的观点是

---

① 李忠民：《无悔追求》，《一代师表》，中国人事出版社，1997，第22页。

② 左中海：《我爱我师》，《一代师表》，中国人事出版社，1997，第85～86页。

不一致的，中海的观点虽然与我的观点不同，但能够自圆其说。"① 与现在因为学术观点不同而闹得师生反目的某些学界人士相比，何炼成教授这种能包容不同声音、不同意见的胸怀显得尤为难能可贵。

现在在学界影响较大的张维迎当初在西大学习时，选择价格理论和价格改革作为他的研究内容，当时他的选题和何老师当时的研究方向不尽相同，其观点也和当时的传统观点相左。对此，何炼成教授不但不干预，而且还热情支持，悉心指导。在莫干山召开的第一届青年经济科学工作者学术研讨会上，张维迎放开价格的主张得到众多与会者的肯定和拥护，成为"改革派"领袖，后来他又以价格"双轨制"等观点影响和推动了中国改革，活跃在中国经济学舞台上，为改革发展出谋划策。因此，张维迎对何老师的民主作风也感同身受，他感叹道，当何老师的学生，享有最大的自由。因为何老师总是鼓励学生独立思考，有自己独到的见解。张维迎在读研究生期间，经常谈一些在当时看来是"离经叛道"的观点，何老师不仅没有批评他，反而经常对他进行鼓励，他唯一的要求是"自圆其说"。张维迎在当时还组织了一个读书班，专门学习微观经济学和宏观经济学，因为他当时的专业是政治经济学，所以有人认为他在走歪路。但何老师知道后，仍是一如既往地支持他，而且非常高兴。张维迎对此非常感激，他曾这样说："我到北京工作后，有人说我的微观经济学很地道，我想，这与何老师的'自由放任'政策是分不开的。"②

"海纳百川，有容乃大。"何炼成教授这种博大的胸怀既造就了一大批优秀青年学者，也赢得了弟子们对他由衷的敬佩。

魏杰谈到自己所取得的学术成就时曾说："我的导师何炼成教授和卫兴华教授是我的人梯，他们把我扶上了研究的高楼。他们从来没有强迫我服从他们的观点，从来都是鼓励我提出新观点。"

左中海在总结为什么何炼成教授会培养如此众多杰出学生的原因时，他坚持认为很关键的一个原因是：何炼成教授作风民主，从无学术霸气，在学术上鼓励不同意见、不同观点，放手让学生自己去独立思考。凡能自圆其说、言之有理者，他都给予肯定。

邹东涛根据自己的切身体会，也将何炼成教授能够创造一个宽松的学

---

① 左中海：《我爱我师》，《一代师表》，中国人事出版社，1997，第86页。
② 张维迎：《恩师何炼成引我进入经济学殿堂》，《一代师表》，中国人事出版社，1997，第51页。

术环境视为何老师教书育人成就斐然的一大原因。他认为学术研究是一项特殊的创造性活动，在客观上需要一个宽松的学术环境与之相匹配，如果没有这个环境，就不可能有创造；即便有什么创造，也会被压抑、泯灭或扼杀。理论家的创造性思维素质、探险精神和宽松的外部环境，共同构成学术理论成长的充分必要条件。在《跟随何炼成教授十年》一文中，邹东涛回忆往事，这样评价何炼成教授："他总是使自己身边保持一个宽松的学术空气，让各种学术观点都得以正常的存在和发展。何老师常说：'无论什么学术观点，只要有利于社会经济发展和能够自圆其说，就应该予以保护。'对与自己持相同观点的人，他总是要求其作更深入地探讨；对与自己持不同观点的人，他更是以宽容的态度鼓励其进行积极的探索。他认为，保持宽松的学术环境首先表现在对不同学术观点的态度上。对于每一个学生的研究课题，他总是让其'自由选择'，从不勉强要求哪个学生做老师所做的课题……在我的心目中，何老师永远是一个宽容而认真的导师。"①

解放思想，实事求是，何炼成教授将这样的教育理念落到了实处。解放思想体现在他鼓励学生创新方面，他本人也为此营造了非常民主宽松的科研学习氛围。实事求是体现在他对发现真理、坚持真理的执著上，他不仅自己身体力行，还积极鼓励学生"只唯实"。

（三）教育方法

1. 以身作则：笔耕不辍，舌耕不止

学高为师，身正为范。身教重于言教。何炼成教授深谙此理，在教学科研方面，他就是学生当之无愧的楷模。

何炼成教授既承担教学科研任务，还承担着行政任务，社会工作也很繁忙，时常是超负荷运转，但何老师从来没有懈怠过。

在教学方面，何老师承担着给进修生、专科生、本科生、硕士生和博士生等众多层次不一、程度不一的学生的上课任务，他从来没有因为上课对象的不同和行政任务、科研任务、社会工作繁重等种种原因耽误或懈怠上课，因外出耽搁的课他也总是找时间设法补上。数量上如此，质量上何老师更是如此。政治经济学、《资本论》等课程是他多年讲授的基本课程，但他仍能够做到常讲常新、常钻研、常备课。与有的教师一份讲稿用很多年相比，他这一点显得尤为感人。何老师常说，作为一位教师，认真负责

---

① 邹东涛：《跟随何炼成教授十年》，《一代师表》，中国人事出版社，1997，第63页。

地为学生上好课，既是头等大事，也是一个教师最基本的职业道德。应付课堂，糊弄学生，不用说是失职，至少在良心上过不去。邹东涛曾建议何老师少上一些课，让年轻教师分担一些。何老师解释说，一是有的班特别是成人学习班，在教学计划中点名要他上课，他不能随意违背教学计划和承诺；二是在工作中难免会遇到一些烦恼，而一走上课堂面对学生，一切烦恼就都烟消云散了。从何老师的解释中，一方面可以看到他的敬业，另一方面还可看出他对教学工作是由衷热爱和全心投入的。从开始工作至今，何老师一直奋斗在教学第一线，到现在年逾八十，他还给博士生和硕士生上课。这种精神非常人所有。

在科研方面，何老师更是成果卓著，上文所列的成果数量和质量足以说明这一点。这里要强调的一点是，这些成果的取得都是何老师在繁重的工作之余靠勤奋笔耕取得的。熟悉何炼成教授的每个学生几乎都对他的勤奋敬佩不已，谈到何老师这一点，几乎每个人都会说到何老师办公室的灯光。

左中海就曾说，导师没有节假日，没有星期天，这在经济管理学院是出了名的，而且几十年如一日。

邹东涛对何老师的勤奋和敬业也是感触颇深："在我与何老师相处多年的日子里，总觉得何老师与勤奋二字形影不离。白天，他有大量的行政事务工作，晚上，长期养成了加班进行学术研究的习惯，随时还要应付一些杂事的干扰。我在经济管理学院的 10 年，长年累月的晚上，总看到何老师的办公室灯光通明，我知道何老师或在笔耕，或在审阅学生论文，或在备课……我深知何老师大量的学术成果，大都是挑灯夜战出来的。由于长期的夜战用眼，何老师得了眼疾，不得不减少一些用眼时间，即便是如此，何老师仍然坚持不懈地阅读、思考、耕耘。"[①]

刘世锦专门写了一篇《想起何老师窗前的灯光》的文章，文章中这样描述何老师的勤奋及对他的影响："何老师的刻苦、勤奋是为人所称道的，我对此也有切身感受。记得在我们读书时，厚厚的一摞作业，何老师一夜就改完了。令人惊奇的是，何老师不仅写了恰当的评语，还把人们极易忽略的不当的标点符号也改过了。这么多的作业又改得这么细，大家常常感叹不已，可以想象一个夜晚先生是如何度过的……毕业后留校工作期间，我的办公室正好在何老师的办公室对面，晚上常常是其他房间的灯都熄了，只有何老师房间的灯光还亮着。每当此时，我们这些后辈们总是深怀敬意

---

① 邹东涛：《跟随何炼成教授十年》，《一代师表》，中国人事出版社，1997，第 64 页。

和愧意，说何老师如此用功，我们这些年轻人有什么理由不努力呢。"①

魏杰也有相同的体会，他说何老师几乎每天都是吃完饭后就到办公室伏案写作，一直到深夜。当时他的学习室在何老师办公室旁边，每当他坚持不住时，一看到何老师办公室的灯光依然亮着，就再次坚持下去。魏杰认为当初他扎实的基础知识功底应归功于何老师身教的影响。

可见，何老师的敬业和勤奋无形中对他的学生产生了深刻的影响，他们都有意无意地向其进行学习，身教这种潜移默化的影响作用是难以估计的。

2. 因材施教

何炼成教授不仅在选人才方面是不拘一格的，在教育培养优秀人才方面同样如此，他懂得根据学生的特点、学历背景、研究特长来为学生量身定做合适的教学方案和培养方法。往往他在深思熟虑后的一两句话就深刻影响了学生的一生或研究方向。这种因材施教也是他之所以能培养出这么多优秀人才的一个关键因素。

张维迎在求学期间的科研潜力受到何老师的关注，在别人看来是"离经叛道"的观点在何老师眼里就成了科研创新，他积极鼓励张维迎把自己的观点写出来，并鼓励他参加全国性的学术讨论，这为张维迎日后在经济学领域的发展奠定了很好的基础。

冯宗苏对何老师因材施教的教学方法印象深刻，在《我所了解的何炼成先生》一文中，他这样回忆："当初针对77级和78级学生年龄与阅历差别大的特点，何炼成教授专门组织教师对不同群体施行'个性'教育，引导对特殊领域有观察、经验和初步研究成果的学生不断进步和提高，这是何老师能够在《资本论》研究、社会主义经济理论研究、市场经济机制研究、农村经济体制研究和古代经济思想史研究等方面培养出一批有影响的年轻人才的重要原因。"

韦苇就是何老师因材施教教学方法的受益者。韦苇热衷文学，中文底子好，有古文功底，跟随何老师学习之前曾在中学教授语文，高考所报的专业也是汉语言文学，只不过阴差阳错地被招录到了经济学专业。何炼成教授根据她的这一特点，语重心长地对她说："你将来搞中国经济思想史吧。这门学科刚刚起步，目前只有北大、上财和复旦三家大学有此专业，我们系也要把它作为重点学科来抓。我们系王一成老师正在上财胡寄窗先

---

① 刘世锦：《想起何老师窗前的灯光》，《一代师表》，中国人事出版社，1997，第55页。

生那里进修，从师资力量来看，还需要配备年轻人。我看你中文底子好，有一定古文基础，将来就留校做我的助手吧。"[①] 后来韦苇成了西北大学经济管理学院中国经济思想史专业的博导。她后来也由衷地感谢何老师，因为这种专业方向的安排，既能扬长避短，又能发挥她的最大潜能和优势，避免走弯路，这对她之后在这一领域取得成就也起到了很大的促进作用。

3. 重视基本功：厚基础

何炼成教授重视基础这一点也是人所共知的，这里的基础既包括经济学基础知识，还包括其他领域的基础知识。

何炼成教授特别强调，作为一个学生，拥有扎实的数学、经济史学知识和外语功底显得非常必要。他常说用数学工具研究经济学问题会更具说服力；了解经济史学，可以使学生在分析经济学问题时思维更宽广；而好的外语功底则有利于掌握国外经济学新动向。张维迎回忆说，当初何老师从77级开始，就专门安排了数学课程，而且是一学年的课程，并专门从数学系请来最好的老师。张维迎上研究生之后，何老师还鼓励他去听数学系和物理系的数学课。所以他由衷感叹："我今天能使用数学工具研究经济学问题，与何老师的远见是分不开的。"[②]

何炼成老师的这个观点在国际化的今天更应被大力倡导。随着西方经济学在国内各大高校生根发芽，各大高校都有了西方经济学专业的硕士点和博士点，数理经济学也几乎成为显学。用数学工具分析经济问题在科研领域成为一种非常明显的趋势。各大高校在经济学教学改革中也纷纷设立数理经济学试验班，由此可见一斑。经济史学在教学科研中的重要作用更是不言而喻，研究任何问题，不把这个问题放在历史的背景中，不对这一问题的来龙去脉作一番细致而严谨的考证和梳理，不对所研究的问题在历史发展演变中所处的阶段、特点等进行必要的探析，任何研究都很难经得住历史的考验，很难触及问题的本质。英语在国际化的今天更是一种必不可少的工具，除了何老师所强调的了解国外经济学新动向的作用外，熟练掌握和使用英语可以帮助我们在国际化的研讨会上更好地学习和交流，可以帮助我们在直接与国际同领域专家进行交流与思想碰撞中拓展视阈，深化认识。

作为经济学领域的教师和专家，何炼成老师更重视经济学知识的基础

---

① 韦苇：《前面有一盏指路的灯》，《一代师表》，中国人事出版社，1997，第72页。
② 张维迎：《恩师何炼成引我进入经济学殿堂》，《一代师表》，中国人事出版社，1997，第51页。

和功底。何老师常年来坚持讲授政治经济学这个经济学专业基础课。很多他的高材生也是从何老师对商品的二因素、劳动的二重性、"一只羊交换两把斧子"的讲授中开始进入经济学这座大厦的，在这个过程中，何老师一点一点地用严谨的逻辑向学生一一介绍劳动价值论、剩余价值论、资本积累理论、再生产理论、生产价格理论、地租理论等理论知识，正是在这种基础知识的学习过程中，学生们奠定了受用终生的基础理论功底。

熟悉何老师的人还知道，何老师特别强调对《资本论》的学习。何炼成老师常说学习经济学的人不能不读《资本论》，因此从 1979 年他招收第一届硕士生开始至今，他一直坚持要求学生攻读《资本论》原著，并一再强调要创造性地学《资本论》，不死记硬背，而是要领会其精神实质，学习马克思分析问题的基本方法。从 20 世纪 80 年代初至今，经济学界多次出现了《资本论》过时的观点，许多学校把《资本论》改为选修课，但在何老师的一再坚持下，西北大学经济管理学院从未放弃过对《资本论》的教学工作，一直将其列为必修课，作为重点考核课程。现在西大经管院的经典细读活动首推的仍是《资本论》，这几乎成了西大经管院的传统。

几十年来，西大经管院为社会培养了一批批优秀的马克思主义经济理论人才，在全国经济学界具有一定的知名度和影响力，这些都和何炼成教授当初对基本功的重视和强调分不开。

4. 授人以渔：方法和能力

"授人以鱼，不如授人以渔"，何炼成教授经常这样说。那么何老师所说的"渔"指的是什么呢？那就是方法和能力的培养。

刘世锦对何炼成教授的这种教学方式特别欣赏，他说，何老师讲课，不仅讲概念和概念之间的联系和基本原理，同时更多地强调观察问题和研究问题的方法、历史和逻辑相统一的方法等等。较之于概念和原理，方法论如渔民手中的渔叉，它引导学生自己学会捕获。

韦苇也注意到何老师对学生理论系统归纳和整理能力方面的培养。何老师在讲课中，总是把重要的理论范畴或条块，以极简明的语言和极具特色的板书，概括出基本的框架，归纳成一、二、三等文字，加之几个箭头和线条的联系，不知不觉中就给学生讲清楚了知识点之间的联系和逻辑体系，这对学生思维归纳能力的培养大有裨益。

丁文峰也谈到何老师这个教学特点，他说，在教学过程中，何老师非常注重方法论问题，常常在多种不同观点、不同方案的比较中，教给学生分析问题、解决问题的方法和思路，使学生在接受知识的过程中增强素质，提高能力。

何炼成教授对学生这种学习方法和能力的培养常常是在讲课的过程中自然完成的。每讲到新内容，他总是要讲有关这一内容的不同观点和争议，然后让学生分析、归纳、整理，得出自己的观点。这种让学生带着问题积极主动学习的方法有着事半功倍的效果。难怪有学生感慨，听何老师讲课，不仅得到语言艺术上美的享受，而且会感到一种内在的逻辑结构上美的享受。

除了介绍前沿知识，让学生分析归纳之外，何老师培养学生的一大做法就是经常性地布置作业和小论文。他的所有学生对这一点都印象深刻。何炼成教授每讲完一章内容，都要布置文章写作任务。而且对于学生所写的论文一一细心认真地批改，大到文章框架、思路、逻辑体系，小到措辞、标点符号，而且还用一大段评语对作业进行中肯的点评。这些工作经常是一晚上完成的。这种快速反馈对学生及时查漏补缺、快速成长起到了很关键的作用。

何炼成教授经常布置作业这种培养方法的确是一种很好的培养学生学习能力的手段。詹姆斯·布坎南（1986 年诺贝尔经济学奖获得者）也曾经这样做。他当初在弗吉尼亚大学任教时，曾要求每一位学生每周交一篇论文。这种方法培养了无数的人才，其中就包括后来的美国国家预算办公室主任詹姆斯·米勒，他非常感谢布坎南，因为后来他第一篇被发表的文章就出自平时的作业。这种培养学生思维能力的方式的效果不言而喻。何炼成教授能培养出魏杰、张维迎这样的人才，与运用这种方法是密切相关的。因为"独到的观点"与"缜密的思维"是任何一个经济学家不可或缺的两件法宝，纷繁复杂的经济现象离不开独立的思考，何炼成教授鼓励学生不要人云亦云，要有自己独到的观点，同时，他又通过各种方式培养学生缜密的思维能力，因此才有了桃李满天下这样的育才成就。

5. 学思结合、教学科研并重

"学而不思则罔，思而不学则殆"，何炼成教授对此颇为认同。强调学思结合是何炼成教授教学方法的重要特点。从培养第一届研究生开始，何炼成老师就提出"以学习促科研，以科研带学习"的指导原则。

以学习促科研，学习的动态性保证了科研的不断发展和创新。不断学习，不断进步，不断有新的问题产生和新的探索启程，这种动态的跳跃式的方法可以保证科研水平的不断提高，并呈现出一种动态的发展态势。

何老师一直认为带着问题学习是最有效率的学习，以科研带学习正是这一观点的浓缩。学习有了科研的目标导向，有了明确的学习追求，这就为学习提供了强有力的活力和动力，使学习过程不再是枯燥乏味的，而是充满了探索的乐趣。在寻找谜底的过程中轻松完成了学习任务，学习变得轻松有趣多了。教学和科研并重，两者是相辅相成的过程。何老师深谙此理，他也把这种方法用于培养学生之中。魏杰当初就是在何老师的安排下，一边学习，一边协助何老师从事价值学说史的研究的。学习与科研相结合的学习方法为他日后的发展奠定了坚实的基础。张维迎也是如此，在校学习期间，他组织读书班，专门学习微观经济学和宏观经济学，并每次都担任主讲。何老师对此非常支持，这样一边学习一边科研，学思结合，使得张维迎厚积薄发，3 年发表 7 篇论文，且几乎都在国家一级报刊上发表，在学术界产生了极大反响。

6. 教书与育人相结合

高尔基曾说："谁爱孩子，孩子就爱谁。只有爱孩子的人，他才可以教育学生。"苏霍姆林斯基也曾说："教师，这是学生智力生活中的第一盏，继而也是主要的一盏指路灯，他激发了学生的求知欲，教会他们尊重科学、文化和教育。"这两句话都同样适用于何炼成教授。前者指的是何老师对学生无私的关爱，后者指的是何老师在帮助学生立志与矢志方面的不懈努力。

何老师爱才惜才，每年招生之后，他都在第一时间到宿舍去看望学生，张维迎现在都还记着何老师到宿舍看望大家时摸着他的头嘘寒问暖的情景。开学如此，平时也是如此。何老师只要有时间，就会在节假日到学生宿舍，看看学生的学习环境如何，问问大家学习生活上有无困难。如果学生遇到困难，他总是想尽办法给予解决。丁文峰对何老师在他经济困难时给予的无私帮助深表感激。邹东涛、左中海也还记得自己经常去何老师家里受到热情招待的往事，几乎每逢大的节日，何老师都会邀请一些学生去家里做客，让大家美美地吃上一顿，改善生活。对于学生不小心犯下的错误，他总是慈爱地说声"下次注意就行了"。何老师对学生的品德教育一点也不放松，因为"文道即人道"，只有做人宽宏踏实，为学才能广纳并蓄。何老师经常教育自己的学生要谦虚谨慎、齐心协力、团结一致、宽厚待人。在他的感召之下，何老师的弟子们在生活中互相照顾、关心，在学术上共同切磋争鸣，形成了一个有强劲凝聚力的科研团体。直到现在，77 级仍是西大经管院的骄傲，每到校庆或院庆，他们都会尽可能赶来为母校和培养他们的经管学院道贺。

尽管爱才惜才，但他总是鼓励学生立志长远，当学生有了更好的发展方向和平台时，他也从不阻拦学生，而是鼓励他们大步向前。魏杰是何老师最得意的几位高徒之一，他曾多次讲到，希望魏杰能够接他的班，后来魏杰从中国人民大学博士毕业后，没有选择回西大。何老师虽然感到遗憾，但仍是一如既往地支持他，后来魏杰每取得一些成绩，何老师都由衷地为他感到高兴。

刘世锦对何老师在人才流动方面的开明印象非常深刻，他也十分了解导师开明背后的意蕴——鼓励自己的学生志存高远，在更大的平台上为国家作出更大的贡献。刘世锦说："作为西大经管学院的创造者和掌舵者，作为对自己的事业富有热情和进取之心的人，在用人之际看着自己培养的学生而且多是优秀的学生'流动'出去了，对何老师来说显然是一个痛苦的抉择，但他总能看得远一些，真正把为国家和社会培养、输送人才作为己任。与有些地方在人才流动上因眼界狭窄而产生的种种不愉快相比，何老师的开明总是给人以深刻印象。谈到这些事情，同学们都说何老师是一个明白人。这里所说的'明白'，既是指先生着眼大局和长远的心胸，也包含了对我们这些学生们的期待。"①

所以，以路灯来比喻何老师一点也不为过，他不仅照亮弟子们求学前行之路，还如同指路之灯，给弟子们指明了前行的方向。在回忆何老师育才印象时，很多弟子不约而同地用"灯"来比喻何老师，如韦苇的文章以《前面有一盏指路的灯》为题，丁文峰的文章以《恩师·路灯·楷模》为题，何老师也的确如路灯一样照亮了他们的求学之路，也照亮了他们的人生之路。

仔细观察，不难发现，何炼成教授培养出的众多优秀学生，在学术上都有一个共同点，那就是基础扎实、勇于创新、立足现实、眼光长远。这既是何炼成教授独特教学方法与理念的成果，也是其力证。

当初，《光明日报》的记者采访何炼成教授的时候，专门就他培养那么多优秀人才的原因进行探讨，何老师谦虚地说："我当老师的运气好，赶上了许多能吃苦、肯钻研的学生。"② 在了解了何老师教书育人的大量事迹之后，不难得出结论：何老师能取得如此成绩，这绝非偶然，而是必然的。

总之，以身作则、因材施教、重视基本功、注重方法和能力培养、强调学思结合与教学科研并重、注重教书育人结合是何炼成教授教学方法的重要内容。这一点配合他在选录人才方面的不拘一格、有教无类和教育理念方面的实事求是、解放思想的原则，共同造就了他在教书育人方面的伟大成绩。

① 刘世锦：《想起何老师窗前的灯光》，《一代师表》，中国人事出版社，1997，第56~57页。
② 陈蓬、邢宇浩：《这么多经济学家缘何出自西北大学》，1997年1月14日《光明日报》。

第七章　治中国经济思想史的
方法与理论贡献述评

韦　苇

何炼成教授学贯古今，兼通中外，知识结构博大，治学领域宽广。他虽非专治中国经济史学，但他从 60 多年的学术经历中，深切感受到经济史学对前沿经济理论的基础作用。他认为，对中国这样一个具有五千年文化积淀的发展中的社会主义国家来说，经济改革成功的关键在于找到符合中国国情的发展道路和体制模式。而所谓的"中国国情""中国特色"，就是中国历史加中国的现实。中国五千年持续不断的历史轨迹，不但规定了中国的过去和现在，而且历史的惯性也必将影响中国未来的发展方向和发展前景。对中国经济体制改革的模式选择与制度安排，任何企图斩断历史渊源，全盘照搬西方的做法都是行不通的。他的这一认识与美国著名经济学家、诺贝尔奖获得者诺斯和国内著名发展经济学家、国际发展经济学创始人张培刚教授对历史与当代经济发展的看法是完全一致的。诺斯非常关心中国的改革，他在中国访问期间，不止一次提到历史与现实选择之间的关系："如果我们不知道自己是如何走过来的，就不知道今后前进的方向。"他建议中国人"了解周围，认识自己，知道自己是如何走过来的，现在到了什么阶段，然后再看有什么可供选择的方案，以及可以选择什么方案"[①]。张培刚教授说："就中国来说，要研究商品经济为何迟迟未能发展，工业化和现代化为何迟迟未能启动，就必须从 3000 多年来的封建主义制度，百余年来的殖民地、半殖民地社会地位，以及新中国成立后多年来的极'左'思潮影响下的政治体制、经济体制、文化教育体制和思想路线等等方面去寻找根源。"[②] 而何炼成教授则从"实现四个现代化的需要""为了创建具

[①] 《诺奖得主诺思答京城听众问》，1995 年 4 月 8 日《经济学消息报》。
[②] 张培刚：《发展经济学通论》第一卷，《农业国工业化问题》，湖南人民出版社，1991，第 23 页。

有中国特色的社会主义经济管理学""为了培养大批既有现代化的经济技术知识，又有革新精神，勇于创造，能够开创新局面的经营管理人才""为了加强我国社会主义精神文明建设"这四个方面全面论述了中国经济思想史与管理思想史对现代化建设的不可替代的作用与意义①。他的这些论点也代表了中国经济思想史和管理思想史学界的共识，如赵靖、叶世昌、潘承烈等学者均在自己的论著中提出过相似的论点。

基于上述认识，他以对中国经济改革与中国社会发展以及经济学理论体系建设高度关注的时代使命感，在积极投入现代经济改革理论与实践的探索的同时，还以极大的热情与精力，进行中国经济思想史和管理思想史的开拓与研究，并与这一领域的学科创始人胡寄窗、赵靖、叶世昌、巫宝三等著名专家建立了深厚的学术友谊和交流关系，所取得的学术成绩得到了这些老一代同仁的高度评价。

正因为何炼成教授不是专治经济思想史的学者，他以自己更为擅长的现代经济理论作为分析工具回过头来治史，就更显得卓尔不群、独树一帜，所出的成果也就更具创新意义。这无论是从他的方法论上，还是从已取得的研究成果上看，均有突出的表现。

一 治史方法的创新与经济管理思想理论体系的创建

中国经济思想史（这是中国经济管理思想史的学科之母）在中国，是一门古老而又年轻的学科。中国经济思想史的产生源于20世纪20～30年代几位早期学者的数篇论文论著。新中国成立后胡寄窗、赵靖、叶世昌、巫宝三等学者先后开始了对中国经济思想史的研究，并出了第一批标志着该学科建立的重要论著；后经"文化大革命"中断，20世纪70年代后期80年代初至世纪之交，这一批学者焕发第二次学术青春，他们新的重要论著的相继问世带动着该学科（包括20世纪80年代中期继起的中国经济管理思想史）的复苏和发展，也带动着新一代学术骨干队伍的成长。

何炼成教授从事中国经济思想史的研究，从最早发表在《西北大学学报》1957年第2期上的《孙中山社会经济发展思想初探》算起，已有60余年时间，所以把何炼成归为中国经济思想史学界第一代学人，是当之无愧的。更为可贵的是，从那时起，他以"一以贯之"的热忱与执著，将现代

---

① 详见何炼成主编《中国经济管理思想史》，西北大学出版社，1988，第35～38页。

经济理论与中国经济史学两者并重、两者兼顾，在现代经济学领域成就斐然，被人们誉为著名经济学家。他对中国经济思想史的研究 60 年来从未间断。他在这个领域的成就涉及对孙中山、谭嗣同、司马迁、《管子》、《盐铁论》等名人、名著的专题研究；对中国古近代思想家价格理论与市场管理、工商管理理论的系列专题研究。他主编并执笔撰写国内外第一部《中国经济管理思想史》（西北大学出版社，1987）。此书刚一问世，即在学术界和企业界引起重大反响，被著名中国经济思想史学科创始人赵靖先生誉为"中国第一部名副其实的经济管理思想史"。1989 年他多年的研究论文专集《中国古近代价格理论和经济管理思想评介》在三秦出版社出版。尤其是 20 世纪 90 年代，在他的领导下西北大学经济管理学院中国经济管理思想研究室出了一系列研究成果：《陕西古近代对外经济贸易研究》（王一成、韦苇，陕西人民出版社，1990）、《司马迁经济思想研究》（韦苇，陕西人民教育出版社，1995）、《走向富强的千年追求——中国经济发展思想的理论体系与历史演进》（韦苇，西北大学出版社，1997）、《中国近代经济发展研究》（刘秉扬，西北大学出版社，1998）、《中国经济管理与发展思想新论》（何炼成、王一成、韦苇，陕西人民出版社，2000）等论著，再次引起国内外学术界、企业界对西北大学在该领域研究成果的注意。

进入 21 世纪以来，何炼成教授先后主编出版了《中国经济史》（陕西人民出版社，2004）、《中国古近代的商品价格观和经济管理思想》（香港新风出版社，2003），他的学生们相继出版了《中国经济思想与当代经济发展》（韦苇，社会科学文献出版社，2011）、《先秦诸子经济思想的生态学阐释》（赵麦茹，社会科学文献出版社，2009）、《晚清财政思想史》（彭立峰，社会科学文献出版社，2010）等，逐渐形成了北京、上海、西安、武汉关于中国经济思想与古近代管理思想研究的四大中心的格局。2008 年，西大经济思想史专业被确立为陕西省重点学科，中国经济思想史是其重要的支撑学科。

何炼成教授在这一领域的重要贡献不仅在于上述科研论著的相继问世，更在于对该学科研究方法的创新和理论体系的初创。深厚的经济理论根基成为何炼成进行中国经济思想与管理思想研究的分析工具与理论武器，这可能是他与其他经济史学专家相比化短为长的优势所在。因此，在他这里，研究经济史学有明确的时代宗旨，这就是"古为今用"；研究经济史学有独特的思想方法，这就是"系统论"——建立纵贯古今的理论系统，中西横向比较的对比系统；研究经济史学有明显的侧重点，这就是"论从史出"，而"论重于史"——因为对大量历史资料的发掘与考据，有很多治史学者已经作出了前期的拓荒性贡献，作为经济学家而不是作为历史学家的何炼成，他更注意于在尊重历史史料的基础上用现代经济学理论分析与破译古代思想家经济思想中带有的揭示经济规律性的东西，从而赋予古老的经济思想以新的生命力和时代精神。使古今一理，学说贯通，为在现实经济生活中的"古为今用"，打下前期基础。这样一种思想方法，运用在具体的学术研究中，最突出地表现在他对中国古近代价格理论的系统研究和《中国经济管理思想史》这部专著的写作上。

（一）运用系统方法，首开专题思想史研究的先河

对中国古近代价格思想的研究，是何炼成教授在 20 世纪 80 年代前期对经济思想领域倾注心血的重头戏，取得 11 篇论文的系列研究成果。他从春秋战国时代思想家的价格理论（兼及市场与工商管理理论）开始，一直到近代资产阶级改良派的价格理论。从历史纵向发展入手，揭示中国古近代价格理论发展演化的轨迹，堪称一部"中国价格理论史"。故何炼成把它们作了修订以后与其他研究名人名著的论文合为一部，于 1989 年以《中国古近代价格理论和经济管理思想介评》命名，由三秦出版社出版，并早在 1980 年出版他的第一部学术专著《价值学说史》时，就以附录的形式把这一研究成果中的前期作品收入书中，当时就引起经济学说史学界和经济思想史学界两个领域的重视，甚至有人认为这部分以"附录"形式出现的中国古近代价格理论研究成果的学术价值丝毫不低于该书正文对西方经济理论中的价值学说史的学术贡献。

何炼成对中国古近代价格理论的学术研究开创了专题理论思想史研究的先例，突破了过去学术界沿袭西方经济学说史的研究方法和结构定势，即以历史年代为单轴线，以人物为坐标点，对某个人物经济思想进行小而全、封闭式的研究，转变为以专题思想发展的时间顺序与逻辑顺序相统一，发掘理论体系产生发育过程的内在规律性的研究，从而展现经济理论自身成长的渊源脉络。它们演化发展的轨迹，汇成体系的精神实质。为了建立古近代价格理论体系，何炼成不仅运用马克思、恩格斯倡导的"历史与逻辑相统一"的纵向分析法，而且还运用宏观系统分析法，高屋建瓴、总揽全局，把握古近代价格思想的总体特点，把中国古代价格理论归纳为十论，于 1985 年撰写了《中国古代思想家的价格十论》（原载《西北大学学报》1985 年第 3 期）一文，作为对这一经济思想专题研究的总结。这十论为轻

重论、供求论、伦理因素论、积著论、平籴论、平准论、自然属性论、市价不贰论、货币数量论、功力决定论。这是对从先秦到清前期著名思想家关于价格理论论述的系统的全面总结。但当1989年出版文集时，他把自己的思维与构思倒了过来，将自己这篇本来在书中排最后的作品放在了全书首篇，目的是给读者以开宗明义、先见"庐山全貌"的感受。这就大大缩短了初次接触中国经济思想史领域的读者了解和领会这一思想瑰宝的精神实质与总体特点的过程，然后吸引他们详细品味后几论中见微知著的分析与展示。何炼成先生的这种研究方法与结构安排的前后差异，更见其为读者，为后学着想的良苦用心。

（二）运用"历史与逻辑相统一"的方法，创建中国经济管理思想史的理论体系

何炼成教授这种善于从宏观角度把握经济思想理论体系全貌，运用历史与逻辑相统一的系统思维法与研究方法，更突出地表现在《中国经济管理思想史》一书的结构特点中。20世纪80年代中期，在国内对中国经济管理思想的研究方兴未艾、起步不久之时，何炼成以一个经济学家的理论目光和科学的系统思维方法，大胆超越前辈和同仁，着意构建中国经济管理思想史的理论体系。他担任主编，确定全书结构和写作大纲，并亲自撰写全书的总论和《商业管理思想》与《市场价格管理思想》等三章。他站在马克思主义经济学理论的高度上，审视和鸟瞰中国古近代各种典籍，聚拢分散于历代各个思想家论著中的经济管理思想史料的精髓及其内在联系，将其融合提炼成为一个周密完整的理论系统，形成了由一篇立意宏大、提纲挈领的总论和九篇部门经济管理思想史分论有机结合而成的《中国经济管理思想史》。这部专著克服了已往的经济学说史与经济思想史惯用的断代研究及以人为中心的结构体例所难以避免的弊病，如就某个人物思想来说小而全，就整个中国经济思想来说不成体系且支离破碎。第一次展示了中国经济思想史在重大部门和专业管理上的各自相对独立的理论体系与理论形成的历史走向，而且九论之间在总论提携下的互相支撑和相互内在的联系，又共同构成了《中国经济管理思想史》的宏观体系。所以该书尽管还存在着一些缺陷和不足，但它的全新的体系结构，全新的思维方法和研究角度，使它刚一问世便在全国引起强烈反响。它被著名经济思想史学家、该学科的创始人之一的北京大学赵靖教授誉为"国内外头一部以《中国经济管理思想史》命名的著作"。他说："过去已出版的这方面著作，不论从内容上还是从范围上说，都不是系统的、完整的中国经济管理思想史。本书在范围方面从古代一直到近代，而且在全书的十大问题中，每一问题都纵贯数千年的历史，它已经是一部名副其实的中国经济管理思想史了。""本书是这门学科已出版的著作中部头最大的一部著作，它汇集了较多的材料，开始形成了一个庞大的体系。因而也为这门学科的进一步发展打下了较广的基础。"① 赵靖先生的评价，实际上是赋予了这部著作在中国经济管理思想史的学科创建史上的一座里程碑的地位。赵靖先生为该书所写的序言，后又载于《经济研究》1990 年第 3 期。武汉大学教授李守庸在《经济学家》杂志发表书评，给该书以高度的评价，指出："该书是这门学科已出版的论著中部头最大的著作。这部著作的出版，不仅总结了近年来中国经济管理思想史学科的研究成果，比较全面系统地探讨了该门学科，而且对中国经济管理思想史以至中国经济思想史的研究方法都做了有益的探索。这部著作的出版对我国当前经济工作和理论研究工作具有较大的现实意义。"② 正因为该书在思想方法、研究方法上的创新与在学术上的理论价值及与当代经济改革密切相关，不仅有上述专家的高度评价，而且获得陕西省企业联合会古代管理思想研究会优秀专著一等奖，国家教委系统优秀图书二等奖和国家教委高等院校优秀人文社会科学成果二等奖。

尤其值得称道的是何炼成教授亲自撰写的总论。其中论述了中国经济管理思想史的研究对象、基本内容、基本特点、研究方法与现实意义。乍看这几个标题要点，似乎和别的著作、教科书在前言或绪论中的提法差不多。但何炼成教授对它们赋予的论点、论证却独出心裁。例如对这门学科基本特征的论述，他以浓墨重彩和较大篇幅对自己所概括的三大方面的特点作了颇具说服力的论证，可以说是道前人所未道，更充分地体现了他的研究方法与思想方法的系统性、宏观性与辩证性特色。

简而言之，何炼成把中国经济管理思想体系的特点概括为三个方面：

第一，以宏观目标的"富国之学"为基本线索。这就找准了中国上下数千年无数思想家和志士仁人著书立说、犯颜直谏、抨击时弊、进献良策、报效国家与民族的思想精髓和根本宗旨，点出了"富国"与"爱国"是我们民族凝聚力的力量源泉。他简明论述了从西周到近代的"富国之学"的演变过程和发展主线，提出从古到今一以贯之的"富国之学"是"中国经

---

① 赵靖：《中国经济管理思想史·序》，西北大学出版社，1988，第 4~5 页。
② 李守庸：《中国经济管理思想史研究的可喜收获》，《经济学家》1989 年第 5 期。

济管理思想史上的第一个基本特点，这一特点反映了我们中华民族历代思想家们热烈追求国家富强的强烈愿望，也表现出我们东方民族思维方式的特色，即能够综观全局、高屋建瓴，站得高、看得远，从宏观角度来考虑和解决问题，这种优良传统是值得我们继承和发扬的"。

第二，在宏观经济管理的基本指导思想上，事关国民经济发展与管理的全局性的几大基础理论问题，长期成为众多思想家关注与争论的中心。可以概括为：①动力论，表现为"义利"之争。②经济结构论，表现为"本末"之争。③分配论，表现为如何运用财政手段进行财富的分配和再分配问题。④消费论，表现为"俭奢"之争，也就是消费与生产的关系问题。对这四大领域的争论与思想流派，何炼成均以洗练的笔触作了简明的点评与勾画。为后面各章的全面论述，起了纲举目张的提携作用。

第三，两条不同的宏观经济管理方针。一条是"无为而治"，即自由放任的方针，一条是"通轻重之权"，即实行国家控制的方针。他指出，这两条方针在先秦已显端倪，到西汉时期基本形成。在后来的近两千年中，两者被统治者交替使用或混合使用，但后者往往成为统治者治国的主导思想。

何炼成在《中国经济管理思想史》总论部分，还以朴素的语言概括了自己的研究方法：①既要反对民族虚无主义，又要反对国粹主义。②对中国经济管理思想史上的历史人物的管理思想，既不能全盘肯定，也不能全盘否定。③既要用现代的观点来分析过去的经济管理思想，但又不要把古人现代化。④既要采用比较分析的方法，但又不能简单类比，牵强附会。⑤既要注意阶级分析方法，但又不能简单地贴阶级标签。⑥既要强调古为今用，但又不要生搬硬套，食古不化。这六点可以说是对辩证法与历史唯物主义的方法论在经济史学研究上如何具体运用的一次全面论述。它与笔者上面所概括的何炼成先生治史方法的"辩证性、宏观性、系统性"及"高起点、高层次、宽视野""新角度"等特点是互补互见的。正如李守庸先生所说："以上这些问题和见解的提出，可以说是切中时弊，是对中国经济管理思想史以及中国经济思想史研究中历年积累的方法论上的成功经验的一次总结和存在问题的一次清算。因此，该书不仅在中国经济管理思想史的研究上，而且在中国经济思想史的研究方法上，也给予我们以有益的启示。"①

---

① 李守庸：《中国经济管理思想史研究的可喜收获》，《经济学家》1989 年第 5 期。

二 以马克思主义经济理论为武器，对名人 经济思想进行的独特剖析

何炼成教授不仅在上述成果中以自己的独特方法创建了全新的经济思想理论体系，而且对我国历史上几位著名思想家的经济思想有自己的独特理解。

（一）运用历史唯物主义与马克思主义经济学理论，全面评价孙中山的 社会经济思想

如前所述，对伟大的民主革命先驱孙中山先生的社会经济思想的研究，是何炼成教授研究中国经济思想的开端。因此有必要阐释《试论孙中山的社会经济思想》这篇文章的学术意义。

在这篇文章中，何炼成先生成功地运用马克思主义的哲学武器与经济学原理，对孙中山社会经济思想作了深刻而又恰如其分的分析，这在当时国内对孙中山的同类研究中，显得不同凡响，充分显示了一个英气勃勃的经济学青年学者研究中国经济思想史的高起点、高角度的特色和深厚的理论功底。即使40年后的今天再看这篇文章，依然能看到何炼成自身的理论优势，这对他创建中国经济管理思想史的西北园地，起着无可替代的奠基作用。

在该文中他首先分析了孙中山的社会历史观，指出孙中山受达尔文主义影响，把世界进化过程划分为物质进化时期、物种进化时期、人类进化时期的观点"基本上是正确的，大致符合辩证唯物主义思想，因为他对世界万物的发生和发展的总过程描绘出了一个接近事实的轮廓，特别是他坚持进化发展的普遍观念，确信世界是处在不断进化发展的状态中的，是一个持续的自然历史过程，自然界和人类社会都是处在不断的更替和发展中的，必然会由简单的低级阶段上升到复杂的高级阶段。正是根据这个观点，使他确信旧的衰朽的东西一定要灭亡，而代之以新的有生命的东西，从而使他能'适乎世界之潮流，合乎人群之需要'，永远站在新的力量那边，站在时代的最前列，根据历史发展的特点而逐步地引导群众前进"①。何炼成指出，孙中山在进化论基础上产生的民生史观，把"民生"作为历史的重

---

① 何炼成：《何炼成选集》，山西经济出版社，1990，第 767~769 页。

心，比较重视人民群众在历史上的作用，反对"英雄造时势"的观点，具有朴素的历史唯物主义的因素。其局限性在于孙中山还未理解劳动在人类进化过程中的作用，不了解物质资料的生产是人类社会生存和发展的基础，不了解物质资料的生产方式是社会发展的决定力量，因而就不可能抓住生产力与生产关系的矛盾运动是人类社会发展的根本动力这一最基本的哲学与经济学原理，从而不能真正了解人民群众创造历史的作用，故提出了"先知先觉""后知后觉"等先验论的观点。在他领导的民主革命前期，不注意发动群众特别是不注意发动广大工农群众，致使辛亥革命夭折。但后期的孙中山在经过无数次的失败后，便善于总结经验并勇于改正错误了。在国民党"一大"的宣言中，他明确提出了依靠工农大众，以农民作为革命基础的观点，并在遗嘱中用生命的最后力量发出了"唤起民众"的呼喊。何炼成认为，孙中山这种观点，在当时的历史条件下，还是起了一定的进步作用的，"这和中山先生热爱祖国和人民，对革命无限忠诚的伟大精神是密切联系的"[1]。在分析了孙中山社会历史观的基础上，何炼成教授分析了孙中山的主要经济思想，他高度赞赏孙中山对马克思经济学说的重视和接受其影响的态度。他引用了孙中山对马克思的评价："到了马克思出世以后，便是他的聪明才智和学问经验，对于这些问题，作一种极透彻的研究，把古人所不知道和不能解决的都通通发明出来。他的发展全凭经济原理……马克思所著的书，和所发明的学说，可说是集几千年来人类思想的大成。"[2] 何先生指出，孙中山从马克思的经济学说中吸收了许多论点，来丰富他的民生主义学说。当然也因其社会历史观中某些唯心主义因素的存在，影响了孙中山对马克思主义经济学说实质的理解和把握。

何炼成把孙中山吸收马克思观点，丰富发展自己的民生主义的内容归纳为以下几点：首先，孙中山吸收了古典经济学家和马克思关于劳动创造价值的观点，批判了资本主义社会分配不公的现实，同时批判了斯密提出的按土地、人工、资本分配社会财富的主张。认为工人是"生利"的而地主资本家是"分利"的，"生利"的工人"忍受饥寒"，而"分利"的地主大资本家却坐享其成，这是不公平的。何炼成指出，孙中山这种同情工人阶级和劳动人民的感情"正是孙中山之所以伟大和值得我们崇敬的地方"[3]。

---

① 何炼成：《何炼成选集》，山西经济出版社，1990，第771页。
② 《孙中山选集》下卷，人民出版社，2011，第772页。
③ 何炼成：《何炼成选集》，山西经济出版社，1990，第772~773页。

其次，孙中山吸收了社会再生产包括四个因素——生产、分配、交换和消费的观点。出于他的民生主义的社会历史观，特别强调分配和消费两个环节。再次，孙中山关于土地问题的理论，即"民生主义"的两大纲领之一"平均地权"的主张。孙中山前期既吸收了美国资产阶级学者亨利·乔治的土地国有化思想，又继承了太平天国领袖洪秀全的"有田同耕"的思想，也接受了社会主义思潮的影响，反对土地私人占有，主张土地应属社会所有，并接触到绝对地租和级差地租理论；主张通过地主自报地价，国家按价收买和按价收税两头拦截的方法，实现土地的国有化。孙中山后期的土地思想发展为重在解决农民土地问题的"耕者有其田"主张，从主观社会主义的空想中回到解决农民土地问题的现实中来。最后，就是孙中山提出的"节制资本"理论。孙中山看到了资本主义国家在工业化过程中日益暴露出来的社会弊病，认为是资本垄断造成的恶果，因而主张通过"发达国家资本""振兴国家实业""扶持中小资本"以节制私人垄断资本的出现，来"举经济革命与社会革命毕其功于一役"。这实际是想走一条国家资本主义的道路①。

何炼成教授多处引用列宁的话，对孙中山的"平均地权"和"节制资本"两大民生主义纲领的社会历史意义给予高度评价。他指出孙中山所代表的中国民族资产阶级"不是在下山，而是在上山，不是惧怕将来，而是相信将来，奋不顾身地为将来而斗争——这个阶级憎恨过去，善于抛弃过去之死了的和把一切生命窒息着的腐朽的东西，而不是维持自己的特权坚持保存和恢复过去。""因此，这个阶级的伟大代表孙中山所提出的纲领代表了当时全国人民特别是广大劳动农民的利益，对推动当时的民主革命运动起了很大的作用。"②

（二）热情讴歌为戊戌变法英勇献身的资产阶级思想家谭嗣同

何炼成教授为自己家乡产生了谭嗣同这样一位伟大的资产阶级改良派中最激进的主将而自豪不已。他以研究谭嗣同经济思想，弘扬谭嗣同的爱国、报国精神为己任，于1962年写了《谭嗣同经济思想略论》（先发表于《西北大学25周年校庆论文集》③中，后收入《何炼成选集》中）。

---

① 何炼成：《何炼成选集》，山西经济出版社，1990，第774~776页。
② 何炼成：《何炼成选集》，山西经济出版社，1990，第781页。
③ 此处校庆25周年，指西北大学重建25周年。

何炼成首先分析谭嗣同的主新反旧、主动反静、道随器变的发展观，指出"这是他的进步经济思想的基本前提和出发点。正是根据这个前提和出发点，他提出了一套发展资本主义的经济思想和方案"①。

关于谭嗣同的基本经济观点，我国学术界一般认为其前期思想以主张"振兴商务"为重心，属于重商主义，后期转为以"人我通""中外通"两个概念表现出来的经济自由主义观点。但作这样的分析评判的深层理论依据是什么，都再未研究下去。而何炼成教授则再次显示出他以马克思主义经济学理论见长的深厚功力和与众不同的地方。他把谭嗣同的观点同重商主义和斯密的自由主义分别作了比较研究，指出谭嗣同与这两者都存在着形似而质非的联系与区别。首先与重商主义比较：他指出重商主义是西欧国家在资本原始积累时期形成的一种政策和思想体系，它反映了当时西欧一些国家在经济生活中有"压倒一切的影响"的商业资本利益，是"对现代（指资本主义）生产方式的最早的理论探讨"②。其基本论点是："认为金银货币是财富的唯一形态，商品流通是财富的源泉，而且只有对外贸易才是财富的源泉，对外贸易必须遵守多卖少买的原则；为此，国家应当积极干预经济生活。"③ 而在谭嗣同时代，我国首先没有出现像西欧封建社会末期那样典型的资本原始积累，商业资本并没有达到"压倒一切的影响"；因而没有产生典型的"重商主义"的社会历史条件，故谭嗣同在前期，虽然强调"商务"是一切经济改革的中心，提出了国家要支持商贸，采取保护关税夺回海关管理权等反映当时中国新兴商业资本利益要求的一些主张，但谭氏强调振兴商务的目的及论证的方式，与西欧近代初期重商主义的基本论点却很少相同。如"重商主义认为货币是财富的唯一形态，而谭氏则明确提出农工产品也是财富，而且是更为重要的财富，因为'金银则饥不可食，寒不可衣'；又如，重商主义认为商品流通是财富源泉，而谭氏则认为'货财之生，生于时也'，明确提出财富是由生产中所耗费的劳动时间所形成的"④。这样，经过与重商主义在基本理论上四个方面的比较，谭嗣同与重商主义的本质区别就一清二楚了。

同样，经过将谭氏观点及论据与经济自由主义的对比分析，何炼成认为，虽然谭氏后期提出了类似自由主义的观点，但两者仍然貌合神离。首

---

① 何炼成：《何炼成选集》，山西经济出版社，1990，第725页。
② 《马克思全集》第25卷，人民出版社，1972，第376页。
③ 何炼成：《何炼成选集》，山西经济出版社，1990，第753页。
④ 何炼成：《何炼成选集》，山西经济出版社，1990，第754页。

先，斯密的自由主义"代表了当时英国正由工场手工业向机器大工业过渡时期的产业资本的利益。其基本出发点是资产阶级个人利己主义，理论基础是分工和自然秩序论。其具体内容是：反对封建制度对资本的束缚，保证资本对雇佣劳动剥削的自由……"连斯密提出的自由主义的贸易政策，也是基于他的人类本性论和自然秩序论的①。而谭氏的观点则是：第一，他的出发点是"人性平等论"，而不是宣扬个人利己主义。从"人性平等"出发，引出"仁"－"通"－"平等"的思想。第二，谭氏的经济自由主义思想带有浓厚的伦理色彩，例如他把"通商"说成是"相仁之道"，提出"平等""自由"口号是为了强调"五伦"之中的"朋友之道"，而很少从经济上加以论证。第三，谭氏的经济自由主义的基础是"仁""通""平等"这些政治性的思想观念，而不是像斯密那样的分工和自然秩序论。第四，他提出自由主义的目的，不是为了增进表现为货币价值形态上的国民财富，而是为了取得"千百种之货物"，着眼于使用价值。第五，谭氏的自由主义不是作为重商主义的对立面而提出的，而是针对封建政权的顽固派势力提出来的。因此，"谭氏的经济自由主义与西欧的经济主义有着重大的差别"②。经过以上分析，何炼成的结论是：谭嗣同的基本经济观点"既不是重商主义观点，也不完全是经济自由主义观点，而是由前者向后者转化并偏重于后者的观点；确切地说，是代表我国早期民族资本主义工商业利益的混合观点，而且带有当时中国具体历史条件和他本人思想形成的具体特色"③。

何炼成教授还十分赞赏谭嗣同提出的以发展机器大工业为中心的发展资本主义经济纲领，认为他提出的"兴机器、奖工艺、惠商贾、速制造、蓄货物，重开矿"概括了发展资本主义生产与流通的方方面面，是在孙中山的"实业计划"之前产生的第一个周密完备的发展资本主义工商业的蓝图。他评价说："这个蓝图，不但集中了比他早些时候的进步思想家龚自珍、魏源、王韬、薛福成、郑观应等人的进步观点和改革意见，而且集中了与他同时期的维新派领袖康有为和梁启超的进步思想和设想，并在此基础上加以系统和发展。从这方面来说，谭氏大大超过了这些思想家。"④

另外值得一提的是何炼成关于谭嗣同农业经济思想的研究。这往往是

---

① 何炼成：《何炼成选集》，山西经济出版社，1990，第754~755页。
② 何炼成：《何炼成选集》，山西经济出版社，1990，第756~757页。
③ 何炼成：《何炼成选集》，山西经济出版社，1990，第757页。
④ 何炼成：《何炼成选集》，山西经济出版社，1990，第760页。

被其他学者忽视的领域，何炼成却做了开拓性的发掘。他指出，谭嗣同在强调发展资本主义工商业的同时，也十分重视农业，提出了许多发展农业生产的具体办法，如在农业中使用机器，发展农村的商品经济，"讲求植物学以裨农政，以丰材木。讲求动物学以藩马政，以溥畜牧"等。尤为有意义的是谭氏证论了当时所谓的"人满""土满"的问题——人口过剩问题。何炼成在经过引证分析之后指出："从谭氏以上的观点可以看出，他把农业与人口和国家治乱联系起来了，一方面指出了农业生产必须与人类的繁衍相适应……另一方面也指出了在农业生产力提高，人口分布合理，大量垦辟荒地的条件下……所谓'人满''土满'，实质上都是'非真满也'。"①

关于农业发展的生产方式——道路问题，何炼成教授指出："如果从谭氏的整个经济思想来看，他所主张的发展农业的形式，实质上是资本主义的形式。""和许多自由资产阶级思想家一样，是主张在不废除封建土地私有制的基础上，通过封建地主阶级的自愿，逐步转到资本主义的经营道路上来，即走'普鲁士式'的发展资本主义农业的道路。"②

何炼成治经济思想史，持论中正平和，对历史人物不拔高、不压低。尽管他对自己家乡这位志士仁人一往情深，引以为隔世神交，但仍在作高度评价的同时指出其思想的时代局限性，表现了一种严肃的科学态度和历史唯物主义态度。这是何炼成教授的一贯学风。

（三）对太史公司马迁商品货币与价格思想的评价

伟大的史学之父司马迁在他的巨著《史记》中创立了经济专篇《平准书》和《货殖列传》，开创了史籍必须记载经济活动的体例。此后历代王朝修史，都开《食货志》专章，这是司马迁对经济史学的伟大贡献。

《史记》中这两篇经济专论，所包含的丰富内容使司马迁在中国经济思想史上当之无愧地居于承前启后、继往开来的地位。但是长期以来，研究者们多从史学与文学的角度评价《史记》和司马迁的伟大成就，对史学之父的经济思想多有忽视。改革开放以来，随着市场经济的发展，人们才越来越重视《史记》中蕴藏的这一经济思想瑰宝，给予它越来越高的评价。何炼成教授是国内最早注意到司马迁经济思想的历史学术价值和对当代的启迪意义的学者之一。他于1981年发表《汉代思想家的价格理论评介》

---

① 何炼成：《何炼成选集》，山西经济出版社，1990，第761~762页。
② 何炼成：《何炼成选集》，山西经济出版社，1990，第762~763页。

（发表于《西北大学学报》1981年第2期）一文，就全面评价了司马迁的商品经济与货币、价格思想。

何炼成首先肯定并高度评价了司马迁在中国经济思想史总结前人并"自成一家之言"的重要地位。他说："与董仲舒差不多同时的伟大思想家司马迁（前145～前87年）在他的历史巨著《史记》（即《太史公书》）中，不但记载了他以前的思想家的许多经济思想，而且也表达了他自己的经济思想。""司马迁的经济思想，综合了先秦诸子的经济学说，并加以发展，因而自成一家之言。"① 在这里，我们应注意到何炼成给予司马迁"思想家"的崇高地位，这是对两千年来人们一贯把司马迁仅仅作为一位史学家或文学家来评价的传统看法的重大突破。何先生的这一评价，对于我们从中国文化思想史的宏观角度，全面认识和评价司马迁在中国历史上的伟大贡献与地位，有开风气之先的重要意义。

何炼成在论文中着重评介了司马迁强调发展商品经济及其货币与价格的思想。他作了如下的归纳：司马迁"强调要发展商品货币经济，并对此作了一些分析与论述。首先，他明确把商品和货币列为财富，并认为它是人们进行一切活动的目的"。在分析了司马迁的财富与义利观之后，他指出了司马迁关于财富问题所取得的思想突破与时代局限性："可见，在对财富的看法上，司马迁基本上摆脱了过去一些思想家的财富观中的伦理道德规范，反映了当时社会的现实；但是，他没有也不可能把作为使用价值的物质财富与作为一般等价物的货币财富区别开来。"② "其次，司马迁从社会分工和协作的客观需要出发，充分肯定了商品货币交换的必要性和重要性。"在介绍了司马迁对农、工、商、虞各业相依关系的论述之后，何先生指出："司马迁以赞赏的语调，充分描述了管子的轻重术，范蠡和计然之策，子贡的废著鬻财，巴寡妇清以工商致富，以及蜀卓氏、宛孔氏、曹邴氏等以铁致富等等，并由此得出结论：'用贫求富，农不如工，工不如商。'当然司马迁没有也不可能完全摆脱'重本抑末'的传统观点，例如他把农业所生产的财富称为'本富'，而把工商业所获得的财富称为'末富'，提出'本富为上，末富次之'的观点；他认为'纤啬筋力'（指从事农业劳动），才是'治生之正道也'，而'行贾''贩脂'等（指从事商业活动），则是

---

① 何炼成：《中国古近代价格理论和经济管理思想介评》，三秦出版社，1989，第40～41页。
② 何炼成：《中国古近代价格理论和经济管理思想介评》，三秦出版社，1989，第40～41页。

'丈夫贱行也'·'辱处也'。"① 何炼成特别推崇司马迁的货币与价格思想。他说："司马迁对商品货币交换和价格问题，除了以肯定的语气对过去思想家的观点作了介绍外，还提出了他自己的一些见解，有的还是很独特的见解。这主要有以下几点：第一，他认识到货币是商品交易发展的结果。指出'农工商交易之路通，而龟贝金钱刀布之币兴焉'。"何先生认为司马迁这一思想是"摆脱了过去思想家把货币看做是由人们任意规定的名称这一传统观念，这不能不说是一个很大的进步"。何先生的这一评价与叶世昌先生所见略同。"第二，他对当时金属铸币的重量与商品价格的关系，也有比较正确的说明。他指出'今半两钱法重四铢，而奸或盗摩钱里取鋊、钱益轻薄而物贵'（引《平准书》）。也就是说，他认识到铸币的轻重与商品价格的高低成反比，这是符合商品货币交换规律和当时的实际情况的。""第三，他在《货殖列传》中，数处谈到商品价格的贵贱问题，如'物贱之征贵，贵之征贱'……其中可能包含商品的供求关系，但不可能包含商品价值量的问题，因为他同我国古代其他思想家一样，根本不可能具有价值的概念。"②

何炼成对司马迁经济思想的研究不断在深化。在 1989 年发表的《中国历史上的商业轻重观评介》（原载《社会科学探索》1989 年第 3 期）一文中，他分析了司马迁重利重商的商业观。通过对司马迁的义利论，把财富分为"本富""末富""奸富"的财富论，农、工、商、虞同为"衣食之原"论等观点的评介，得出了司马迁是"重商论者"的结论③。

1995 年，何炼成教授在为他的学生韦苇所著的《司马迁经济思想研究》一书所写的序言中，更是明确肯定了司马迁经济思想体系和司马迁本人在中国经济思想史上不可动摇的地位。他说："司马迁经济思想在中国经济思想史上居于承前启后、继往开来的重要地位，司马迁作为中国文化史和世界文化史上的伟大巨人，他在中国文化思想史上不仅仅是一个伟大的史学家、文学家，而且是一位伟大的思想家、政治家和经济学家，这已逐渐成为学术界对司马迁评价的共识。特别要强调的是，司马迁经济思想中关于商品与货币，关于工商业微观经营管理的诸多论述，不但在当时具有超前意识，而且对我们当代社会主义市场经济体制的建立和现代企业制度的建

---

① 何炼成：《中国古近代价格理论和经济管理思想介评》，三秦出版社，1989，第 41~42 页。
② 何炼成：《中国古近代价格理论和经济管理思想介评》，三秦出版社，1989，第 41~42 页。
③ 何炼成：《何炼成选集》，山西经济出版社，1990，第 635 页。

立及企业经营管理艺术的提高具有不可低估的重大现实意义。"①

这个评价应该说是科学而又客观的，符合20世纪80年代以来人们对司马迁经济思想研究深入细化后得到的共识。

三 发掘经济名著的理论价值和现实意义

《管子》和《盐铁论》是我国经济思想宝库中两颗灿烂的学术明珠。何炼成以经济学家的理论目光和敏锐感触，对这两篇名著进行了剖析。

（一）对《管子》宏观管理思想的凝练总结

在《略论〈管子〉中的宏观管理思想》② 一文中，何炼成教授又一次成功地运用了他的系统分析法，把这部古代经济专著内在有机的理论体系的大厦构建起来。他指出《管子》中的宏观管理思想是由七大子理论体系所构成的一部古代的国民经济管理学。这七论是：①"富国安民"的目标论。②功利主义的动力论。③农"本"工商"末"的生产论。④"相地衰征""取民有度"的租税论。⑤"按绩定食"和"贫富有度"的分配论。⑥"俭则伤事、侈则伤货"的消费论。⑦"通轻重之权"的经济控制论。对这七论作了详细的论述评介之后，何炼成教授总结了《管子》宏观经济管理思想的一些特征：

①这是一个比较系统的宏观经济管理理论，是一个多元一体的思想体系。②这个体系中贯穿着一条红线，就是"富国安民"的大目标。③它基本上是一个如何管理自然经济的宏观管理理论，总的来说是以农为本，重农轻工商，但是充分估计到了当时商品货币关系的发展，因而提出了独特的轻重理论和政策。④这一思想体系是以管仲的观点和实践为起点，经过后来几百年一些思想家的不断修订补充而逐渐形成的。⑤这一思想体系，吸收了春秋战国时期各家学派的一些观点，其中主要是儒道法三家的基本观点，形成一个多元一体的体系。⑥这一思想体系所代表的阶级基础，主要还是当时新兴的地主阶级，并夹杂了一些商人的观点，某些方面也反映了小生产者的一些要求③。

---

① 韦苇：《司马迁经济思想研究·序》，陕西人民教育出版社，1995，第5页。
② 《人文杂志》1986年第4、5期连载。
③ 何炼成：《何炼成选集》，山西经济出版社，1990，第717～735页。

　　《管子》是我国古代的经济名著，自然会引起从古到今无数学者的关注。古近代学者的评论姑且不论，仅 20 世纪 50 年代以来，散见于各种报刊和专著中关于《管子》的研究，上至它的版本和成书年代，下至具体的对于其中某些有理论价值或现实意义的篇章、观点的评介，不下数百篇，但像何炼成教授这样从《管子》全书的总体精神出发，力图构建《管子》国民经济宏观管理学的理论体系的力著，在当时则是仅见的。何炼成先生虽非专治《管子》学，但是他的这一理论建树受到了中国经济思想史学界的赞誉，尤其是以山东淄博市《管子学刊》为研究中心的《管子》学界的高度重视和评价。

（二）关于《盐铁论》的研究

　　《盐铁论》与桑弘羊经济思想，更是我国经济思想史学界的热门话题。在"文化大革命"中受"四人帮"极"左"思潮的影响，这一历史课题曾被炒得热火朝天，面目全非。因此，有必要对《盐铁论》，对其中记载的西汉时期的大理财家桑弘羊的经济思想做正本清源还其本来面貌的工作，作客观公正的、不带历史偏见和政治偏见的评价。何炼成教授于 1986 年写了《两种经济管理思想的斗争——读〈盐铁论〉札记》一文。

　　文中首先论述了桑弘羊倡行的经济管理政策，它们包括盐铁专卖、均输平准、统一币制、分田屯垦这样一组旨在运用国家力量，积极推动国民经济发展的政策体系。其次，文章介绍了盐铁会议上围绕上述桑弘羊经济政策举措的是非与社会经济后果展开的大争论。何炼成把这次争论的焦点归为六个问题：第一，义和利的关系问题；第二，本和末的关系问题；第三，国家政权和社会经济关系问题；第四，轻重关系问题；第五，德治与法治问题；第六，复古与变古问题。何先生在评述这六个方面的争论问题时，是有鲜明的是非观念与爱憎立场的。他对桑弘羊所取得的举世瞩目的理财成就，重利轻义的"义利"论即国民经济发展的"动力"论，农工商并重尤为重商的"本末"论即国民经济的产业结构论，出色地运用轻重论调控国民经济获得成功的关于国民经济运行机制的理论与实践，坚持法治的政治立场和坚持变法改革的胆略和勇气等，均在评介中给予高度的肯定和赞扬。对"贤良""文学"们的泥古不化，因循守旧，尤其是对他们扭曲孔、孟重义轻利的义利论并又拾起先秦法家"重本抑末"的余唾，导致两论结合，不但在当时造成了西汉中期政策逆转、国力衰退、富商豪绅兼并称雄的不良后果，而且对后世的治国思想与传统观念的形成也造成了恶劣影响，何炼成给予严肃的批判。

何炼成教授最后总结了盐铁会议这场大争论及桑弘羊的个人悲剧性下场给予我们的深刻启迪。他把这些历史经验与教训归结为四个方面：

"第一，盐铁会议上两种管理思想的大论战，都涉及宏观经济管理中的一些根本原则问题。如义利关系之争，实质上是对经济发展动力的看法问题；本末关系之争，涉及对产业结构的安排，政权与经济的关系，也就是经济体制上集中统一和自由放任的关系问题；轻重关系，主要是反映如何利用商品货币关系和价格杠杆；德治与法治，体现了两种不同的宏观管理方式；复古还是变古，是两种管理思想的不同发展观。以上这些争论，贯穿在中国封建社会的始终，这是中国经济管理思想史上一个突出的特点，说明我国古代思想家具有宏观的头脑，思想很广阔，能抓住管理中的关键问题从战略的高度来进行探讨。这对我们今天建立具有中国特色的社会主义经济管理理论，有着重要的参考意义。①

"第二，盐铁会议上两种管理思想的论争，从理论上来说，反映了封建商品经济观和封建自然经济观的分歧。"双方的理论观点"没有也不可能超出封建的范畴"。"所不同的是前者强调维护以农为本的自然经济，后者则主张在封建经济的前提下和封建国家的控制下发展商品经济。②

"第三，盐铁会议上这场大辩论，桑弘羊在理论上是胜利了，但在政治上和经济上是失败了。"桑弘羊本人第二年即遭杀害，他所推行的经济管理政策，也逐渐被取消。何炼成教授认为，桑弘羊的失败有其历史必然性，因为当时"农业占绝对优势和统治地位，自然经济如汪洋大海，再加上封建宗法制度，商品经济很难发展"，桑弘羊的重商思想当然很难找到生存发展的土壤和志同道合的支持者，再加之桑弘羊本人也是封建统治阶级的代言人，"理论观点仍然没有超出封建经济观的范畴，他们的商品经济观，只不过是封建商品经济观而已，"再加上"他们所制定和推行的经济管理政策存在的局限性"和封建官商机构及其办事人员不可避免的假公济私、中饱私囊等情况，以及桑弘羊本人及家族在为封建王朝效忠过程中逐渐走上贵族化、出现腐败现象等等，导致桑弘羊财政改革的失败与倒退及本人的悲剧性下场就是不可避免的了。③

---

① 何炼成：《何炼成选集》，山西经济出版社，1990，第 745 ~ 746 页。

② 何炼成：《何炼成选集》，山西经济出版社，1990，第 746 ~ 747 页。

③ 何炼成：《何炼成选集》，山西经济出版社，1990，第 746 ~ 747 页。

"第四，盐铁会议后桑弘羊及其学派，虽然在政治上和经济上失败了，但是他们那套经济改革的理论和政策并没有因此而泯灭，对于后世仍然起着积极的影响，成为改革者们进行改革的理论依据和借鉴。"桑弘羊经济管理思想对后世的影响一直延续到明清之际。只是"随着明末清初商品经济开始向资本主义经济转化"，渐渐产生了代表资本主义商品经济的观点，于是桑弘羊的封建商品经济观完成了它的使命而退出历史舞台①。

综上所述，何炼成教授以自己独特的思维方法和研究方法，以自己深厚的马克思主义经济理论与当代经济学理论为分析工具，为中国经济思想史尤其是中国经济管理思想史的理论体系和学科建设，作出了自己的出色贡献。进入 21 世纪以来，何先生以八旬高龄，仍不辍笔耕，继续着学术研究。作为先生的弟子，我们衷心祝愿何先生在这一领域继续开拓耕耘，奉献出更多的研究硕果，以飨读者。

① 何炼成：《何炼成选集》，山西经济出版社，1990，第 747～748 页。

参考文献

［1］何炼成主编《中国发展经济学》，陕西人民出版社，1999。

［2］何炼成：《中国发展经济学概论》，高等教育出版社，2001。

［3］何炼成：《中国特色社会主义发展经济学》，中国社会科学出版社，2009。

［4］何炼成：《中国经济发展新论》，中国社会科学出版社，2005。

［5］何炼成：《历史与希望——西北地区经济发展的过去、现在和未来》，陕西人民出版社，1998。

［6］何炼成：《中国历代经济管理与发展思想新论》，陕西人民出版社，2001。

［7］何炼成：《西部大开发四十条》，《经济学动态》2001年第1期。

［8］罗亚蒙编辑策划事务所：《一代师表》，中国人事出版社，1997。

［9］何炼成、丁文峰：《中国经济学向何处去?》，《经济学动态》1997年第7期。

［10］何炼成：《实现中国现代化的发展经济学》，《西北大学学报》1998年第4期。

［11］何炼成：《也谈中国特色社会主义经济学研究》，2003年12月12日《人民日报》。

［12］何炼成：《调整经济策略抓好千亿工程》，《西部论坛》2000年10月。

［13］何炼成：《对新型工业化道路的思考》，2003年5月14日《西安日报》。

［14］何炼成：《西部大开发战略与对策新论》，《西北大学学报》2004年第1期。

［15］何炼成：《实行农地制度国有化的设想》，《红旗文稿》2004年第3期。

［16］何炼成：《再论我国现阶段的农地制度》，《当代经济科学》2004年第5期。

［17］何炼成：《简论新型工业化道路和优先发展信息产业的方针》，《西京论坛》2003年第2期。

［18］何炼成：《关注"三农"问题 破解"支农"难题》，《中国农村信用

合作》2004 年第 6 期。

[19] 何炼成：《谈谈生产关系的相对稳定性》，1962 年 5 月 22 日《西安晚报》。

[20] 何炼成：《试论社会主义制度下的生产劳动与非生产劳动》，《经济研究》1963 年第 2 期。

[21] 何炼成：《也谈劳动价值论一元论——简评苏、谷之争及其他》，《中国社会科学》1994 年第 4 期。

[22] 何炼成：《重温孙冶方同志的〈论价值〉——纪念孙冶方〈论价值〉一文发表 50 周年》，《当代经济研究》2010 年第 1 期。

[23] 王璐：《马克思劳动价值论争 50 年浅析》，《思想战线》2005 年第 6 期。

[24] 何炼成：《劳动·价值·分配"三论"新解》，《当代经济科学》2001 年第 3 期。

[25] 何炼成：《坚持和发展马克思的劳动价值论》，《经济社会发展研究》2001 年第 2 期。

[26] 何炼成：《对有计划商品经济几个理论问题的探讨》，《求索》1989 年第 1 期。

[27] 何炼成：《略论社会主义商品经济新秩序》，《经济研究》1988 年第 12 期。

[28] 何炼成：《再论社会主义商品经济》，《经济研究》1985 年第 5 期。

[29] 何炼成：《论价值决定》，《人文杂志》1979 年第 2 期。

[30] 何炼成：《略论社会主义商品经济新秩序》，《经济研究》1988 年第 12 期。

[31] 何炼成：《关于深化国有企业改革的系统思考》，《改革导报》1995 年第 6 期。

[32] 张培刚：《发展经济学往何处去？——建立新型发展经济学刍议》，《经济研究》1989 年第 6 期。

[33] 何炼成：《也谈中国特色社会主义经济学研究》，2003 年 12 月 12 日《人民日报》。

[34] 何炼成：《西部大开发四十条》，《西北大学学报》2000 年第 4 期。

[35] 李善明：《论专题理论史——兼评何炼成主编的〈价值学说史〉》，《经济研究》1985 年第 7 期。

[36] 何炼成：《宪政社会主义要伸张民权》，《炎黄春秋》2011 年第 12 期。

［37］孙冶方：《价值规律的内因论和外因论——兼论政治经济学的方法》，《中国社会科学》1980 年第 4 期。

［38］何炼成：《几点体会》，《学位与研究生教育》2001 年第 1 期。

［39］卓炯：《我也谈谈社会主义的商品制度》，《经济研究》1979 年第 6 期。

［40］李铁映：《关于劳动价值论的读书笔记》，《中国社会科学》2003 年第 1 期。

［41］何炼成：《关于经济硕博士研究生教学实践经验探索》，《西部论坛》2000 年第 4 期。

［42］陈蓬、邢宇皓：《这么多经济学家缘何出自西北大学》，1997 年 1 月 14 日《光明日报》。

图书在版编目（CIP）数据

何炼成经济思想再研究/韦苇主编 . —北京：社会科学文献

出版社，2012.9（2022.9重印）

（陕西省重点学科建设项目·经济思想史系列）

ISBN 978 - 7 - 5097 - 3791 - 0

Ⅰ. ①何…　Ⅱ. ①韦…　Ⅲ. ①何炼成 – 经济思想 – 研究　Ⅳ. ①F092. 7

中国版本图书馆 CIP 数据核字（2012）第 215539 号

陕西省重点学科建设项目·经济思想史系列

何炼成经济思想再研究

主　　编／韦　苇
副 主 编／赵麦茹　岳宏志

出 版 人／王利民
项目统筹／周　丽
责任编辑／张丽丽
责任印制／王京美

出　　版／社会科学文献出版社·城市和绿色发展分社（010）59367143
　　　　　地址：北京市北三环中路甲 29 号院华龙大厦　邮编：100029
　　　　　网址：www. ssap. com. cn
发　　行／社会科学文献出版社（010）59367028
印　　装／三河市尚艺印装有限公司

规　　格／开　本：787mm×1092mm　1/16
　　　　　印　张：14.75　字　数：256 千字
版　　次／2012 年 9 月第 1 版　2022 年 9 月第 2 次印刷
书　　号／ISBN 978 - 7 - 5097 - 3791 - 0
定　　价／45.00 元

读者服务电话：4008918866